人文学术系列

学术顾问（排名不分先后）

欧阳康　邓晓芒　何锡章　罗家祥

主　编

董尚文

编　委（排名不分先后）

程邦雄　刘久明　王　毅　王晓升

张廷国　陈　刚　雷家宏　李传印

书　目

雷瑞鹏著：《异种移植——哲学反思与伦理问题》，已出

舒年春著：《正义的主体性建构——罗尔斯正义理论研究》，待出

闻　骏著：《不断追问中的人神关系——施莱尔马赫思想研究》，已出

陈于全整理：《史怀·楞严经如说》，待出

朱　冶著：《明初〈四书五经大全〉编纂与影响研究》，待出

谭杉杉著：《有岛武郎小说中的亲子书写研究》，已出

夏增民著：《先秦秦汉政治价值观研究》，已出

谢超凡著：《褚人穫研究》，待出

张建华著：《马克思的"实践批判"理论研究》，待出

涂　慧著：《罗曼·罗兰与中国》，待出

邵　华著：《解释学与实践智慧》，已出

……

先秦秦汉
政治价值观研究

The Studies of Political Values
in Pre-Qin and Qin-Han Periods

夏增民◎著

人民出版社

本书受湖北省社会科学基金项目资助（立项号：2014194）；受中央高校基本科研业务费资助；受华中科技大学文科学术著作出版基金资助；是华中科技大学自主创新研究基金项目"先秦秦汉政治价值观研究"（项目批号：2011WC020）的最终成果

目　　录

引言　政治价值观:政治思想史研究的一个视角

一、政治价值观与中国传统政治价值观

近年来,中国政治思想史的研究取得了长足进展,但不得不指出的是,大多数的研究成果仍仅限于表面的描述,比如只是简单呈现某一人、某一学派或某一政治派别政治思想的理论特点、思想要素;更进一步者,也是仅能述及其政治思想的起源、发展和历史意义。因此,中国政治思想史的研究仍有待深入。若对中国古代政治思想进行深度发掘,则有必要扩展其研究领域;而把政治价值观的视角和思路引入到中国政治思想史的研究当中,可以说是一个理论创新。研究政治价值观,不仅可以深化对中国古代政治文化的理解,也可以探讨政治价值观与政治心理、政治制度之间的关系。

政治价值观既是政治思想史研究的分析角度,也是其中的重要主题。那么,什么是政治价值观? 政治价值观是"人类价值系统中的一个子系统,是指产生于一定历史条件的那些能够论证某种政治(制度)安排、政治活动的合法性合理性,既能够为理想的社会政治生活设计和计划指出方向,又能为所有的政治现象、政治关系和政治过程建立规范、提供评价批评标准和解释的意义系统。政治价值涉及的是'应当怎样'的问题,无论政治现实如何,以政治价值为参照系,能够判明什么是最好的政治制度,什么是理想的政治生活,政府机器应该怎样运转,什么样的政治家者是优秀的政治家,等等"。①

① 陈振明、陈炳辉主编:《政治学:概念、理论和方法》,北京:中国社会科学出版社 2004 年版,第 503 页。

1

政治价值观作为政治社会的基础,是一个社会文化长期积淀的产物,是一个社会组织安排的深层结构。这套价值体系提供人们政治行为评价的标准,形成政治生活的基本理念和组织安排的基本原则,因此决定政治的意义、方向和目标。政治价值体系作为政治体系基础性的深层结构,它渗透于政治意识形态和政治文化之中,共同构成了政治系统的"观念"系统,①直接影响着政治行为主体的政治信念、信仰和态度,成为某种政治心理和政治行为的直接动因。② 因此,政治价值可以是人类政治生活的理想本源、行为基础和一般准则;可以是政治信仰,即人们在政治生活中通过一定的精神生活模式所体现的政治的终极追求;可以是政治的性质和意义;还可以是政治实体、政治活动和政治思想的价值归宿;既可以表现在对政治权力的规范制约中,又延伸到制度建设的基本原则。③ 总之,"政治价值是人们对政治生活终极意义的确定,或者简单地说,就是人们对美好政治生活的构想及其向往"。④

因此,政治价值问题是政治哲学的核心问题之一,大有研究的必要。而所谓"政治价值观",在西方政治学的语境里,是一个应然的概念,其基本的要素包含正义、权利、自治、平等、宽容等,正因如此,专门以"政治价值观"为题的西方政治学研究文本较少;"政治价值观"一词或这一视角,较多的是西方学者在研究发展中国家政治发展时使用,一般用来阐释发展中国家在"西方价值"影响下的发展进路。20 世纪 80 年代以来,这一领域研究被引入中国政治学界,成为研究中国政治学以及中国政治思想史的新视角和重要内容。然而,近 30 年来,内地学界对政治价值观的研究仍然处于起步的阶段,关于政治价值观的专门研究也较少,学理的研究主要集中在各种通论性的政治学理论教材中,一般归入政治心理或政治文化章节;很多成果基本上以引入、介绍政治价值观的概念为主,进而对西方政治学理论中政治价

---

① 燕继荣:《现代政治分析原理》,北京:高等教育出版社 2004 年版,第 54 页。

② 李师胜梳理了近年来政治价值观研究的概况,他认为学界对政治价值的内涵界定仍有很大的分歧,经他统计,共计有 5 个方面的理解:(1)价值本义的角度;(2)功能作用说;(3)内容说;(4)定性说;(5)政治价值是人类政治生活的一般准则、意义和本源。见李师胜:《魏晋前道家无为思想的政治价值研究》,山东大学硕士论文,2013 年。

③ 亓光:《政治价值:面向本真的可能诠释》,《内蒙古社会科学》2010 年第 3 期。

④ 桑玉成:《政治价值观与政治生活的改善》,《解放日报》2005 年 11 月 13 日。

值观的研究进行述评,尚未与中国本土的政治学研究紧密结合。① 专题的研究则是较多地与青年研究或思想政治教育研究相结合,研究在新时期各种具体条件下青年政治价值观的呈现及其演变。这主要体现在高校学生工作者和高校思想政治教育研究者对青年大学生政治价值观的研究,这类成果几乎占了当下政治价值观研究的一半;而对青年大学生政治价值观的研究,基本上是以抽样调查入手,进行实证的研究,这虽然为后续进一步的探讨积累了丰富的资料,但也暴露出泛泛而谈的缺陷,所以从整体上看,研究不够深入,理论性不强。虽然如此,近几年的相关研究仍可以说是把中国政治学领域中政治价值观的研究推到了一定的高度,但距离政治价值观研究在中国的初步成熟,尚待进一步努力。②

　　某一政治价值观的形成,首先是决定于某一文化集团或政治团体的政治传统和文化习惯,所以,政治价值观的背后必定有其政治文化的背景,它是政治文化在价值观层面的提升。另外,每一社会阶层的特定利益也深刻影响着政治价值观的内涵。正因为政治价值观归因于政治文化,它决定着政治人群的政治心理,因此,"基本政治价值应是具有普遍影响力和普遍指导意义的价值",③它有着稳定性和延续性的特点,对政治生活具有长期而深远的影响。

　　中国传统思想中有着丰厚的政治思想资源,这成为中国政治学理论建构和当前政治实践的理论基础和"路径依赖"。然而,学界对中国政治思想史的研究尽管成果斐然,但对其中政治价值观的研究却成果寥寥,这与中国

---

① 雷炜曾经在他的学位论文中认为,关于政治价值的研究,其重点主要集中在对西方政治价值观的批判和比较、马克思主义政治价值观的当代内涵及其新的意义和马克思主义政治价值观与我国的民主法治建设的关系等方面。见雷炜:《马克思主义政治价值观逻辑内涵研究》,长安大学硕士论文,2008 年。

② 代表作有丁志刚:《政治价值研究论纲》(《政治学研究》2004 年第 3 期);桑玉成:《政治价值观与政治生活的改善》(《解放日报》2005 年 11 月 13 日);亢光:《政治价值:面向本真的可能诠释》(《内蒙古社会科学》2010 年第 3 期);李红珍、曹文宏:《政治价值及其普世化问题探析:基于方法论的视角》(《浙江社会科学》2012 年第 1 期);田志文、杨玉林:《论政治价值的辩证内涵》(《理论探索》2013 年第 3 期);丁长艳:《中国党际协商民主的政治价值与功能开发》(《社会主义研究》2014 年第 2 期);等等。

③ 桑玉成、商红日:《政治价值、意识形态和政治信仰》,《政治学研究》2002 年第 4 期。

政治思想史研究的总体成果极不相称。因此,有必要加大对中国传统政治价值观的研究。①

先秦时期的思想文化在中国古代社会中堪称最为光辉灿烂,后世思想的发展几乎不出先秦诸子思想设定的思考范围。因此,研究先秦诸子的政治思想,尤其是先秦诸子思想中的政治价值观,有着重要的意义。

春秋战国时期,各个社会阶层都充分表达了自己的政治主张,各自提出了符合自身利益的政治价值体系。先秦诸子中,对中国社会和思想影响最深者约有四家,即儒、墨、道、法。此四家思想流派在各自的发展过程中,也形成了不同的思想倾向和派别,代表着不同的思想分野和学术传统,他们各崇所善,互相辩论,互相攻讦,又互相借鉴,到战国中后期,遂逐步走上学术融合的道路,这一融合的过程直至西汉中期基本完成,又重新形成统一的学术形态,并构成中国传统思想的基本内容和范式。在中国传统思想的这一发展进路中,每一个、每一派思想家的思想,都是中国思想逻辑发展中的重要环节。

中国传统的政治价值观在先秦时期初步形成。先秦诸子思想在本质上都是政治思想,表达了不同社会阶层和知识派别对社会问题和政治问题的看法和主张。诸子学派对政治认识的歧义,其实质是政治价值观的不同。不同的政治价值观的形成,除了阶层利益之外,也与思想家本人的出身、所处地域的文化、社会经历和学术传承相关。

秦汉时期,中国传统政治价值观的基本构成要素逐渐定型。政治价值观作为政治文化系统的深层结构,具有相对的稳定性或历史延续性,先秦时期,儒家、墨家、法家、道家等学派基于自身的政治价值体系,都表达了自己的政治理念和政治主张;汉代政治价值观是在先秦诸子对政治理论思考的

---

① 目前,比较重要的论文有葛荃:《传统儒学的政治价值结构与中国社会转型析论》(《山东大学学报》2007 年第 6 期);刘余莉:《中国传统政治价值目标及实现途径》(《中共杭州市委党校学报》2011 年第 4 期);刘学斌:《和谐目标与冲突趋向:儒学政治价值体系的内在悖论》(《内蒙古社会科学》2011 年第 1 期);王成、武晓沙:《汉代主流政治价值观构造的理路:以"忠"为对象的解读》(《山东大学学报》2011 年第 4 期);王玉龙:《中国传统政治价值新释》(《湖北社会科学》2013 年第 8 期);庄仕文:《论"三纲五常"的政治价值及其当代归宿》(《云南行政学院学报》2014 年第 2 期);等等。

基础上推演而出的,先秦诸子为汉代思想界在政治思想上提出"问题意识"和思路,在一些核心概念上提供了思想资源。汉代中期,董仲舒集汉初儒学之大成,初步形成以儒学为主体的汉代政治价值观,其核心内容大致为忠(忠信)、礼(秩序)、健(进取)、和(和谐)、顺(敬天法祖)、民本和大一统。

汉代政治价值观对中国传统政治文化乃至中华民族精神都有着极大的影响。汉代儒术参与建构政治制度,这已成学界共识;然而除此之外,儒家文化还深入渗透到中华民族的传统政治文化之中,对中华民族精神的塑造也功莫大焉。汉代政治价值观,是中国传统政治价值观发展的重要阶段。

既然如此,研究先秦秦汉时期的政治价值观,就可以深入细致地辨析中国传统政治价值的形成、演化和主要内容,以及中国传统政治价值观的各个侧面在学术融合过程中的消长,对先秦秦汉政治思想的发展进行重新诠释,为当前政治理论建构和政治实践提供思想资源和理论思路,进而也可以以政治价值观为主线,探索价值观念与政治制度、政治文化和民族精神的互动关系及历史意义。

因此,把政治价值观的视角和思路引入中国政治思想史的研究之中,可以开辟新的研究领域,深化对中国古代政治文化的理解。另外,综合运用哲学、政治学和社会学的方法,对政治思想史进行综合性的整体研究,也为中国政治思想史研究新局面的开创和中国政治学的建设积累学术经验,同时也是创建中国古典政治学学科的有益尝试。

二、传统政治价值观研究的内在逻辑

政治价值观与现实政治有着密切的关系。政治价值观不仅源自自身的文化传统,也是政治实践的产物。不同的价值选择可能会产生不同的制度安排,形成不同的政治体系;而且,不同的价值选择也会影响政治决策,又从而形成不同的政策方针。尤其是,在一个政治社会里,政治价值观参与建构政治文化和民族精神,最终构建一个民族的核心价值体系。

春秋战国时期是中国思想的"轴心时代",先秦诸子铸造了中国精神的原始形态;而汉代也是中国历史和中国文化发展历程中的关键时期。在汉代,中国文化原典开始由师徒口授转为写作定本,汉代学术成为中国传统学术的实际源头。这个过程其实是中国文化精神的塑造过程,中国文化传统的价值、精神、理念开始在文本层面和知识阶层中确立,整个民族的核心价值体系也初步建构形成。先秦秦汉时期的社会文化对后世中国的影响和意义不言而喻。

"轴心期"(axial period)的概念系由德国哲学家卡尔·雅斯贝斯提出。① 他认为,公元前800年至公元前200年,是人类历史的轴心时期。这一时期,在中国出现了孔子、老子及诸子百家等思想流派;印度出现了《奥义书》和佛陀;伊朗出现了琐罗亚斯德;在巴勒斯坦,从以利亚、以赛亚和耶利米再到以赛亚第二,先知们纷纷涌现;希腊也是贤哲如云,其中有荷马、巴门尼德、赫拉克利特和柏拉图以及修昔底德和阿基米德等各个领域的学者。在这几个世纪内,这些先哲几乎同时在中国、印度和西方这三个互不知晓的地区发展起来。"这个时代产生了直至今天仍是我们思考范围的基本范畴,创立了人类仍赖以存活的世界宗教之源端。无论在何种意义上,人们都已迈出了走向普遍性的步伐。"②雅斯贝斯认为,轴心时期创造了世界上各大文明的初始精神,形成了各个文明的基本性格,这一时期的文化,深刻地影响着后来的历史进程,"成为崇拜的典范和对象,过去的成就和伟人仍清晰地留在人们的记忆中,并提供了学习和教育的内容"。③ 因此,轴心期的思想和文化就成为社会历史发展的原初精神动力。每当一个民族、一个国家的发展面临大转折之时,总是会回到本民族、本国文化的轴心时代,从中获得思想、文化、精神的力量。

"轴心期"的理论表明了一个民族(国家)制度演变和思想发展的"内生性",即该地区的政治发展受其政治、经济和文化的背景制约,或言之,一个地区的政治文化是本身政治、经济发展状况和文化传统决定的。这是一种制度和思想上的"路径依赖"(path dependence)。西方政治传统中的"分权"理念,始自欧洲中世纪宗教权力与世俗权力的矛盾和分离,以及国王的权力和经济实力较之贵族相对弱小;"自治"理念源自手工工匠脱离封建人

---

① 卡尔·雅斯贝斯:《历史的起源与目标》,北京:华夏出版社1989年版,第8页。
② 卡尔·雅斯贝斯:《历史的起源与目标》,北京:华夏出版社1989年版,第10页。
③ 卡尔·雅斯贝斯:《历史的起源与目标》,北京:华夏出版社1989年版,第12页。

身束缚后在城市生活中的治理经验;"民主"理念是"自治"的生活方式在政治制度上的反映。同样地,中国传统的政治理念也是夯筑在古代中国的历史现实当中。"仁政"是对人的基本价值的发扬;"礼治"是对稳定社会秩序的追求;"和合"则是对不同社会阶层利益的尊重;如此等等。

在全球化的今天,各个民族(国家)和各大文明之间的文化价值前所未有地展示在世人面前,它们之间不断冲撞、交锋,同时也不断互相借鉴、融合。然而,一个地区的社会政治制度到底是依靠"理想设计",还是依靠本地的社会历史经验? 各国的现实政治已经证明,一个地区的社会政治制度,只能在本地的政治文化资源基础上,在当地民众参与下自主选择。制度的移植、嫁接,都是不现实的,也都是被证明无效的。各大文明需要长时间的真诚对话,最终形成共存、共赢、合作的局面;而不是一方消灭、取代另一方。这也正是研究、发明、光大本民族(国家)政治价值的初衷,而同时也是对全球文明的重大贡献。

文化是国家综合实力的新体现,是综合国力竞争的一个新重点。从民族的优秀文化传统中借鉴有益的文明成果,不仅可以形成全民族开拓创新的精神力量与团结和睦的精神纽带,还可以坚定政治信仰、提升文化自信,为建设和谐社会提供重要保证。同样,也有利于建立起在全球化背景下,坚持中国文化本位的,既体现民族特色又体现人类共同利益的政治价值理念。这无疑会大大增强本国的文化软实力和国际影响力。

中国是有着悠久历史传统的国家,在所有的文明形态中,中华文明是唯一长期发展直至今天的文明体系。几千年来,中国的历史撰述绵延不断,成为中国文明的精神载体,也是文化力量的源泉,起着文化传承和价值重建的作用。从历史上看,中华民族几次面临生死存亡的关头,但总是能衰而复振,穷而复兴,究其原因,多为历史、文化之功,是它造就了中华文化海纳百川的包容能力和强大的自我修复能力以及对异质性文明的吸纳改造能力。因此,中华传统就成为一种合法性的标志。这种合法性还表现在民族性的意涵上。民族性是一个具有深厚历史底蕴的民族,以及这个民族文化的最朴素的感情凝聚,是文化血脉传衍的根柢所在。民族的文化认同,正是合法化基础。历史文化是中华民族的文化血脉,是维系全球华人的关系纽带,基于民族文化的核心价值观的构建,有助于建立世界性的观念认同,成为普遍共识。

由此可见,开展政治价值观的研究十分必要,本书将在学界已有成果的基础上,探讨中国传统政治价值观的文化根源。因为政治价值观作为政治社会的观念形态,是文化积淀的历史产物,故探讨中国传统价值观的文化根源及其嬗变,不仅可以复原历史的真实,还可以借鉴其思想精义和精神成果,为重构当代核心价值体系提供历史经验和精神资源。新的政治价值观如果能接续文化传统,建立在民族共同心理素质之上,则更容易形成民众的心理认同和文化认同。因此,对传统政治价值观的发掘和光大,对当前社会核心价值体系建设乃至整个文化建设,甚至对国家治理现代化建设都具有重要的意义。

第一章 由仁而礼:儒家的
政治价值观

第一节 民和而国安:孔子的政治价值观

孔子政治思想中的理想社会,应该是一个"有道"的社会,因此他呼吁"天下有道"或"邦有道",赞美和期待"先王之道"。比如,他说"先王之道,斯为美";"邦有道,危言危行;邦无道,危行言孙";"天下有道,丘不与易也";等等。这里的"道",即是社会所要遵守的公共原则,也是理想的政治原则。①

那么,怎样才是一个"有道"的社会呢?从《论语》文本来看,所谓"有道社会",乃是一个平均、和谐、安定的社会。《论语·季氏》载孔子之言:"丘也闻有国有家者,不患寡而患不均,不患贫而患不安。盖均无贫,和无寡,安无倾。夫如是,故远人不服,则修文德以来之。既来之,则安之。今由与求也,相夫子,远人不服,而不能来也,邦分崩离析,而不能守也;而谋动干戈于邦内。吾恐季孙之忧,不在颛臾,而在萧墙之内也。"在这里,"均无贫,和无寡,安无倾"正是孔子的理想社会形态,财均、民和、国安,即做到物质上的平均,社会各阶层间的和谐、和睦,社会和国家的稳定、团结,正是以孔子为代表的先秦儒家的政治价值观,尤其是民和与国安,孔子一系列的政治主张

---

① 吴根友:《道义论:简论孔子的政治哲学及其对治权合法性问题的论证》,《孔子研究》2007 年第 2 期。

和举措,都是围绕这个核心而展开的。①

一、"德惟善政"

众所周知,孔子主张建设理想社会需要通过德治的途径来完成,"德治"因此是儒学最具特色的基本政治理念和原则。②《论语·为政》载孔子言:"为政以德,譬如北辰居其所而众星共之。"又云:"道之以政,齐之以刑,民免而无耻;道之以德,齐之以礼,有耻且格。"以政令和刑罚的手段进行国家治理,不是最优的;而以道德和礼教治国,才是最优的治理办法。"德本政治"或称德治主义因此成为中国政治文化的传统。德本政治通过两个向度展开,其一是在行政过程中注入道德的考量,把道德作为政治的标准;其二是强调政治中的人应该具有一定的道德感,主政者阶层有君主之德、大臣之德,对社会尽垂范之义务;百姓则有百姓之德,循礼事君。

(一)政治中的道德

《论语》大量记述了孔子与其学生关于如何行政的讨论,除了行政的技术性问题,更多的则是申明行政的道德倾向;而且对行政的道德化要求,是孔子重点论述的内容,这充分体现了儒家学派德治的政治理念。

比如,在《论语·颜渊》中,子张向孔子请教如何行政,孔子说:"居之无倦,行之以忠。"孔子教导子张作为主政者在位时不要倦怠,执行政令时要忠心。而在《为政》中,"子张学干禄",孔子则说:"多闻阙疑,慎言其余,则寡尤。多见阙殆,慎行其余,则寡悔。言寡尤,行寡悔,禄在其中矣。"其中所谈看似是行政技术,其实也是做事的道德要求。

孔子认为,良好的政治,即善政或曰善治,其标准之一是主政者要有较

---

① 王杰认为,"孔子把其天命论、人性论作为其思想体系的出发点和政治价值依据"。见《论孔子的天命:人性及政治价值依据》,《孔子研究》2005 年第 6 期。该文是从思想的发源上来谈的,而本章是从政治价值的形态入手展开论述,暂且略去了孔子政治价值所由来的依据。

② 杨柳桥:《"为政以德":孔子的政治伦理学说》(《道德与文明》1983 年第 4 期);张奇伟:《"为政以德"的当代解读:论儒家"德治"思想的现代意义》(《北京师范大学学报》2002 年第 2 期);詹世友、王涵林:《"为政以德":孔子政治伦理思想的内在逻辑理路——从美德政治学的角度看》(《伦理学研究》2010 年第 4 期)。

高的道德水准，必须为下属作出表率。因此，季康子问政于孔子，孔子对曰：
"政者，正也。子帅以正，孰敢不正？"①政治就是主政者自己在思想和行为
上要做到"端正"，否则，何以服众！在《子路》中，孔子又说："苟正其身矣，
于从政乎何有？不能正其身，如正人何？"就是这个道理。他还说，"其身
正，不令而行；其身不正，虽令不从。"②正如陈来所言："儒家理想的政治是
以美德为基础的政治，强调政治事务不能脱离美德。"③

其实，在《子路》中，孔子又多次强调榜样的作用。"仲弓为季氏宰，问
政"，孔子说："先有司，赦小过，举贤才。"在这里，孔子主张主政者要给官员
起带头作用，不要计较小的过失，要勤于选拔人才。在另外一个场合，孔子
又回答子路说："先之劳之。"在子路请求进一步回答的时候，他说："无倦。"
也是强调君主和官员的表率作用，要求他们工作勤勉，永远不要懈怠。这种
表率的指向，不惟官员和下属，对于民众也是如此。孔子指出："君子笃于
亲，则民兴于仁；故旧不遗，则民不偷。"④又说："上好礼，则民易使也。"⑤如
果主政者保持正道，保持品德之高尚，那民众是愿意跟从的。如若不此，则
民心离散。

季康子问政于孔子，说："如杀无道，以就有道，何如？"孔子回答："子为
政，焉用杀？子欲善而民善矣。君子之德风，小人之德草。草上之风，必
偃。"⑥主政者有意把国家治理好，百姓自然就会好起来；主政者道德高尚，
用道德文教感化人，民众自然闻风响慕。

同样在《子路》中，"樊迟请学稼"，"请学为圃"。孔子就很生气："小人
哉，樊须也！上好礼，则民莫敢不敬；上好义，则民莫敢不服；上好信，则民莫
敢不用情。夫如是，则四方之民襁负其子而至矣，焉用稼？"只要统治者乐
于"礼"、"义"和"信"，民众就可以"敬肃"、"顺服"和"真情相待"。另外，
在《为政》中，季康子问孔子："使民敬、忠以劝，如之何？"孔子答："临之以

① 《论语·颜渊》（杨伯峻《论语译注》本），北京：中华书局 1980 年版。下只注篇名。
② 《论语·子路》。
③ 陈来：《论"道德的政治"：儒家政治哲学的特质》，《天津社会科学》2010 年第 1 期。
④ 《论语·泰伯》。
⑤ 《论语·宪问》。
⑥ 《论语·颜渊》。

11

庄,则敬;孝慈,则忠;举善而教不能,则劝。"主政者只要有"谨严持重"的态度、"孝敬尊长、慈爱后生"的品格和"举善而教不能"的作风,民众则会"恭敬"、"尽忠职守"和"相互勉励向善"。

所以,所谓"德治",最重要的一方面就是指政治中的人应该有一定的"道德"高度。那么,主政者阶层应该具有什么样的道德品性呢?

在那个礼崩乐坏的时代,孔子深感道德资源的稀缺,在《卫灵公》中,他对子路感叹说:"由!知德者鲜矣。"明白"德"的内涵和作用的人太少了。正因为如此,孔子才极力宣传"德"。他认为,"德"是一个人的属性,无"德",难以为人,遑论君子。一个人应该"志于道,据于德,依于仁,游于艺";他还说:"德之不修,学之不讲,闻义不能徙,不善不能改,是吾忧也。"①子张也强调:"执德不弘,信道不笃,焉能为有?焉能为亡?"②对于道德,如果一个人在行为上不持守,在信仰上不坚定,那他活在世上还有什么意义呢!儒家讲修身,总是把提高人的"德性"放在第一位。

既然如此,如何才能使人"据于德"呢?在《颜渊》中,子张曾向孔子问"崇德辨惑",孔子说:"主忠信,徙义,崇德也。"孔子认为,以忠诚信实为宗旨,唯义是从,这样就可以提高个人品德。可见,孔子还是从道德的角度来阐释的,以他一贯的思路,只要自己想做一个道德高尚的人,就可以提高自己的道德水平,这跟"吾欲仁,斯仁至矣"是同一个修身路径。

围绕"德",孔子及其学生提出了关于个人品质、修养的一系列范畴,这些范畴既是做人的根本,同时也都是在行政过程中不可缺少的、基本的素质要求。

孔子从三个角度来论述一个人应该具备的"德"的特质。

首先,从人生的角度,第一位的就是"孝"。孔子说:"弟子,入则孝,出则悌,谨而信,泛爱众,而亲仁。行有余力,则以学文。"③人应该孝顺父母,敬爱兄长,出言谨慎,诚实可信,有爱众之心,亲近仁者;在亲身实践之余,再笃意学习,这样就可以说完美了。"孝"被当做道德的根本,《孝经》云:"夫

---

① 《论语·述而》。
② 《论语·子张》。
③ 《论语·学而》。

孝,德之本也,教之所由生也。"可以说是对孔子思想的直接继承。

在孔子的学生有子看来,"孝悌"之重要还在于它是"仁"的基础。有子曰:"其为人也孝弟,而好犯上者,鲜矣;不好犯上,而好作乱者,未之有也。君子务本,本立而道生。孝弟也者,其为仁之本与!"①由此,"孝"就被作为实践仁道的根本,做人的第一件事,便应该是孝悌。

由于中国早期社会发展的独特性,"孝"不仅是一种家族情感,也是一种家庭伦理,进而上升成为一种秩序,即家族之礼。中国文化重血缘亲情自不待言,而在孔子这里,他讲究的是情感与仪式的结合。在《八佾》中,"林放问礼之本",孔子说:"大哉问! 礼,与其奢也,宁俭;丧,与其易也,宁戚。"这里强调的是"情"重于"礼"。但这不意味着"礼"就可以不被重视。"礼"是主张"敬"的。子游向孔子请教"孝"的问题。孔子说:"今之孝者,是谓能养。至于犬马,皆能有养;不敬,何以别乎?"因此"礼"是体现"敬"的方式。比如,在孟懿子向孔子请教"孝"时,孔子说:"无违。"樊迟御,子告之曰:"孟孙问孝于我,我对曰,无违。"樊迟曰:"何谓也?"子曰:"生,事之以礼;死,葬之以礼,祭之以礼。"②

中国传统政治文化中讲究"家国同构"、"移孝作忠",而正是孔子的思想使"孝"具有了政治意义。③ 上引有子之言:"其为人也孝弟,而好犯上者,鲜矣;不好犯上,而好作乱者,未之有也。"即是明证。孔子更是认为,"行孝"本身就是参政。在《为政》中,有人问孔子:"子奚不为政?"孔子即说:"《书》云:'孝乎惟孝,友于兄弟,施于有政。'是亦为政,奚其为为政?"

除此之外,"德"的特质还应该有如下几项。

比如,恕。恕道所表达的思想内容,其实就是宽容。子贡问孔子:"有一言而可以终身行之者乎?"孔子回答说:"其恕乎! 己所不欲,勿施于人。"④而子张在谈如何与人交往的时候也提到:"君子尊贤而容众,嘉善而

---

① 《论语·学而》。
② 《论语·为政》。
③ 沈毅:《"家""国"关联的历史社会学分析:兼论"差序格局"的宏观建构》,《社会学研究》2008 年第 6 期。
④ 《论语·卫灵公》。

矜不能。"①自己对他人的容忍,也是一个仁人所应具备的素质。

再比如,让。既然可以容人,那就可以以"让"的姿态与人打交道,甚至可以作为治国的原则。孔子曾经说过:"能以礼让为国乎?何有?不能以礼让为国,如礼何?"②能以礼让治国,这还会有什么困难呢?不能以礼让治国,那何必制定礼仪!

但是,宽容、礼让并不是毫无原则的让步,孔子还强调"直"。直,即正直、公正、有原则。孔子曰:"乡愿,德之贼也。"③明确反对不讲原则、媚世取众。他评价柳下惠,说他"直道而事人",④即以正直态度的行政;他还赞扬卫国大夫史鱼:"直哉史鱼!邦有道,如矢;邦无道,如矢。"⑤

在待人接物的问题上,孔子主张"中行"之道:"不得中行而与之,必也狂狷乎!狂者进取,狷者有所不为也。"⑥既不激进,也不毫无作为,这跟孔子所提倡的中庸思想是一致的。"中行",抑或"中道",一定要符合"义"的原则。他说:"君子之于天下也,无适也,无莫也,义之与比。"⑦天下之事,可能不会诸事巨细都要规定得明白清楚,处理时只要合理就可以了,而符合"义"的,才是合理的。

孔子提倡"义",尤其反对以利害义。他说:"放于利而行,多怨。"⑧而他的学生子张也曾提倡:"士见危致命,见得思义,祭思敬,丧思哀,其可已矣。"⑨

同时,我们还可以看到,孔子赞赏那些为了道义宁可甘守贫困的人。在《卫灵公》中,孔子说:"君子谋道不谋食。耕也,馁在其中矣;学也,禄在其中矣。君子忧道不忧贫。"在《述而》中,他表达自己的心境:"饭疏食饮水,

---

① 《论语·子张》。
② 《论语·里仁》。
③ 《论语·阳货》。
④ 《论语·微子》。
⑤ 《论语·卫灵公》。
⑥ 《论语·子路》。
⑦ 《论语·里仁》。
⑧ 《论语·里仁》。
⑨ 《论语·子张》。

曲肱而枕之,乐亦在其中矣。不义而富且贵,于我如浮云。"而在《雍也》中,他赞扬了自己的学生颜回:"一箪食,一瓢饮,在陋巷,人不堪其忧,回也不改其乐。贤哉回也!"

另外,孔子还主张做人应该有"勇"。他说:"见义不为,无勇也。"①《阳货》中记载了孔子和子路对"勇"的讨论,子路说:"君子尚勇乎?"孔子则回应:"君子义以为上。君子有勇而无义为乱,小人有勇而无义为盗。"因此,"勇"必须以"仁"和"义"为前提。"勇而无礼则乱";②"仁者,必有勇"。③

其次,孔子还从教育角度来主张道德的特质。据《述而》,其言"子以四教:文、行、忠、信"。即指孔子从文献、实践、忠诚和信实等四个方面来完善教育内容。

至于文献,《论语》多次讲到"学文"。孔子十分重视学习,这是不言而喻的,而且他认为如果"不好学"的话,那么其他的道德特质都会出问题。在《阳货》中,他问子路:"由也! 女闻六言六蔽矣乎?"子路对曰:"未也。"孔子说:"居! 吾语女。好仁不好学,其蔽也愚;好知不好学,其蔽也荡;好信不好学,其蔽也贼;好直不好学,其蔽也绞;好勇不好学,其蔽也乱;好刚不好学,其蔽也狂。"

但是孔子也认为,仅仅靠学文不是够的,他说:"诵诗三百,授之以政,不达;使于四方,不能专对;虽多,亦奚以为?"④能熟读诗,但为政、出使皆不能趁意,那读得多又什么用呢? 所以他同时强调在学习基础上,重视实践的作用,"学而时习之"。

孔子还主张做人的忠诚。在《子路》中,他问答樊迟什么是"仁"时,讲仁就是"与人忠"。曾子在谈每日三省其身时,也提到三省之一即"为人谋而不忠乎"。

再是做人的诚信问题。孔子讲:"人而无信,不知其可也。大车无輗,

---

① 《论语·为政》。
② 《论语·泰伯》。
③ 《论语·宪问》。
④ 《论语·子路》。

小车无軏,其何以行之哉?"①子贡在问一个"士"所拥有的标准时,孔子也回答说:"言必信,行必果。"

孔子认为,对主政者阶层来说,取信于民很重要。"子贡问政",他说:"足食,足兵,民信之矣。"子贡问:"必不得已而去,于斯三者何先?"孔子回答:"去兵。"子贡又问:"必不得已而去,于斯二者何先?"孔子说:"去食。自古皆有死,民无信不立。"②

子夏甚至认为,"信"是为政的基础,他说:"君子信而后劳其民;未信,则以为厉己也。信而后谏;未信,则以为谤己也。"③主政者必须先取得民众信任再去役使,否则,民众就会认为这是在虐待他们。

从关于"信"的论述,也说明孔子还由主政者应该具备的素质角度来讨论"德"的特质。比如,《雍也》记季康子在与孔子谈论其学生从政的问题时,孔子提出了"果"、"达"和"艺"三个范畴。季康子问:"仲由可使从政也与?"子曰:"由也果,于从政乎何有?"曰:"赐也可使从政也与?"曰:"赐也达,于从政乎何有?"曰:"求也可使从政也与?"曰:"求也艺,于从政乎何有?"孔子认为子路"果",即果断;子贡"达",即通情达理;而冉有"艺",即多才多艺。

德本政治,就是将政治与伦理相贯通,而强调政治道德的作用,也就是强调人的作用,这就为"人治"的思想开启了道路。

(二)民本主义

德本政治的另一侧面即是民本的政治追求。④ 民本,在孔子的眼中,是一个政权的合法性所在。而且,民众,是政治的主体,民众的利益是国家和

---

① 《论语·为政》。

② 《论语·颜渊》。

③ 《论语·子张》。

④ 周桂钿认为,民本主义即儒学核心价值观。见周桂钿:《儒学核心价值观:民本主义》,载《儒学与二十一世纪文化建设:首善文化的价值阐释与世界传播》,北京:学苑出版社2007年版。余意则以为,民本主义只是孔子政治价值体系中的一个层次而已。另外,陈赟认为,中国古典思想把政治的正当性建立在天命的基础之上,民情、民欲、民意等只是表现。见陈赟:《中国古典思想中的政治正当性问题》,《社会科学》2003年第1期。此论也与本章见解略有不同。

社会的价值主体。①

"民本"一词,约出于《尚书·五子之歌》,其云:"民惟邦本,本固邦宁。"同样在《尚书·皋陶谟》中,皋陶与禹论政,皋陶认为政治的核心应该是"在知人,在安民";而禹则进一步解释说:"知人则智,能官人;能安民则惠,黎民怀之。"其《泰誓》亦云:"民之所欲,天必从之。""天视自我民视,天听自我民听。"可见,周代的政治思想与前代大不同。

孔子对民本主义政治观的追求,正是周秦以来中国思想大转折的结果,亦即中国人所关注的对象由天、神转向人,由神秘转向现实。这一转向,自周初就开始了。② 比如,周公提出了"敬天保民",他在解释商周嬗递的合法性时,用"德"替换了天命,或者说把"德"当成了天命的内核:失德即失天下,有德者则有天下。《尚书·蔡仲之命》即云:"皇天无亲,惟德是辅。"

春秋时期,"民本"思潮蔚为主流。③《左传·昭公二十五年》载子产之言,云:"天道远,人道迩。"随国的季梁说:"夫民,神之主也。是以圣王先成民而后致力于神。"又说:"所谓道,忠于民而信于神也。"④鲁国的曹刿也说:"民和而后神降之福。"⑤而虢国史嚚则表示:"国将兴,听于民;将亡,听于神。"⑥另外,楚国灭蓼之后,鲁国的臧文仲评论道:"德之不建,民之无援,哀哉!"⑦梁国使民过甚,秦国乘机入侵,梁因"民溃"而亡。多年之后,楚国沈戌评论说:"民弃其上,不亡,何待?"⑧

孔子继承了这一时代的思想传统,而他对人的尊重远远超出前代,他

---

① 郭齐勇:《再论儒家的政治哲学及其正义论》,《孔子研究》2010 年第 6 期;李存山:《中国的民本与民主》,《孔子研究》1997 年第 4 期。

② 董英哲:《从神本主义到民本主义》,《西北大学学报》1994 年第 1 期。

③ 迟汗青认为,先秦时期只是民本思想的理论概括阶段。见迟汗青:《传统民本思想源流考评》,《北方论丛》1995 年第 3 期;关于《左传》所见"民本"思想,亦可参见米寿顺:《论〈左传〉的民本思想》,《河南大学学报》1982 年第 1 期。

④ 《左传·桓公六年》(杨伯峻《春秋左传注》本),北京:中华书局 1990 年版。下只注篇名。

⑤ 《国语·鲁语上》(徐元诰《国语集解》本),北京:中华书局 2002 年版。下只注篇名。

⑥ 《左传·庄公三十二年》。

⑦ 《左传·文公五年》。

⑧ 《左传·昭公二十三年》。

"不语怪、力、乱、神",有的时候甚至"罕言天命与利"。看到陪葬用的偶人,他生气地说:"始作俑者,其无后乎!"《论语·乡党》中记载,一次马厩失火,孔子听说后问:"伤人乎?"不问马。在《先进》中,"季路问事鬼神",孔子说:"未能事人,焉能事鬼?"孔子还讲:"务民之义,敬鬼神而远之。"①可见,孔子是把人当做政治的主体的。

在民本政治的理论建构中,孔子首先认为应该爱惜民力,不要过分增加民众的负担,从而要求主政者阶层厉行节俭。季康子苦于"盗贼"侵扰,问计于孔子。孔子说:"苟子之不欲,虽赏之不窃。"②如果你没有过多的欲望,哪怕是奖励偷盗,民众也不会去干。孔子认为,治理一个大国,友善地对待民众是必须的,他说:"道千乘之国,敬事而信,节用而爱人,使民以时。"③春秋之时,"庶民罢敝,而宫室滋侈。道殣相望,而女富溢尤。民闻公命,如逃寇雠",④此种状况并不鲜见,孔子并不是无的放矢。

再比如,当他的弟子仲弓请教"仁"的问题时,孔子说:"出门如见大宾,使民如承大祭。"⑤役使百姓要像进行大祭那样恭敬严肃,不可随意造次。孔子在《卫灵公》中还说:"知及之,仁不能守之;虽得之,必失之。知及之,仁能守之。不庄以涖之,则民不敬。知及之,仁能守之,在以涖之,动之不以礼,未善也。"主张主政者阶层对待百姓要以严肃庄重的态度。

不仅如此,在爱惜民力的基础上,孔子还主张"养民",养育民众。关于"养民"的概念,《尚书·大禹谟》即已提出,其云:"禹曰:'於,帝念哉!德惟善政,政在养民。'"意思是说,德政才是善政,善政在养民。孔子评价子产:"有君子之道四焉:其行己也恭,其事上也敬,其养民也惠,其使民也义。"⑥他认为子产有几点值得赞扬,其中就有让民众得到好处,役使民众有原则。

而"养民"的途径在富民。

---

① 《论语·雍也》。
② 《论语·颜渊》。
③ 《论语·学而》。
④ 《左传·昭公三年》。
⑤ 《论语·颜渊》。
⑥ 《论语·公冶长》。

让老百姓过上富庶的生活,这是统治安定的保证。百姓富,则国君富;藏富于民,富民则足君。《颜渊》记载鲁哀公问有若:"年饥,用不足,如之何?"有若回答说:"盍彻乎?"哀公说:"二,吾犹不足,如之何其彻也?"而有子则对曰:"百姓足,君孰与不足? 百姓不足,君孰与足?"而《子路》记载,孔子去卫国途中,孔子曾赞叹:"庶矣哉!"随行的冉有问:"既庶矣,又何加焉?"孔子说:"富之。"冉有又问:"既富矣,又何加焉?"孔子答:"教之。"富民不是最终的目的,最终的目的是教民,让民众过上有道德的生活。而且,只有教民,才可以驱使民众为自己所用。

《阳货》中记孔子去武城,听闻有弦歌之声。孔子笑曰:"割鸡焉用牛刀?"他的学生子游说,以前听老师讲"君子学道则爱人,小人学道则易使也"。孔子自知失言,便说:"二三子! 偃之言是也。前言戏之耳。"这也充分说明孔子主张行政过程是需要以乐来教化的。比如孔子说:"善人教民七年,亦可以即戎矣。"如果不这样的话,则孔子所言:"以不教民战,是谓弃之。"①

另外,孔子主张为政应以宽简为鹄的。

在《八佾》中,鲁哀公向宰予请教"社"之神主,宰予说:"夏后氏以松,殷人以柏,周人以栗,曰,使民战栗。"孔子大不为然,责备宰予"成事不说,遂事不谋,既往不咎"。因为孔子主张应该为政以宽。他说:"居上不宽,为礼不敬,临丧不哀,吾何以观之哉?"所以,在孔子眼中,施政只需遵循古先圣王的遗轨就可以了。当颜渊问"为邦"时,孔子便说:"行夏之时,乘殷之辂,服周之冕,乐则《韶》《舞》。放郑声,远佞人。"②行政,用夏时的历法、坐商时的车子、戴周时的礼帽;音乐用韶、武,就是很好的施政办法了。

另外,孔子向仲弓评价子桑伯子,说:"可也简。"仲弓说:"居敬而行简,以临其民,不亦可乎? 居简而行简,无乃大简乎?"孔子认为仲弓说得很对。③

因于先王之治,为政宽简,就是典型的无为而治。事实上,在《卫灵公》

---

① 《论语·子路》。
② 《论语·卫灵公》。
③ 《论语·雍也》。

中,孔子高度评价了无为而治的施政方式。他说:"无为而治者其舜也与?夫何为哉?恭己正南面而已矣。"大舜行政,只不过是庄严端正地坐于朝堂罢了,言外之意,即指不扰民之政治是值得提倡的。当然,无为而治、为政宽简,是以尚贤为前提的。鲁哀公问孔子如何才能"民服",孔子说:"举直错诸枉,则民服;举枉错诸直,则民不服。"①只有任用贤人,才能把君主从繁重的公务中解脱出来,也只有贤人,才能以高尚品德来以身作则、教化民众。

从根本上说,孔子的民本主义思想是继承了西周以来的政治传统的。《尚书·五子之歌》即云:"民惟邦本,本固邦宁。"至孔子,仍提出"为民"是政治的宗旨,他赞扬了先王为民的举措。比如,他称赞尧:"大哉尧之为君也!巍巍乎!唯天为大,唯尧则之。荡荡乎!民无能名焉。巍巍乎其有成功也!焕乎其有文章!"夸赞尧像天一样高大,恩惠广博,百姓都不知如何赞许他。他又称赞舜和禹:"巍巍乎,舜禹之有天下也而不与焉!"真是崇高啊,富有天下,却为百姓操劳,毫不为己。"禹,吾无间然矣。菲饮食而致孝乎鬼神,恶衣服而致美乎黻冕,卑宫室而尽力乎沟洫。禹,吾无间然矣。"②

不唯如此,孔子还强调指出,民本,是政治的合法性所在。正如《尚书·泰誓中》所云:"天视自我民视,天听自我民听。百姓有过,在予一人。"与《尚书》一样,《尧曰》也有类似的记述:"尧曰:'咨!尔舜!天之历数在尔躬,允执其中。四海困穷,天禄永终。'舜亦以命禹。曰:'予小子履敢用玄牡,敢昭告于皇皇后帝:有罪不敢赦。帝臣不蔽,简在帝心。朕躬有罪,无以万方;万方有罪,罪在朕躬。'"尧之所言大致是讲,假如天下老百姓困苦贫穷,你的禄位就永远地终止了。我本人若有罪,不要牵连天下万方;天下万方有罪,让我一个人承担。

《尧曰》还接着记述:"周有大赉,善人是富。'虽有周亲,不如仁人。百姓有过,在予一人。'谨权量,审法度,修废官,四方之政行焉。兴灭国,继绝世,举逸民,天下之民归心焉。所重:民、食、丧、祭。宽则得众,敏则有功,公则说。"

---

① 《论语·为政》。
② 《论语·泰伯》。

　　总之,孔子主张政治要以民众的利益为中心。同样在《尧曰》中,子张请教孔子:"何如斯可以从政矣?"孔子回答说:"尊五美,屏四恶,斯可以从政矣。"子张问:"何谓五美?"孔子说:"君子惠而不费,劳而不怨,欲而不贪,泰而不骄,威而不猛。"子张又问:"何谓惠而不费?"孔子说:"因民之所利而利之,斯不亦惠而不费乎?择可劳而劳之,又谁怨?欲仁而得仁,又焉贪?君子无众寡,无小大,无敢慢,斯不亦泰而不骄乎?君子正其衣冠,尊其瞻视,俨然人望而畏之,斯不亦威而不猛乎?"子张再问:"何谓四恶?"孔子则说:"不教而杀谓之虐;不戒视成谓之暴;慢令致期谓之贼;犹之与人也,出纳之吝谓之有司。"总结下来,即是主张给人民好处而自己无所耗费;役使民众而民众无怨言,对民众有所求却不过分;礼待百姓,对民众有敬畏之心;教化百姓,使其知礼而为。

　　评价一个国家政治好坏的标准,即在民众是否满意。所以,在《子路》中,"叶公问政",孔子说:"近者说,远者来。"好的政治面貌,就是让境内的民众满意,让境外的民众来投奔。这一政治标准,直接影响了孟子,成为儒家政治观中的核心内容。

　　当然,孔子虽然有让民众经过教化而成为主体的人的意思,但是他有些思想是根深蒂固的,比如"唯上知与下愚不移"。① 又说:"中人以上,可以语上也;中人以下,不可以语上也。"② 所以孔子认为有些人是不能教化的,所以当之为工具可也,即所谓"民可使由之,不可使知之"。③ 虽然,此"民本"必不是现代的"民主",④但不能否认的是,"民本"是民主的基础。⑤ 而且,必须指出的是,这里流露出的轻视民众的思想并未成为他思想的主流。我们应该体察到孔子思想中的"哀矜"之意,看到他对民众的同情和襄助。孔子的人生志向,自言乃"老者安之,朋友信之,少者怀之",⑥何尝不是他政

────────────

　　① 《论语·阳货》。
　　② 《论语·雍也》。
　　③ 《论语·泰伯》。
　　④ 启良:《关于中国古代民本主义的思考》,《江西社会科学》1991 年第 1 期。
　　⑤ 当然,并不是所有人都认为民本不等于民主。见苏新鋈:《孔孟儒家政治思想的民主精神》,《孔子研究》1989 年第 1 期。
　　⑥ 《论语·公冶长》。

治价值观的体现。

二、由仁而礼

孔子民本主义政治观的思想基础,是"仁"的观念。《论语》书中,"仁"字凡出现 105 次,可见"仁学"在孔子思想体系中的地位。

(一)仁

在孔子的思想体系中,"仁"首先是处理人际关系的行为准则。① 孔子在解释"仁"的内涵时,因为不同的语境和不同的角度,给出的答案并不同,这也在一定程度上也反映了孔子"仁"学理论的若干层次。

首先,孔子认为"仁"是人的品性。在《颜渊》中,"司马牛问仁",孔子曰:"仁者,其言也讱。"司马牛又问:"其言也讱,斯谓之仁已乎?"孔子答:"为之难,言之得无讱乎?"在这里,言谈谨慎就是一个仁者的品德属性。

同样在《颜渊》中,"颜渊问仁",孔子说:"克己复礼为仁。一日克己复礼,天下归仁焉。为仁由己,而由人乎哉?"颜渊接着问:"请问其目。"孔子说:"非礼勿视,非礼勿听,非礼勿言,非礼勿动。"颜渊曰:"回虽不敏,请事斯语矣。"由此可知,思想和行为的克制,也是仁者的品德属性。

"仁"的属性还有孝悌。《学而》云:"君子务本,本立而道生。孝弟也者,其为仁之本与!"

另外,还有庄重、宽厚、诚实、勤敏、慈惠、刚强、果断和朴实。《阳货》中,子张问仁于孔子。孔子说:"能行五者于天下,为仁矣。"子张要求进一步的解释,孔子又说:"恭、宽、信、敏、惠。恭则不侮,宽则得众,信则人任焉,敏则有功,惠则足以使人。"《子路》中,"樊迟问仁",孔子说:"居处恭,执事敬,与人忠。虽之夷狄,不可弃也。"他在该篇中还说:"刚、毅、木、讷近仁。"

此外,作为一个仁者,还应该避免一些不好的品性,比如好胜、自夸、怨艾、贪婪和诐媚。在《宪问》中,原宪请教"耻"的问题,孔子说:"邦有道,谷;

---

① 关于孔子的"仁"及相关问题,可参见冯友兰:《论孔子关于"仁"的思想》,《哲学研究》1961 年第 5 期;金景芳:《论孔子学说的"仁"和"礼"》,《吉林大学社会科学学报》1962 年第 2 期;丁原明:《略论孔子"仁""礼""政"思想》,《孔子研究》1986 年第 3 期;等等。

邦无道,谷,耻也。"又问:"克、伐、怨、欲不行焉,可以为仁矣?"孔子回答:"可以为难矣,仁则吾不知也。"孔子还说:"巧言令色,鲜矣仁。"①

其次,孔子认为"仁"是理想的为人处事的方法以及施政的手段,这当然与人的良好品性也是分不开的。

"仁",就是要爱人,对他人持有仁慈之心。在《颜渊》中,"樊迟问仁",孔子直截了当地说:"爱人。"《雍也》也记载了孔子与子贡的对话。子贡问:"如有博施于民而能济众,何如?可谓仁乎?"孔子说:"何事于仁!必也圣乎!尧舜其犹病诸!夫仁者,己欲立而立人,己欲达而达人。能近取譬,可谓仁之方也已。"直白地说,"仁",就是自己立得住,也要使别人立得住;自己事事行得通,也要使别人事事行得通。

孔子自称:"吾道一以贯之。"按曾子的理解:"夫子之道,忠恕而已矣。"②"己欲立而立人,己欲达而达人",即是"忠道"。孔子在回答仲弓关于什么是"仁"的问题时,说:"出门如见大宾,使民如承大祭。己所不欲,勿施于人。在邦无怨,在家无怨。"③"己所不欲,勿施于人",即所谓"恕道"。"忠恕"是孔子待人的基本原则,关照自身的感受,然后推己及人。正是因为爱自己,爱自己的亲人、朋友,所以爱别人。这就是孔子所主张的"有差别的爱"。

再次,"仁"甚至是一个人的事功。比如孔子对管仲的评价。在《宪问》中,子路问孔子:"桓公杀公子纠,召忽死之,管仲不死……未仁乎?"孔子不以为然,说:"桓公九合诸侯,不以兵车,管仲之力也。如其仁,如其仁。"孔子认为管仲有很大的仁德,因为"管仲相桓公,霸诸侯,一匡天下,民到于今受其赐。微管仲,吾其被发左衽矣"。

此外,"仁"还是一种修身的方法,是一个人达致"仁者"境界的手段。在《雍也》中,"樊迟问仁",孔子说:"仁者先难而后获,可谓仁矣。"仁者必须先付出努力,然后才有收获。而《子张》载子夏之言:"博学而笃志,切问而近思,仁在其中矣。"所以,"仁"是一种结果,也是一个修身实践的

① 《论语·学而》。
② 《论语·里仁》。
③ 《论语·颜渊》。

过程。

所以，孔子认为："苟志于仁矣，无恶也。"①只要"志于仁"，总是没有什么坏处的。但他也区分了两类人对于"仁"的态度。一是士及君子阶层，二是普通的民众阶层。通俗地讲，一是上等阶层，二是下等阶层。对于上等阶层，比如"士"，是以实现"仁"为己任的，曾子就说过："士不可以不弘毅，任重而道远。仁以为己任，不亦重乎？死而后已，不亦远乎？"②而且，为了"仁"，可以作出任何牺牲，乃至生命。正如孔子所言："志士仁人，无求生以害仁，有杀身以成仁。"③对于诸如"士"阶层，"仁"本身就是目的，对于牺牲，须持"求仁而得仁，又何怨？"的态度。④

民众虽然可以把"仁"置于"水火"之后，而"仁"却是保全自己的方式。孔子说："民之于仁也，甚于水火。水火，吾见蹈而死者矣，未见蹈仁而死者也。"⑤正是这样，"仁"，是士人内在的要求，而且，拥有"仁"，在孔子看来也并不是很困难。只要你想要"仁"，自然就会成为仁人。他说："仁远乎哉？我欲仁，斯仁至矣。"⑥

孔子希望士大夫阶层能形成"崇仁"的社会氛围，以便要多的人接近"仁者"，就是他说的"泛爱众，而亲仁"。在《卫灵公》中，子贡问"为仁"，孔子说："工欲善其事，必先利其器。居是邦也，事其大夫之贤者，友其士之仁者。"如果可以"能一日用其力于仁"，那是再好不过的了；但最好是须臾不能离开仁。他说："富与贵，是人之所欲也；不以其道得之，不处也。贫与贱，是人之所恶也；不以其道得之，不去也。君子去仁，恶乎成名？君子无终食之间违仁，造次必于是，颠沛必于是。"⑦

甚至在住所的选择上，都要考虑"仁"的因素。"里仁为美。择不处仁，

---

① 《论语·里仁》。
② 《论语·泰伯》。
③ 《论语·卫灵公》。
④ 《论语·述而》。
⑤ 《论语·卫灵公》。
⑥ 《论语·述而》。
⑦ 《论语·里仁》。

焉得知?"①而且,在对待"仁"的问题上,"仁"的地位是要高于师的,所谓"当仁,不让于师"。②

当然,要建设成一个"仁德"的社会并不是一蹴而就的,需要一定时间的培育,孔子自言:"如有王者,必世而后仁。"③但是,一个人一旦拥有了"仁",便会产生人性的升华。"不仁者不可以久处约,不可以长处乐。仁者安仁,知者利仁。"④仁者安于"仁",拥有"仁",就能使自己心安;智者因为"仁"能带来更大的利益,所以也会行"仁"。⑤

无论如何,仁者是可以达到一定程度的超越的。"唯仁者能好人,能恶人。"⑥只有仁者才能喜欢某个人,厌恶某个人。

是仁者,就会乐观。"知者不惑,仁者不忧,勇者不惧。"⑦

是仁者,就一定会勇敢。"有德者必有言,有言者不必有德。仁者必有勇,勇者不必有仁。"⑧

是仁者,则可以沉静而长寿。"知者乐水,仁者乐山;知者动,仁者静;知者乐,仁者寿。"⑨

相反地,一个聪明的人如果没有"仁",得到的东西最终也将会失去。"知及之,仁不能守之;虽得之,必失之。知及之,仁能守之。不庄以涖之,则民不敬。知及之,仁能守之,庄以涖之,动之不以礼,未善也。"⑩

(二)礼

孔子非常强调"礼"对一个人、一个家族和社会的必要性。孔子说:"不

---

① 《论语·里仁》。
② 《论语·卫灵公》。
③ 《论语·子路》。
④ 《论语·里仁》。
⑤ 墨子刻认为,孔子思想带有一种乌托邦主义的倾向,而且"从政治历史所归纳出来的后验性的知识不能证明德治的可行性"。见墨子刻:《乌托邦主义与孔子思想的精神价值》,《华东师范大学学报》2000 年第 2 期。在这里,墨子刻似乎忽视了孔子思想的实践性;而且孔子也强调人的主体性的发挥,比如"人能弘道,非道弘人","君子学以致其道"。
⑥ 《论语·里仁》。
⑦ 《论语·子罕》。
⑧ 《论语·宪问》。
⑨ 《论语·雍也》。
⑩ 《论语·卫灵公》。

患无位,患所以立。不患莫已知,求为可知也。"①孔子是强调一个人的"立"的,他的所论,有"立人之道"。《论语·尧曰》载孔子曰:"不知命,无以为君子也;不知礼,无以立也;不知言,无以知人也。"在《季氏》中,他又强调了"不学礼,无以立。"他还说:"兴于诗,立于礼,成于乐"。②

可见"礼"是一个人安身立命的根本,是任何时候都不能忽视、更是不能抛弃的。子贡打算撤去"告朔之饩羊",孔子很不满,说:"赐也! 尔爱其羊,我爱其礼。"③即表达了孔子的这种理念。如果"礼"失去了,那后果将不堪设想。孔子说:"恭而无礼则劳,慎而无礼则葸,勇而无礼则乱,直而无礼则绞。君子笃于亲,则民兴于仁;故旧不遗,则民不偷。"④孔子明确指出,他所憎恨的事情之一即"勇而无礼者"。⑤

我们前面提到"仁",说"仁"是人的本质属性,那"仁"与"礼"是什么关系呢? 孔子认为,"仁"是基础,先仁而后礼,"礼"应该产生在"仁"之后。他对子夏说:"绘事后素。"子夏受到启发:"礼后乎?"孔子对子夏的悟性很是满意。⑥ 在《八佾》中,孔子还曾感叹曰:"人而不仁,如礼何? 人而不仁,如乐何?"所以,在孔子的心目中,于人而言,首先要做一个"仁者",然后"习礼"、"守礼"。用任剑涛的表述,就是以仁礼结构确认伦理与政治的内在联系,然后在秩序重建中构想政治应当状态,以此来打通伦理与政治的关系。⑦

那么,什么是"礼"呢?

"礼"首先是一种行为准则和规范,起着协调与他人、亲友与君主之间关系的作用。

---

① 《论语·里仁》。

② 《论语·泰伯》。

③ 《论语·八佾》。

④ 《论语·泰伯》。

⑤ 在《论语·阳货》中,子贡曰:"君子亦有恶乎?"子曰:"有恶:恶称人之恶者,恶居下流而讪上者,恶勇而无礼者,恶果敢而窒者。"曰:"赐也亦有恶乎?""恶徼以为知者,恶不孙以为勇者,恶讦以为直者。"

⑥ 《论语·八佾》。

⑦ 任剑涛:《伦理与政治的内在关涉:孔子思想的再诠释》,《孔子研究》1998 年第 3 期。

在《论语·乡党》中，详细记载了孔子在饮食起居乃至一举一动对"礼"的遵守。比如日常的生活中，"寝不尸，居不客"。比如饮食，"有盛馔，必变色而作"。出行坐车，"升车，必正立，执绥。车中，不内顾，不疾言，不亲指"。甚至在遇到恶劣天气时，"迅雷风烈必变"。

"礼"维系着家族伦理，尤其是孝道的重要组成部分。比如，在《为政》中，孟懿子向孔子请教"孝"的问题，他说："无违。"樊迟问："何谓也?"孔子回答说："生，事之以礼；死，葬之以礼，祭之以礼。"

对"礼"的要求，孔子强调的是仪式的必备以及情感的到位。在《八佾》中，他说："祭如在，祭神如神在。"又说："吾不与祭，如不祭。""林放问礼之本"，孔子说："大哉问！礼，与其奢也，宁俭；丧，与其易也，宁戚。"

更重要的，"礼"还是君臣伦理的一部分，充分体现了君臣之间的上下关系。同样是在《八佾》，鲁定公问孔子："君使臣，臣事君，如之何?"孔子对曰："君使臣以礼，臣事君以忠。"孔子还曾经无可奈何地说："事君尽礼，人以为谄也。"

当然，君臣之间的关系以"礼"来维系，并不意味着臣下的一味退让，孔子还是设置了臣下事君的底线和原则的，那就是"道"，事君不能违背"道"，他说："所谓大臣者，以道事君，不可则止。"①

最后，"礼"同时更是政治制度。《左传》隐公十二年云："礼，经国家，定社稷，序民人，利后嗣者也。"《论语》中也多次提到诸如"为国以礼"②、"齐之以礼"③之类。

一个有道的社会，应该保持君主的崇高地位，这体现在天子之礼不可僭越。孔子对春秋以降"礼崩乐坏"的状况十分不满。他说："天下有道，则礼乐征伐自天子出；天下无道，则礼乐征伐自诸侯出。自诸侯出，盖十世希不失矣；自大夫出，五世希不失矣；陪臣执国命，三世希不失矣。天下有道，则政不在大夫。天下有道，则庶人不议。"④

---

① 《论语·先进》。
② 《论语·先进》。
③ 《论语·为政》。
④ 《论语·季氏》。

所以，齐景公问政于孔子，孔子回答说："君君，臣臣，父父，子子。"齐景公恍然大悟："善哉！信如君不君，臣不臣，父不父，子不子，虽有粟，吾得而食诸?"①在《论语·八佾》中，孔子列举了多个例子，指出时下社会的"无道"，并对其提出严厉批评。

"八佾"系天子之礼，鲁国季氏竟然僭用，孔子生气地说："八佾舞于庭，是可忍也，孰不可忍也?""三家者以《雍》彻"，仲孙、叔孙、季孙三家以天子之礼祭祖；"季氏旅于泰山"，祭祀泰山，也是天子、诸侯之礼，孔子都大不以为然。禘礼，乃天子之礼，鲁君僭用，孔子说："禘自既灌而往者，吾不欲观之矣。"

不仅对国君，对大夫阶层的"僭礼"行为，孔子同样也提出批评。② 孔子认为，"礼"代表的是一种秩序，包括家庭、家族秩序，社会秩序，以及政治秩序。对"礼"的破坏，是社会丧失正义的表现。他向往先王的理想和社会，正是对以"礼"为基本结构的稳定、合作社会的追想。

于是，"礼"这种行为规范和制度所体现的精神，其核心即是"分"，上下、父子、夫妻皆有分。孔子强调西周以来的政治秩序，而这种政治秩序正是上下有别的。孔子希望恢复古先王的社会状态，因此不得不提倡"复礼"。

"分"是为了"敬"。所以，"礼"的另一核心则是"敬"。孔子说："居上不宽，为礼不敬，临丧不哀，吾何以观之哉?"③

首先是对父母的敬。

在《为政》中，"子游问孝"，孔子说："今之孝者，是谓能养。至于犬马，皆能有养；不敬，何以别乎?"

其次是对他人的敬，尤其是对行"礼"者的敬。

司马牛曾经忧虑地说："人皆有兄弟，我独亡。"子夏安慰道："商闻之

---

① 《论语·颜渊》。

② 《八佾》记载：子曰："管仲之器小哉!"或曰："管仲俭乎?"曰："管氏有三归，官事不摄，焉得俭?""然则管仲知礼乎?"曰："邦君树塞门，管氏亦树塞门。邦君为两君之好，有反坫，管氏亦有反坫。管氏而知礼，孰不知礼?"

③ 《论语·八佾》。

矣:死生有命,富贵在天。君子敬而无失,与人恭而有礼。四海之内皆兄弟也——君子何患乎无兄弟也?"①子夏认为,做人如果对工作严肃认真,不出差错,与人交往恭谨,合乎礼仪,是不会孤独的。

在《乡党》中,记载了孔子一些"敬"的行为,比如,他"见齐衰者,虽狎,必变。见冕者与瞽者,虽亵,必以貌"。"凶服者式之。式负版者。"正是这种"敬"的体现。

"礼"既然是政治制度,它就代表着一种政治秩序,对君上的"敬",是"礼"的应有之义。正如孔子所说:"事君,敬其事而后其食。"②

《论语·乡党》中同样大量记载孔子在上朝、面君时的举动,那些都是出于"敬"使然。

比如:"君赐食,必正席先尝之。君赐腥,必熟而荐之。君赐生,必畜之。侍食于君,君祭,先饭。""疾,君视之,东首,加朝服,拖绅。""君命召,不俟驾行矣。"

孔子不仅以自己的行动表达对君上的敬意,他还给学生以理论上的指导。"子路问事君",他说:"勿欺也,而犯之。"③

正如上文所指,"敬"的目的,是建立、维系一种政治秩序,以使统治安定、社会稳定。所以,子路问孔子,如果卫国国君用他来主政的话,最先从哪一方面着手,孔子说:"必也正名乎?"在子路不以为然时,孔子正言:"名不正,则言不顺;言不顺,则事不成;事不成,则礼乐不兴;礼乐不兴,则刑罚不中;刑罚不中,则民无所措手足。故君子名之必可言也,言之必可行也。君子于其言,无所苟而已矣。"④这正是孔子对齐景公所建议的"君君,臣臣,父父,子子"的等级通顺的社会。最终的目的还是处理统治者与民众之间的关系,起到调和与互相尊重的作用,所谓"礼以行义,义以生利,利以平民,政之大节也"。⑤ 因此,就必须看到,"礼"对君主权力也存在一种制约,虽

---

① 《论语·颜渊》。
② 《论语·卫灵公》。
③ 《论语·宪问》。
④ 《论语·子路》。
⑤ 《左传·成公二年》。

然它是一种基于道德基础上的自我约束。①

孔子当然考虑到"守礼"对个人的压制，以及个人所付出的牺牲。他认为，在秩序面前，个人应该作出让步，那就是自我克制。他多次讲到"约"，比如"约我以礼"等。"颜渊问仁"，他说："克己复礼为仁。一日克己复礼，天下归仁焉！为仁由己，而由人乎哉？"②同样地，在《宪问》中，"子路问君子"，孔子回答说：修己以敬、修己以安人、修己以安百姓。这一逻辑演进，正是"克己"以维系社会秩序思路的完整展现。

（三）中与和

"礼"的另一重要精神内核当然是"和"及"中"和"中庸"。其中"中庸"，作为一种古典的政治哲学精神，是孔子政治哲学的精神追求。③《中庸》云："君子慎其独也。喜怒哀乐之未发，谓之中；发而皆中节，谓之和。中也者，天下之大本也；和也者，天下之达道也。致中和，天地位焉，万物育焉。""中"是内在的道德修炼，而"和"则是外在的行为表现。"中"与"和"相互发明，使"和"成为儒家思想的精神标志。

众所周知，"和"是先秦儒家重要的思想。有子说："礼之用，和为贵。先王之道斯为美，小大由之。"④这里的"和"，一意即"适合"，但亦可做"和谐"解。在孔子的思想体系里，"礼"与"和"，是互相作用的。"礼"的作用，是"和"；而"和"也是维系"礼"的重要手段。儒家的思想，不仅是道德的哲学、生活的哲学，当然还是政治哲学。"和"，不仅是一种政治手段，还是一种政治目的、政治价值，即儒家学者理想中的社会至少是一个和谐、团结、和平的社会。子贡评价孔子说："夫子之得邦家者，所谓立之斯立，道之斯行，绥之斯来，动之斯和。"⑤这里的"动之斯和"，就是能让公众团结一致、同心协力。

---

① 乔健：《从"制约权力"到"自我约束"：春秋时期政治的重要特点与孔子政治思想的局限》，《陕西师范大学学报》2001 年第 4 期。

② 《论语·颜渊》。

③ 马云志：《中庸：一种古典的政治哲学精神——孔子政治哲学的精神追求》，《孔子研究》2006 年第 4 期。

④ 《论语·学而》。

⑤ 《论语·子张》。

　　另外,孔子主张建设一个和谐的社会,这也是儒家的理想。孔子说:"听讼,吾犹人也。必也使无讼乎!"①这个和谐的社会是以道德为基础的,因此,和谐社会应该是一个"无讼"的社会。

　　还有,孔子还致力于国家间的和平。用孔子的话说,就是"去兵"。卫灵公问阵于孔子。孔子对曰:"俎豆之事,则尝闻之矣;军旅之事,未之学也。"明日遂行。②据《述而》所载:"子之所慎:齐、战、疾。"可见孔子是主张和平主义的。

　　不独孔子,孟子亦然。孟子的著名论断:"天时不如地利,地利不如人和。"③此处的"人和"之"和",与孔子"和"的含义完全一致。荀子的思想也是如此。他说:"以善先人者谓之教,以善和人者谓之顺;以不善先人者谓之谄,以不善和人者谓之谀。"④又说:"义以分则和,和则一,一则多力,多力则强,强则胜物。"⑤可见,"和"的思想是先秦诸儒的共识,它与儒家的另一核心价值观"礼"是互为表里的。"礼"指一种既定的政治秩序,维持这个政治秩序的稳定,是儒家政治思想的要义。"礼"固然要符合"和"的原则和精神,而"和"更是维持"礼"稳定的重要手段。因此,与"礼"一样,"和",即和谐、适合的思想,是先秦儒家重要的政治价值观。

　　为了实现建立一个和谐的、秩序的社会的政治理想,先秦儒家在政治理论、政治构想和实际的政治过程中,都设定了自己的价值原则。"礼乐制度"的制度安排、"中庸精神"的思想原则以及民本主义的政治诉求,即是先秦儒家为构建和谐、秩序的社会的理论主张。

　　孔子推崇周公。因为周公"制礼作乐",孔子也十分地强调"礼乐制度",这固然反映了其政治保守的一方面,但同时也说明在那个礼崩乐坏的年代里,在政治动荡和社会不安的背景下,孔子对政治秩序和社会稳定的诉求。孔子还极为重视"乐"。他认为,乐的作用就在于"和",它体现了一种

① 《论语·颜渊》。
② 《论语·卫灵公》。
③ 《孟子·公孙丑下》(杨伯峻《孟子译注》本),北京:中华书局1960年版,下只注篇名。
④ 《荀子·修身》(王先谦《荀子集解》本),北京:中华书局1988年版。下只注篇名。
⑤ 《荀子·王制》。

和谐精神,能感动人心,移化人的性情,进而移风易俗。荀子也这样认为。他说:"乐者,审一以定和者也,比物以饰节者也,合奏以成文者也。"①又讲"诗言是,其志也;书言是,其事也;礼言是,其行也;乐言是,其和也;春秋言是,其微也。"②通过"礼乐制度"来谋求政治的稳定和社会的和谐,这是通过制度的手段。

而通过个体道德的自觉和修养来达到这一目的,是思想手段即"中庸"的精神的提倡。何为"中庸"?《中庸》说:"喜怒哀乐之未发,谓之中;发而皆中节,谓之和。中也者,天下之大本也;和也者,天下之达道也。致中和,天地位焉,万物育焉。"孔子极为推崇"中庸"精神,他说:"中庸之为德也,甚至矣乎! 民鲜久矣。"③把中庸之道作为一种至高的境界,作为指导处理人际关系、政治关系和社会关系的原则和方法。在《论语》中,"过犹不及"、"己欲立而立人,己欲达而达人"及"己所不欲,勿施于人"的"忠恕之道",都是与中庸精神相配合的立场和思想。

中庸精神是思想原则,而礼乐制度是制度创设。但在现实的政治过程中,如何贯彻"和"的原则,同样也是先秦儒家所考虑的问题。第一,即使在严格的"礼"的框架下,也要顾及各个阶层的参与和作用。孔子说:"君子和而不同,小人同而不和。"④此"和"即是赞和之意,对他人的意见和观点,不是一味地顺从,而是提出建设性的见解,要求共同参议、决策政治事务,虑及每个阶层的政治主张和政治利益。第二则是与儒学的社会理想有较大的关涉。儒家的哲学是"行"的哲学,是"学而时习之"的,他们思想提出的同时,也要求自己和他人身体力行地实践之。儒家有自己的社会理想,即"大同社会",所以,在他们的政治见解中,不断有建设"大同社会"或实现"大同社会"某些标准的动议。《礼记·礼运篇》说:"大道之行也,天下为公。选贤与能,讲信修睦,故人不独亲其亲,不独子其子,使老有所终,壮有所用,幼有所长,矜寡孤独废疾者,皆有所养。男有分,女有归。货,恶其弃于地也,不

---

① 《荀子·乐论》。
② 《荀子·儒效》。
③ 《论语·雍也》。
④ 《论语·子路》。

必藏于己;力,恶其不出于身也,不必为己。是故,谋闭而不兴,盗窃乱贼而不作,故外户而不闭,是谓大同。"在这个社会理想里,充满了政治参与、社会公平、阶层和睦以及对社会弱势群体的救助和对强势群体的限制的提议,充分体现儒家民本主义思想。孔子认为,施政应该"不患寡而患不均,不患贫而患不安",应该"均无贫,和无寡,安无倾"。① 这样,社会才会安定,才不致使国家陷入分崩离析的局面。

孟子也主张给民众以生养之资,他说:"养生丧死无憾,王道之始也。五亩之宅,树之以桑,五十者可以衣帛矣。鸡豚狗彘之畜,无失其时,七十者可以食肉矣。百亩之田,勿夺其时,数口之家可以无饥矣。谨庠序之教,申之以孝悌之义,颁白者不负戴于道路矣。七十者衣帛食肉,黎民不饥不寒,然而不王者,未之有也。"②

荀子亦然。他说:"庶人安政,然后君子安位。传曰:'君者,舟也;庶人者,水也。水则载舟,水则覆舟。'此之谓也。故君人者欲安则莫若平政爱民矣。"③"天之生民,非为君也;天之立君,以为民也。"④先秦儒家都把民本的思想作为社会"和谐"的重要方面,他们提议给民众以政治的和经济的权利,以防止社会阶层分裂和对立,从而引起社会和政治秩序的崩解。

综上所述,社会和谐是儒家政治价值观的内容之一。这种社会和谐以稳定社会秩序为前提,顾及各个社会阶层的利益,尤其强调底层民众的生存权利和普遍福利。这种政治价值和政治原则,是一种先进的政治理念,对其进行研究阐发,极有理论意义和现实意义。

孔子对中国传统政治价值观的贡献在于:在中国文化精神的初创时代,他把"人"的因素注入其中,"人"成为政治活动中的最大要素之一,从而使尊重人、体恤人成为政治合法性考虑的基本条件之一,在很大程度上确立了中国古典政治学在本质上即是"人学"。作为"人学"的古典政治学,其政治生活就是"人"的生活,人要做一个有道德的人,因此主政者就要"以德治

---

①　《论语·季氏》。
②　《孟子·梁惠王上》。
③　《荀子·王制》。
④　《荀子·大略》。

国"，而民众就要"以德治身"。

孔子在尊重"人"的基础上，强调社会秩序和政治秩序的稳定，此即是他"礼"的思想。孔子的主张是，不同阶层的人们各自在自己的"规范"中生活，相互尊重而不相僭越，更不能冲突，因此，"和"即是目的，也是手段。而在根本上，孔子是试图通过"礼"对"人性"进行节制。这开启了中国古典政治学对人性的考察以及从人性的角度讨论政治议题之先河。因此，孔子无论是在中国传统政治价值观的思考议题还是思想方法上，都堪称伟大的先行者。

第二节　人的主体性与王道理想：
孟子的政治价值观

孔子之后，儒家后学分裂成不同的学术支派。《韩非子·显学》说"儒分为八"，"有子张之儒，有子思之儒，有颜氏之儒，有孟氏之儒，有漆雕氏之儒，有仲良氏之儒，有孙氏之儒，有乐正氏之儒"，而在《荀子·非十二子》中，荀子的分类却又有不同，他列出有子弓之儒、有子思孟轲之儒、子张之儒、子夏之儒和子游之儒。无论如何，儒家后学的思想在春秋之后或多或少地产生歧见，自《礼记》至《中庸》、《大学》至《孟子》，即子思、孟子一系，是影响较大的一个思想派别，孟子的思想乃思孟学派之集大成。

孟子思想是对孔子思想的发展和丰富，除了基本观念和原则的继承，在政治思想层面，他完成了儒家"仁"学由品质、思想到政治实践的飞跃，进而提出了王道政治的政治理想和目标。如果从政治思想的起点考察，孟子思想最基本的政治原则考量，我们归纳为人性善的理论及由此而生发的人的主体性发挥和王道政治理想。

孔子在谈理想社会的时候，屡屡称"道"或"有道"，比如"天下有道"云云。至孟子，他认为一个理想社会应该是王道社会。在《孟子》书中，他多次提到"王"、"王天下"，或"王政"、"王道"，而反对所谓"霸道"。

所谓"王道"政治，是一种以主政者为立论中心、以民众为受益对象、以和谐为导向的理想政治。① 其核心的内容包括,其一,是保民。"保民而王,莫之能御也"。首先让民众有生养之道,安居乐业,"养生丧死无憾,王道之始也。""七十者衣帛食肉,黎民不饥不寒,然而不王者,未之有也。"②齐宣王问:"王政可得闻与?"孟子对曰:"昔者文王之治岐也,耕者九一,仕者世禄,关市讥而不征,泽梁无禁,罪人不孥。老而无妻曰鳏,老而无夫曰寡,老而无子曰独,幼而无父曰孤。此四者,天下之穷民而无告者。文王发政施仁,必先斯四者。"孟子还强调主政者要与民众同甘共苦,"乐民之乐者,民亦乐其乐;忧民之忧者,民亦忧其忧。乐以天下,忧以天下;然而不王者,未之有也。"③

其二,是以善服人,以心服人,以德行仁。孟子说:"以善服人者,未有能服人者也;以善养人,然后能服天下。天下不心服而王者,未之有也。"④"以力假仁者霸,霸必有大国;以德行仁者王,王不待大——汤以七十里,文王以百里。以力服人者,非心服也,力不赡也;以德服人者,中心悦而诚服也,如七十子之服孔子也。"⑤

其三,行教化。有人建议齐宣王"毁明堂",孟子反对,他说:"夫明堂者,王者之堂也。王欲行王政,则勿毁之矣。"⑥明堂乃朝会、祭祀之所,是宣明政教的地方,孟子主张教化民众,当然不能拆毁。他还对滕文公说,教化民众是王者的责任,"夏曰校,殷曰序,周曰庠;学则三代共之,皆所以明人伦也。人伦明于上,小民亲于下。有王者起,必来取法,是为王者师也。"⑦一个王道社会应该是一个道德社会。

其四,王道政治乃列国竞争当中的生存之道。孟子指出,"王不待大","地方百里而可以王"。一个小国"苟行王政,四海之内皆举首而望之,欲以

---

① 谢晓东:《理想政治的四种类型:兼论孟子政治哲学的理论归宿》,《武汉大学学报》2012 年第 6 期。

② 《孟子·梁惠王上》。

③ 《孟子·梁惠王下》。

④ 《孟子·离娄下》。

⑤ 《孟子·公孙丑上》。

⑥ 《孟子·梁惠王下》。

⑦ 《孟子·滕文公上》。

为君;齐楚虽大,何畏焉"。① 而"万乘之国行仁政,民之悦之,犹解倒悬也。故事半古之人,功必倍之"。② 他还提出"仁者无敌"的思想,"王如施仁政于民,省刑罚,薄税敛,深耕易耨;壮者以暇日修其孝悌忠信,入以事其父兄,出以事其长上,可使制梃以挞秦楚之坚甲利兵矣。"③

当然,孟子也曾描述过王道社会的面貌,它是以"先王之道"治理的社会为原型的:"尊贤使能,俊杰在位……市,廛而不征,法而不廛……关,讥而不征……耕者,助而不税……廛,无夫里之布……信能行此五者,则邻国之民仰之若父母矣。率其子弟,攻其父母,自有生民以来未有能济者也。如此,则无敌于天下。无敌于天下者,天吏也。然而不王者,未之有也。"④另外,"天子适诸侯曰巡狩,诸侯朝于天子曰述职。春省耕而补不足,秋省敛而助不给。入其疆,土地辟,田野治,养老尊贤,俊杰在位,则有庆;庆以地。入其疆,土地荒芜,遗老失贤,掊克在位,则有让。一不朝,则贬其爵,再不朝,则削其地,三不朝,则六师移之。"⑤

每一种"理想化的社会模式","都集中反映着某种政治思想体系的基本政治原则、政治价值观念和政治最高目标,并常常由此引申出一系列实际政治价值、治国方略和政策,以及完善或改造社会的具体方案。"⑥孟子的政治价值观,就是使社会达致王道社会的原则和要求。

一、人性与人的主体性

对人性的假设是先秦时期各家学派争论的核心问题之一。根据《孟子·告子上》,当时关于人性论的讨论存在着不同的观点,告子认为"性无善无不善也",而有的学者则认为:"性可以为善,可以为不善",以及"有性善,有性不善"。

---

① 《孟子·滕文公下》。
② 《孟子·公孙丑上》。
③ 《孟子·梁惠王上》。
④ 《孟子·公孙丑上》。
⑤ 《孟子·告子下》。
⑥ 刘泽华、张分田:《论儒家的理想国》,《天津社会科学》1990 年第 4 期。

孔子也曾谈论过人性的问题,他说:"性相近也,习相远也。"①但他并没有明言"性"之善恶,我们从孔子的思想中推论,他可能主张人是性善的。但是,到了孟子这里,则旗帜鲜明地提出自己的人性论观点:性善论。徐复观认为,"孟子在中国文化中的最大贡献,是性善说的提出",这一理论在很大程度上,决定了中国文化发展的性格。②

孟子认为,人性应该是自然流露的天然之理。他说:"天下之言性也,则故而已矣。故者以利为本。所恶于智者,为其凿也。"③讨论人性,只需顺其自然之理追索其缘由即可,如果运用自己的聪明才智去探究它,则很可能陷于穿凿附会。

从这个角度而言,孟子认为人天生具有良知、良能,这决定了人性之善。孟子说:"人之所不学而能者,其良能也;所不虑而知者,其良知也。孩提之童无不知爱其亲者,及其长也,无不知敬其兄也。亲亲,仁也;敬长,义也;无他,达之天下也。"④所以,性善是人的天生资质。"乃若其情,则可以为善矣,乃所谓善也。若夫为不善,非才之罪也。恻隐之心,人皆有之;羞恶之心,人皆有之;恭敬之心,人皆有之;是非之心,人皆有之。"⑤从天生的性情来说,人是都可以善良的,而有人不善良,则不能归罪于天生的资质。每个人都有恻隐之心、羞恶之心、恭敬之心、是非之心,这些生之俱来。孟子举例说,看到一个孩子要掉到井里,你会拉他一把,这时候你并没有想到其中有什么利益,你并不是想结交孩子的父母,也不是为了在乡邻中博取声誉,而是你内心的善良本质使你这样做的。如果不这样做,"无恻隐之心,非人也;无羞恶之心,非人也;无辞让之心,非人也;无是非之心,非人也。"⑥

孟子接着说:"人性之善也,犹水之就下也。人无有不善,水无有不下。

① 《论语·阳货》。
② 徐复观:《中国人性论史(先秦篇)》,上海:上海三联书店2001年版,第139页。
③ 《孟子·离娄下》。
④ 《孟子·尽心上》。
⑤ 《孟子·告子上》。
⑥ 《孟子·公孙丑上》。

今夫水，搏而跃之，可使过颡；激而行之，可使在山。是岂水之性哉？其势则然也。人之可使为不善，其性亦犹是也。"①人性之为善，就像水之趋下，是自然而然的。之所以有不善，则是外界干扰的结果。

正是人善良本质的扩展，生成出社会秩序来。"恻隐之心，仁也；羞恶之心，义也；恭敬之心，礼也；是非之心，智也。仁义礼智，非由外铄我也，我固有之也，弗思耳矣。"②

又说："恻隐之心，仁之端也；羞恶之心，义之端也；辞让之心，礼之端也；是非之心，智之端也。人之有是四端也，犹其有四体也。有是四端而自谓不能者，自贼者也；谓其君不能者，贼其君者也。凡有四端于我者，知皆扩而充之矣，若火之始然，泉之始达。苟能充之，足以保四海；苟不充之，不足以事父母。"③

"四心"是仁、义、礼、智的起始点，只要自己具备了善良本质，维护了人固有的本性，因此也就会成为一个有道德的人。这是一种自然秩序的扩展。

正因为人所具有的仁、义、礼、智也是人生来固有的，孟子进而指出，仁义礼智，实乃人之性，这些本性根植于人的内心。孟子说："广土众民，君子欲之，所乐不存焉；中天下而立，定四海之民，君子乐之，所性不存焉。君子所性，虽大行不加焉，虽穷居不损焉，分定故也。君子所性，仁、义、礼、智根于心，其生色也睟然，见于面，盎于背，施于四体，四体不言而喻。"④

无论一个人的命运如何，都需要坚守这些本性。"口之于味也，目之于色也，耳之于声也，鼻之于臭也，四肢之于安佚也，性也，有命焉，君子不谓性也。仁之于父子也，义之于君臣也，礼之于宾主也，知之于贤者也，圣人之于天道也，命也，有性焉，君子不谓命也。"⑤

孟子也无可否认人世间仍有很多人表现出人性丑恶的一面，尤其是在战国那个动荡的时代，按他自己的解释，这些人是失却了自己的良心、善心。

---

① 《孟子·告子上》。
② 《孟子·告子上》。
③ 《孟子·公孙丑上》。
④ 《孟子·尽心上》。
⑤ 《孟子·尽心下》。

那么,如何才能保持人天生的良知良能呢?孟子主张通过"修身"的办法来护持,使之免于失坠。

与孔子一样,他特别看重"学"的功能。他说:"仁,人心也;义,人路也。舍其路而弗由,放其心而不知求,哀哉!人有鸡犬放,则知求之;有放心而不知求。学问之道无他,求其放心而已矣。"①所谓"学问之道",就是追寻人们那颗失落了的、放失了的良心和善心。

孟子在主张"学"的时候,尤其注重人的自觉性和主动性,即不是受外在的促力,被动地来发明本心,而是自觉地、主动地去找寻内在的善。他说:"君子深造之以道,欲其自得之也。自得之,则居之安。居之安,则资之深;资之深,则取之左右逢其原,故君子欲其自得之也。"②由"自得"而"取之左右逢其原",就需要"学",更需要"思"。他说:"耳目之官不思,而蔽于物。物交物,则引之而已矣。心之官则思,思则得之,不思则不得也。此天之所与我者。先立乎其大者,则其小者不能夺也。此为大人而已矣。"③同样是人,而有的人是"大人",有的人是"小人",其关键在于能否主动地思考这一环节。

另外,孟子还提出"养"的工夫。这同样是从人的自觉的角度来阐发的。他讲"吾善养吾浩然之气";又在举例"牛山之木尝美"的时候说:"虽存乎人者,岂无仁义之心哉?其所以放其良心者,亦犹斧斤之于木也,旦旦而伐之,可以为美乎?其日夜之所息,平旦之气,其好恶与人相近也者几希,则其旦昼之所为,有梏亡之矣。梏之反覆,则其夜气不足以存;夜气不足以存,则其违禽兽不远矣。人见其禽兽也,而以为未尝有才焉者,是岂人之情也哉?故苟得其养,无物不长;苟失其养,无物不消。"④在这里,孟子提出"养心",使人的本心不断得到"滋养",其良、善就不会亡失。

孟子还曾经提出用"寡欲"的办法来"养心","养心莫善于寡欲。其为

① 《孟子·告子上》。
② 《孟子·离娄下》。
③ 《孟子·告子上》。
④ 《孟子·告子上》。

人也寡欲,虽有不存焉者,寡矣;其为人也多欲,虽有存焉者,寡矣。"①但从《孟子》全书来看,"养心"最主要的还应该是通过不断"反省"的方式来达致。

孟子在强调"修身"的时候,还指出另外一条实践的道路,即人生的历练:"舜发于畎亩之中,傅说举于版筑之间,胶鬲举于鱼盐之中,管夷吾举于士,孙叔敖举于海,百里奚举于市。故天将降大任于是人也,必先苦其心志,劳其筋骨,饿其体肤,空乏其身,行拂乱其所为,所以动心忍性,曾益其所不能。人恒过,然后能改;困于心,衡于虑,而后作;征于色,发于声,而后喻。入则无法家拂士,出则无敌国外患者,国恒亡。然后知生于忧患而死于安乐也。"②这可以说是孔子"学而时习"精神的延续,继承了儒家以"知"和"行"的方式来完善自身的传统。

"修身"本身是目的,但它仍还是某种手段。孟子意欲通过个人的完善,以达致家庭、社会、国家完善的目的。这与《大学》所主张的"大学之道"一脉相承。《大学》说:"古之欲明明德于天下者,先治其国;欲治其国者,先齐其家;欲齐其家者,先修其身;欲修其身者,先正其心;欲正其心者,先诚其意;欲诚其意者,先致其知,致知在格物。物格而后知至,知至而后意诚,意诚而后心正,心正而后身修,身修而后家齐,家齐而后国治,国治而后天下平。"而孟子则曰:"人有恒言,皆曰:'天下国家。'天下之本在国,国之本在家,家之本在身。"③还说:"君子之守,修其身而天下平。"④孟子的思路是,通过自我的道德修炼,不仅可以张扬自己的善端,同时也可以影响他人、改造社会。因此,他在《尽心上》中说:"万物皆备于我矣。反身而诚,乐莫大焉。强恕而行,求仁莫近焉。"他把人分为四等,而所谓"大人"乃四等之首,"大人"正是孟子心目中理想的人格原型,他们能践行孟子的理想追求。"有事君人者,事是君则为容悦者也;有安社稷臣者,以安社稷为悦者也;有

---

① 《孟子·尽心下》。
② 《孟子·告子下》。
③ 《孟子·离娄上》。
④ 《孟子·尽心下》。

天民者,达可行于天下而后行之者也;有大人者,正己而物正者也。"①

如果达不到理想的效果,则反思自身,达到修正自己道德行为的目的。"爱人不亲,反其仁;治人不治,反其智;礼人不答,反其敬——行有不得者皆反求诸己,其身正而天下归之。"②

由此可见,孟子正是试图以对自己内心反省修炼的方式,洞明人的善良本性,进而知晓世界万物的运行规律。他的思考和实践路径即是存留其良心,养成其本性,进而达到社会、世界和谐的目的。"尽其心者,知其性也。知其性,则知天矣。存其心,养其性,所以事天也。殀寿不贰,修身以俟之,所以立命也。"③

孟子认为,存心、养性、事天、立命,这应该是一个人的生存方式。"修身"在护持人的本心的同时,也是获得人的主体性的途径。

所谓人的主体性,是指人作为活动主体的质的规定性,是在与客体相互作用中得到发展的人的自觉能动和创造的特性,它是人性中最集中体现人的本质的部分,是人性之精华。在主体的对象性活动中,主体性具有自主性、能动性、创造性等特征。④ 简单地说,人的主体性的凸显,还原了人作为"人"的本质,使人摆脱了"奴隶"状态,更驱除了人生存中的工具属性。

当然,在这一方面,孟子还有一些不彻底,他把大人、君子、士和小人进行了切割,过分地强调"大人、君子、士"的主体性,忽视了作为普遍的人的主体性。但孟子对人主体性的发扬,在思想史和政治史上,仍是有进步意义的。

在孟子那里,人的主体性,首先表现在作为个体的人获得了道德属性。人是一个社会的人,更是一个有道德的人。孟子说:"人之所以异于禽兽者

---

① 《孟子·尽心上》。
② 《孟子·离娄上》。
③ 《孟子·尽心上》。
④ 郭湛:《人的主体性的进程》,《中国社会科学》1987 年第 2 期;袁贵仁:《主体性与人的主体性》,《河北学刊》1988 年第 3 期;仇赛飞:《论人的主体性与主体性教育》,《哲学动态》2001 年第 2 期。

几希,庶民去之,君子存之。舜明于庶物,察于人伦,由仁义行,非行仁义也。"①人与禽兽的差别就那么一点点,"仁义"就是人与禽兽的鸿沟。当然,孟子拔高了"君子"的道德水平,"君子所以异于人者,以其存心也。君子以仁存心,以礼存心。仁者爱人,有礼者敬人。爱人者,人恒爱之,敬人者,人恒敬之。"②他还说:"有天爵者,有人爵者。仁义忠信,乐善不倦,此天爵也;公卿大夫,此人爵也。"③

因此看,仁、义、礼、智、忠、信是人的道德属性。

比如,在《告子上》"鱼,我所欲也"章,在生死与礼义相冲突的情况下,孟子提出"生亦我所欲也,义亦我所欲也;二者不可得兼,舍生而取义者也"命题。

孟子十分强调"志"。在王子垫问他"士何事?"的时候,他说:"尚志。"王子垫又问:"何谓尚志?"他回答说:"仁义而已矣。杀一无罪非仁也,非其有而取之非义也。居恶在? 仁是也;路恶在? 义是也。居仁由义,大人之事备矣。"④

如何能使人发明"仁"的本心? 孟子认为必须通过"义"和"礼"的途径。在《孟子》书中,他多次提到,"义"是路,"礼"为门,而"仁"是目标。《万章下》即云:"夫义,路也;礼,门也。惟君子能由是路,出入是门也。"

另外,孟子还提出"孝"的道德属性。"道在迩而求诸远,事在易而求诸难:人人亲其亲,长其长,而天下平。"⑤又讲:"养生者不足以当大事,惟送死可以当大事。"⑥孟子在谈到他的王道政治理想时表示,"养生送死无憾,王道之始也。"

此外,还有"诚"和"信"等的道德属性。孟子说:"诚者,天之道也;思诚者,人之道也。至诚而不动者,未之有也;不诚,未有能动者也。"⑦

---

① 《孟子·离娄下》。
② 《孟子·离娄下》。
③ 《孟子·告子上》。
④ 《孟子·尽心上》。
⑤ 《孟子·离娄上》。
⑥ 《孟子·离娄下》。
⑦ 《孟子·离娄上》。

在浩生不害问"乐正子何人也"的时候,孟子说:"善人也,信人也。"浩生不害又问:"何谓善? 何谓信?"孟子回答说:"可欲之谓善,有诸己之谓信,充实之谓美,充实而有光辉之谓大,大而化之之谓圣,圣而不可知之之谓神。"①

总之,孟子包括儒家后学都普遍认为,一个有道德的人,才是一个完整的人。

其次,人的主体性还表现在人社会责任意识的强化。

孟子认为,人应该有强烈的历史使命感和社会责任感。他从历史的进程上推算,"由尧舜至于汤,五百有余岁;若禹、皋陶,则见而知之;若汤,则闻而知之。由汤至于文王,五百有余岁,若伊尹、莱朱,则见而知之;若文王,则闻而知之。由文王至于孔子,五百有余岁,若太公望、散宜生,则见而知之;若孔子,则闻而知之。由孔子而来至于今,百有余岁,去圣人之世若此其未远也,近圣人之居若此其甚也,然而无有乎尔,则亦无有乎尔。"②自尧舜至汤,汤至文王,文王至孔子,均历五百多年,都有人继承其思想和事业;而孔子至孟子世,百有余年,竟然没有继承者,孟子为之感叹,其言外之意,大概是自己可以承继孔子思想的衣钵。事实上,孟子也的确明明地表露过这样的雄心壮志,他在《公孙丑下》中说:"五百年必有王者兴,其间必有名世者。由周而来,七百有余岁矣,以其数,则过矣;以其时考之,则可矣。夫天未欲平治天下也;如欲平治天下,当今之世,舍我其谁也? 吾何为不豫哉!"

不唯自己,孟子认为,君子本来就应该有道义担当。"君子之志于道也,不成章不达。"③"天下有道,以道殉身;天下无道,以身殉道;未闻以道殉乎人者也。"④同样地,人为什么要出仕? 理由只有一个,那就是"事道"。他在《万章下》中说:"然则孔子之仕也,非事道与?"曰:"事道也。"古之贤士有的不想出仕,那是因为出仕会违背"道"。"古之人未尝不欲仕也,又恶

---

① 《孟子·尽心下》。
② 《孟子·尽心下》。
③ 《孟子·尽心上》。
④ 《孟子·尽心上》。

不由其道。不由其道而往者,与钻穴隙之类也。"①因此,"道"是人的行为准则。这与孔子是相一致的。

虽然他也说:"仕非为贫也,而有时乎为贫",但是他同时强调,"立乎人之本朝,而道不行,耻也。"②在《滕文公下》中,他表示:"非其道,则一箪食不可受于人。"在《尽心下》中,他也说:"身不行道,不行于妻子;使人不以道,不能行于妻子。"总之,一个人行世的理想状态,应该是:"士穷不失义,达不离道。穷不失义,故士得己焉;达不离道,故民不失望焉。古之人,得志,泽加于民;不得志,修身见于世。穷则独善其身,达则兼济天下。"③

正是因为这种强烈的社会担当精神,孟子对当时的社会提出强烈的批评,而且对其他的学术流派进行反击。比如思想史上著名的"辟杨墨"事件。在百家争鸣的过程中,"杨子取为我,拔一毛而利天下,不为也。墨子兼爱,摩顶放踵利天下,为之。"④孟子不能接受这样的思想而与其辩论。儒家的主张是做人要讷言,不主张强辩的,所以当他的学生公都子问为什么外人都说他如此好辩时,孟子激动地说:"予岂好辩哉?予不得已也。天下之生久矣,一治一乱……杨、墨之道不息,孔子之道不著,是邪说诬民,充塞仁义也。仁义充塞,则率兽食人,人将相食。吾为此惧,闲先圣之道,距杨、墨,放淫辞,邪说者不得作。作于其心,害于其事;作于其事,害于其政。圣人复起,不易吾言矣……我亦欲正人心,息邪说,距诐行,放淫辞,以承三圣者。岂好辩哉!予不得已也。能言距杨、墨者,圣人之徒也。"⑤孟子认为,拒斥社会上的歪理邪说,弘扬圣人之道以正人心,这正是自己的责任,更是自己的义务。而且儒家后学应该勇敢地承担起这个责任来,以启蒙、教化民众。他自负地认为,自己乃先知先觉者,自己不启蒙民众,谁来承担启蒙作用呢!"天之生此民也,使先知觉后知,使先觉觉后觉也。予,天民之先觉者也;予将以斯道觉斯民也。非予觉之,而谁也?思天下之民匹夫匹妇有不被尧舜

---

① 《孟子·滕文公下》。
② 《孟子·万章下》。
③ 《孟子·尽心上》。
④ 《孟子·尽心上》。
⑤ 《孟子·滕文公下》。

之泽者,若己推而内之沟中。其自任以天下之重如此,故就汤而说之以伐夏救民。"①"舍我其谁"的精神,又一次在孟子身上得到体现。

他还说:"君子有三乐,而王天下不与存焉。父母俱存,兄弟无故,一乐也;仰不愧于天,俯不怍于人,二乐也;得天下英才而教育之,三乐也。"②"教育",是人生之大乐趣,也是人生的意义所在。

再次,在人的主体性上,孟子强调道义、道德上的平等。

孟子不否认也不反对当时社会存在不同的社会阶层以及各阶层间的不平等,但是,他又认为,这种不平等只是经济和政治上的不平等,而在道德上、道义上,人人都是平等的。从这个角度上讲,人人皆可为圣人。

《离娄下》记载,储子曰:"王使人瞯夫子,果有以异于人乎?"孟子回答:"何以异于人哉? 尧舜与人同耳。"同样地,在《告子上》中,他说:"凡同类者,举相似也,何独至于人而疑之? 圣人,与我同类者。""口之于味也,有同耆焉;耳之于声也,有同听焉;目之于色也,有同美焉。至于心,独无所同然乎? 心之所同然者何也? 谓理也,义也。圣人先得我心之所同然耳。故理义之悦我心,犹刍豢之悦我口。"所谓圣人,与普通的人,是"同类",他之所以是圣人,只是比普通人先行一步,更早一些通晓圣人之理罢了。

而一个普通人,只要像圣人一样学习、思考、实践,也会成为一个圣人。他在《离娄下》中说:"君子有终身之忧,无一朝之患也。乃若所忧则有之:舜,人也;我,亦人也。舜为法于天下,可传于后世,我由未免为乡人也,是则可忧也。忧之如何? 如舜而已矣。"而在《告子下》中说:"子服尧之服,诵尧之言,行尧之行,是尧而已矣。"而且,"匹夫而有天下者,德必若舜禹。"③

孟子这种"人人皆可为尧舜"的思想,就还原了人之为人的主体性本质,人只要有启蒙和努力,是能够得到精神上的提升的。这就为通过修身而达到一个普遍的有道德的社会打开了通道。

最后,在人的主体性问题上,强调人的独立精神。

---

① 《孟子·万章上》。
② 《孟子·尽心上》。
③ 《孟子·万章上》。

既然人与人在道德上、道义上是平等，因此，各个阶层就都有了平等对话的条件。这也凸显了孟子所主张的人尤其是君子的独立精神。"居天下之广居，立天下之正位，行天下之大道。得志，与民由之；不得志，独行其道。富贵不能淫，贫贱不能移，威武不能屈，此之谓大丈夫。"①这种精神是超越物质利益和政治权力之上的。

正如上文所言，君子行"道"，提倡道义的担当，孟子说："焉有君子而可以货取乎？"②君子不可以货取，亦即不能为物质利益所收买。同时，孟子也提倡，君子守道，不为权势所屈服。

在这方面，其一，孟子主张平等对话，反对以力、以势服人。

在公都子问孟子为什么不回答滕更的问题的时候，孟子说："挟贵而问，挟贤而问，挟长而问，挟有勋劳而问，挟故而问，皆所不答也。"③在这里，孟子强调的是作为个体人的尊严，也同样强调了人与人的平等关系。他借古喻今，说："古之贤王好善而忘势；古之贤士何独不然？乐其道而忘人之势，故王公不致敬尽礼，则不得亟见之。见且由不得亟，而况得而臣之乎！"④不仅古之贤明君王喜欢听取善言，不把自己的权势放在心上；而且贤能之士也是只乐于自己的学说，不在乎他人的权势。即使是王公贵人，如果不恭敬有礼，也难以与他相见。孟子甚至提出："古者不为臣不见。"⑤不做诸侯的臣属便不会去拜见他。

总之，孟子主张彰显个体人的尊严和价值，并不主张屈从于主政者的威势。他在谈出仕的时候，说："所就三，所去三。迎之致敬以有礼；言，将行其言也，则就之。礼貌未衰，言弗行也，则去之。其次，虽未行其言也，迎之致敬以有礼，则就之。礼貌衰，则去之。其下，朝不食，夕不食，饥饿不能出门户，君闻之，曰：'吾大者不能行其道，又不能从其言也，使饥饿于我土地，吾耻之。'周之，亦可受也，免死而已矣。"⑥如果能被以礼相待、自己的政治

---

① 《孟子·滕文公下》。
② 《孟子·公孙丑下》。
③ 《孟子·尽心上》。
④ 《孟子·尽心上》。
⑤ 《孟子·滕文公下》。
⑥ 《孟子·告子下》。

见解能受重视,则是可以出仕的;如若不然,不妨挂冠而去以保持自己的身份和尊严。

其二,孟子还强调人与主政者的对等关系。

孟子认为,个体的人之所以有独立的意识和精神,是因为个体的人与主政者在政治上是对等的关系。他引用曾子的话说:"晋楚之富,不可及也;彼以其富,我以吾仁;彼以其爵,我以吾义;吾何慊乎哉!"①同时他也引用成覿对齐景公说的话:"彼,丈夫也;我,丈夫也,吾何畏彼哉!"以及颜渊的话:"舜,何人也?予,何人也?有为者亦若是!"②你是人,我也是人,我为什么要怕你呢!你有财富,但我有仁;你有爵位,但我有义,我并不缺少什么啊!舜又怎么样,只要努力作为,同样可以像他那样!

因此,孟子说,同位高显贵的人说话,要藐视他,不要把他的显赫地位和权势放在眼里。"说大人,则藐之,勿视其巍巍然。堂高数仞,榱题数尺,我得志,弗为也。食前方丈,侍妾数百人,我得志,弗为也。般乐饮酒,驱骋田猎,后车千乘,我得志,弗为也。在彼者,皆我所不为也;在我者,皆古之制也。吾何畏彼哉?"③

由上我们可以看出,孟子在对待权力和利益的时候,更多的是强调个体人的尊严;只有自尊,才能得到别人的尊重。"夫人必自侮,然后人侮之;家必自毁,而后人毁之;国必自伐,而后人伐之。"④正是因为个体人与主政者的平等对话能力及对等关系,孟子思想中的君臣关系就是独树一帜的。

他对齐宣王说:"君之视臣如手足,则臣视君如腹心;君之视臣如犬马,则臣视君如国人;君之视臣如土芥,则臣视君如寇雠。"⑤

他甚至认为,如果不遵行道义原则,君主也不是不可以取代的。在《万章下》中,他对齐宣王说:"君有大过则谏;反覆之而不听,(贵戚之卿)则易位。""君有过则谏,反覆之而不听,(异姓之卿)则去。"

---

① 《孟子·公孙丑下》。
② 《孟子·滕文公上》。
③ 《孟子·尽心下》。
④ 《孟子·离娄上》。
⑤ 《孟子·离娄下》。

另外,正确处理君臣之间的关系,应该是事君以"道",事君以"仁"。这也是独立精神的体现。"君子之事君也,务引其君以当道,志于仁而已。"①正是因为如此,他批评当时的很多出仕者:"今之事君者皆曰,'我能为君辟土地,充府库。'今之所谓良臣,古之所谓民贼也。君不乡道,不志于仁,而求富之,是富桀也。'我能为君约与国,战必克。'今之所谓良臣,古之所谓民贼也。君不乡道,不志于仁,而求为之强战,是辅桀也。由今之道,无变今之俗,虽与之天下,不能一朝居也。"②

二、仁与仁政

人性为善,则人之行仁不难矣。上文提及,人的主体性发扬,使人具有道德属性,"仁"即是人的道德属性之一,这也是儒家的思想传统。孟子在《公孙丑上》说:"仁则荣,不仁则辱。"又说:"夫仁,天之尊爵也,人之安宅也。莫之御而不仁,是不智也。不仁、不智,无礼、无义,人役也。"没有了仁、智、礼、义,人不过是"人役"而已,还不是一个完整的人,因此,仁、义等范畴,是人之为人的特质。孟子接着说:"仁也者,人也。合而言之,道也。"③一个仁者,必然行"道"。这也正是孟子所主张的从人内心的善发端,实现改造外在的途径。

人之有仁义,是人本身自为的结果,这就赋予了人的主体性。孟子说:"人皆有所不忍,达之于其所忍,仁也;人皆有所不为,达之于其所为,义也。人能充无欲害人之心,而仁不可胜用也;人能充无穿逾之心,而义不可胜用也;人能充无受尔汝之实,无所往而不为义也。士未可以言而言,是以言餂之也;可以言而不言,是以不言餂之也,是皆穿逾之类也。"④他在《离娄上》中指出,人不应该"自暴自弃",而应以礼义来指导自己的生活。"自暴者,不可与有言也;自弃者,不可与有为也。言非礼义,谓之自暴也;吾身不能居仁由义,谓之自弃也。仁,人之安宅也;义,人之正路也。旷安宅而弗居,舍

① 《孟子·告子下》。
② 《孟子·告子下》。
③ 《孟子·尽心下》。
④ 《孟子·尽心下》。

正路而不由,哀哉!"

先秦儒家都讲究理论的践行,孟子当然也不例外,内心对道德原则的自省,肯定是要在社会关系中来实践的。这种实践首先贯穿在家庭伦理当中。孟子认为,仁、义、礼、智、乐的实质,就是建立、维系、强化家庭伦理,他进而认为这是人生快乐的源泉。他说:"仁之实,事亲是也。义之实,从兄是也。智之实,知斯二者弗去是也。礼之实,节文斯二者是也。乐之实,乐斯二者,乐则生矣。生则恶可已也;恶可已,则不知足之蹈之手之舞之。"①

扩而充之,"仁"也就成为处理包括人际关系在内的各种社会关系的原则。比如,人与人之间的关系应该"去利"而"怀仁义"。孟子就指出:"为人臣者怀利以事其君,为人子者怀利以事其父,为人弟者怀利以事其兄,是君臣、父子、兄弟终去仁义,怀利以相接,然而不亡者,未之有也。先生以仁义说秦楚之王,秦楚之王悦于仁义,而罢三军之师,是三军之士乐罢而悦于仁义也。为人臣者怀仁义以事其君,为人子者怀仁义以事其父,为人弟者怀仁义以事其兄,是君臣、父子、兄弟去利,怀仁义以相接也,然而不王者,未之有也。何必曰利?"②

尤其要指出的是,从政治层面上讲,"仁"同样是处理政治关系的原则。首先,主政者必须具有"仁"的道德属性。"惟仁者宜在高位。不仁而在高位,是播其恶于众也。上无道揆也,下无法守也,朝不信道,工不信度,君子犯义,小人犯刑,国之所存者幸也。"③

只有"仁者",才可能走上主政者的高位,而且只有在政治中贯彻"仁"的理念,统治才具有合法性。"三代之得天下也以仁,其失天下也以不仁。国之所以废兴存亡者亦然。天子不仁,不保四海;诸侯不仁,不保社稷;卿大夫不仁,不保宗庙;士庶人不仁,不保四体。今恶死亡而乐不仁,是犹恶醉而强酒。"④孟子进而指出:"不仁而得国者,有之矣;不仁而得天下者,未之有

---

① 《孟子·离娄上》。
② 《孟子·告子下》。
③ 《孟子·离娄上》。
④ 《孟子·离娄上》。

也。"①也就是说，一个不仁的主政者，他可能会建立一个国家，但是却难以建立合法的统治。

而"仁心"在政治关系上的扩展，那就是"仁政"。主政者首先要做一个仁者，其后仁政就自然而然了。"若火之始然，泉之始达。苟能充之，足以保四海；苟不充之，不足以事父母。""人皆有不忍人之心。先王有不忍人之心，斯有不忍人之政矣。以不忍人之心，行不忍人之政，治天下可运之掌上。"②而且，不行仁政，王道政治就不能够建立起来。"尧、舜之道，不以仁政，不能平治天下。今有仁心仁闻而民不被其泽，不可法于后世者，不行先王之道也。故曰：徒善不足以为政，徒法不能以自行。"③

仁政的思想基础，是民本主义的政治观。至此，孟子提出了中国古代思想上最光辉的思想之一：贵民思想。④ 孟子曰："民为贵，社稷次之，君为轻。是故得乎丘民而为天子，得乎天子为诸侯，得乎诸侯为大夫。诸侯危社稷，则变置。牺牲既成，粢盛既絜，祭祀以时，然而旱干水溢，则变置社稷。"⑤

在战国纷争的过程中，只有富国强兵才能生存，孟子却反其道而行之，他不是主张力和利，而是提出人的重要性，认为只要掌握了民众，就能生存，就能发展，就能壮大。孟子曰："天时不如地利，地利不如人和……故曰：域民不以封疆之界，固国不以山谿之险，威天下不以兵甲之利。得道者多助，失道者寡助。寡助之至，亲戚畔之；多助之至，天下顺之。以天下之所顺，攻亲戚之所畔；故君子有不战，战必胜矣。"⑥

在天、地与人的关系中，孟子最看重的是人的作用。而且，他通过对"天"的解释，为政治上的"民本主义"寻找合理性的解释。在《万章上》，万

---

① 《孟子·尽心下》。
② 《孟子·公孙丑上》。
③ 《孟子·离娄上》。
④ 姜涌认为，孟子的民本主义本质其实是君本，"民本"不过是一种"术治"理论，目的在于缓和社会矛盾，维护社会等级秩序。见姜涌：《孟子的民本主义政治哲学》，《广东社会科学》2005 年第 3 期。但此说忽视了孟子以民意来释天意、忽视了孟子把民心之向背作为统治合法性的思想。
⑤ 《孟子·尽心下》。
⑥ 《孟子·公孙丑下》。

章问孟子是否"尧以天下与舜"，孟子表示反对，说"天子不能以天下与人"，舜有天下，是"天与之"。"尧荐舜于天，而天受之；暴之于民，而民受之；故曰，天不言，以行与事示之而已矣。""使之主祭，而百神享之，是天受之；使之主事，而事治，百姓安之，是民受之也。天与之，人与之，故曰，天子不能以天下与人。"他最后引《尚书·泰誓》"天视自我民视，天听自我民听"，以证所言不虚。孟子当然不能否认"天"的作用，但是他提出，"天"却是通过民众来发挥作用的，这样，很大程度上就可以说，民意即天意。

由此，孟子就把民众在政治中的地位凸显出来了，他在《尽心下》中明确提出："诸侯之宝三：土地，人民，政事。宝珠玉者，殃必及身。"他又在回答滕文公问"为国"的时候讲："民事不可缓也。"①

孟子试图主张建立王道政治，而保民，正是通往"王道"的途径。齐宣王问："德何如则可以王矣？"孟子答曰："保民而王，莫之能御也。"②只要行王政，则无敌于天下。而万章问："宋，小国也，今将行王政；齐楚恶而伐之，则如之何？"他也坚持说："苟行王政，四海之内皆举首而望之，欲以为君；齐楚虽大，何畏焉。"③

相应地，如果得不到民众的支持，那主政者的倒台也是必然的了。得民者得天下，得民心者得天下。"桀纣之失天下也，失其民也；失其民者，失其心也。得天下有道：得其民，斯得天下矣。得其民有道：得其心，斯得民矣。得其心有道：所欲与之聚之，所恶勿施，尔也。民之归仁也，犹水之就下、兽之走圹也。故为渊驱鱼者，獭也；为丛驱爵者，鹯也；为汤武驱民者，桀与纣也。"④

更进一步，如果主政者不以民众为意，则推翻之可也。君主如果站在民众的对立面，那就不是君主，而只是一独夫而已。在《梁惠王下》中，齐宣王问曰，"汤放桀，武王伐纣"是不是"臣弑其君"，孟子直截了当地回答："贼仁者谓之'贼'，贼义者谓之'残'。残贼之人谓之'一夫'。闻诛一夫纣矣，未

---

① 《孟子·滕文公上》。
② 《孟子·梁惠王上》。
③ 《孟子·滕文公下》。
④ 《孟子·离娄上》。

闻弑君也。"

他还说："规矩，方员之至也；圣人，人伦之至也。欲为君，尽君道；欲为臣，尽臣道。二者皆法尧舜而已矣。不以舜之所以事尧事君，不敬其君者也；不以尧之所以治民治民，贼其民者也。孔子曰：'道二，仁与不仁而已矣。'暴其民甚，则身弑国亡；不甚，则身危国削，名之曰'幽厉'，虽孝子慈孙，百世不能改。诗云：'殷鉴不远，在夏后之世。'此之谓也。"①

正是基于民本政治的立场，在《梁惠王下》，孟子回应了小国国君滕文公的疑惧。滕文公问："滕，小国也；竭力以事大国，则不得免焉，如之何则可？"孟子以周之先祖太王避居狄人为例，"去邠，踰梁山，邑于岐山之下居焉。邠人曰：'仁人也，不可失也。'从之者如归市"。指出只要仁于民，则统治安全，政治稳定。

滕文公又问："滕，小国也，间于齐楚，事齐乎？事楚乎？"孟子对曰："凿斯池也，筑斯城也，与民守之，效死而民弗去，则是可为也。"只要民众不抛弃你，那么齐、楚再强大又能怎么样呢！

滕文公又问："齐人将筑薛，吾甚恐，如之何则可？"孟子仍以太王为例，"苟为善，后世子孙必有王者矣。君子创业垂统，为可继也。若夫成功，则天也。君如彼何哉？强为善而已矣。"②只要为善政，则可以行王政。

邹国也是小国，它与鲁国发生冲突，官员死亡 33 人，而百姓坐视不救，邹穆公求教于孟子。孟子对曰："凶年饥岁，君之民老弱转乎沟壑，壮者散而之四方者，几千人矣；而君之仓廪实，府库充，有司莫以告，是上慢而残下也……夫民今而后得反之也。君无尤焉！君行仁政，斯民亲其上，死其长矣。"

在齐伐燕的事件中，孟子仍持相同的态度和立场。齐人灭燕，对于要不要占领燕地，齐宣王问计于孟子。孟子对曰："取之而燕民悦，则取之。古之人有行之者，武王是也。取之而燕民不悦，则勿取。古之人有行之者，文王是也。以万乘之国伐万乘之国，箪食壶浆以迎王师，岂有他哉？避水火

---

① 《孟子·离娄上》。
② 《孟子·梁惠王下》。

也。如水益深,如火益热,亦运而已矣。"①

更为可贵的是,孟子强调主政者与民众的利益共体关系,亦即君民的"共赢"状态。他主张主政者要与百姓同甘共苦。民安则君安,民安则国安。

孟子总结历史的经验,认为"古之人与民偕乐,故能乐也"。② 君主的"乐",要建立在民"乐"的基础之上。在《梁惠王下》中,齐宣王见孟子于雪宫,问:"贤者亦有此乐乎?"孟子对曰:"有。人不得,则非其上矣。不得而非其上者,非也;为民上而不与民同乐者,亦非也。乐民之乐者,民亦乐其乐;忧民之忧者,民亦忧其忧。乐以天下,忧以天下;然而不王者,未之有也。"在同篇中,孟子还告诉惠王,独乐乐,不若与人乐乐,与少乐乐,不若与众乐乐,如果主政者能与民同乐,则可以"王天下"。

所以,君与民同乐,与民同忧,则统治无忧。而主政者与民同进退,无论"好货"、"好色"都与民同,正是王政的前提条件。

认识到了民本政治的重要性,那么,如何在政治过程中实践这一理论呢? 亦即仁政的具体内容包括哪些呢? 我们从《孟子》的文本分析,认为大致有三个方面。

其一,是对民众的教化。

教化民众是儒家自孔子之时就提出的原则,孟子同样十分重视教化的问题。他认为教化是施政之始,"教"优于"政"。"仁言不如仁声之入人深也,善政不如善教之得民也。善政,民畏之;善教,民爱之。善政得民财,善教得民心。"③

在滕文公问"为国"的时候,孟子就讲到教化的问题:"民事不可缓也……设为庠序学校以教之。庠者,养也;校者,教也;序者,射也。夏曰校,殷曰序,周曰庠;学则三代共之,皆所以明人伦也。人伦明于上,小民亲于下。有王者起,必来取法,是为王者师也。"④

---

① 《孟子·梁惠王下》。
② 《孟子·梁惠王上》。
③ 《孟子·尽心上》。
④ 《孟子·滕文公上》。

而至于教化的内容,孟子主张应该从五个方面入手。"教以人伦:父子有亲,君臣有义,夫妇有别,长幼有序,朋友有信。放勋曰:'劳之来之,匡之直之,辅之翼之,使自得之,又从而振德之。'圣人之忧民如此,而暇耕乎?尧以不得舜为己忧,舜以不得禹、皋陶为己忧。夫以百亩之不易为己忧者,农夫也。"①

为了能使教化达到良好的效果,孟子同样主张因材施教,为此他总结了五种教育方式,"君子之所以教者五:有如时雨化之者,有成德者,有达财者,有答问者,有私淑艾者。此五者,君子之所以教也。"②

孟子极力主张教化民众的目的,就是让人获得人固有的本心,避免人性的沉沦。在孔子思想的基础上,孟子进一步指出政治与教化的不可分离,二者实乃一体之两面,而且应该是内在一致的。他认为政治是教化的手段,教化才是政治的目的,教化比政治更为根本。③

其二,对民众负有生养责任。

战国时代,战争频仍,生民涂炭,孟子批评了主政者罔顾民生的行为,"民之憔悴于虐政,未有甚于此时者也。"④他认为,养民应该是主政者的责任:"庖有肥肉,厩有肥马,民有饥色,野有饿莩,此率兽而食人也。兽相食,且人恶之;为民父母,行政,不免于率兽而食人,恶在其为民父母也!仲尼曰:'始作俑者,其无后乎!'为其象人而用之也。如之何其使斯民饥而死也?"⑤"乐岁,粒米狼戾,多取之而不为虐,则寡取之;凶年,粪其田而不足,则必取盈焉。为民父母,使民盻盻然,将终岁勤动,不得以养其父母,又称贷而益之,使老稚转乎沟壑,恶在其为民父母也!"⑥

他还指责邹穆公:"凶年饥岁,君之民老弱转乎沟壑,壮者散而之四方

---

① 《孟子·滕文公上》。
② 《孟子·尽心上》。
③ 张再林、肖向龙:《求善的政治:现代情境下的孟子政治思想解读》,《西北大学学报》2005年第3期。
④ 《孟子·公孙丑上》。
⑤ 《孟子·梁惠王上》。
⑥ 《孟子·滕文公上》。

者，几千人矣。而君之仓廪实，府库充，有司莫以告，是上慢而残下也。"①

由于时代的局限，孟子把"士"与"民"是分开的，他谈自觉，谈责任，多以士为对象，而且对士阶层提出很高的文化要求，但对"民"则要求不高。他说："无恒产而有恒心者，惟士为能。若民，则无恒产，因无恒心。苟无恒心，放辟邪侈，无不为己。及陷于罪，然后从而刑之，是罔民也。"②为了让"民"有"道德"，必须让他们有"生养之道"。"明君制民之产，必使仰足以事父母，俯足以畜妻子；乐岁终身饱，凶年免于死亡。然后驱而之善，故民之从之也轻。今也制民之产，仰不足以事父母，俯不足以畜妻子；乐岁终身苦，凶年不免于死亡。此惟救死而恐不赡，奚暇治礼义哉！"③

因此，要做到不"罔民"，一是"制民之产"，二是"贤君必恭俭，礼下，取于民有制"。

所谓"制民之产"，是指让民众有基本的生产资料，让民众有基本的生产时间。有了物质的保障，有了充裕的时间，才可以习礼义，讲道德。有了基本的生产资料和生活资料，"民"才会有道德的物质基础。

孟子说："易其田畴，薄其税敛，民可使富也。食之以时，用之以礼，财不可胜用也。民非水火不生活，昏暮叩人之门户求水火，无弗与者，至足矣。圣人治天下，使有菽粟如水火。菽粟如水火，而民焉有不仁者乎？"④因此，孟子主张耕者有其田，薄赋敛，轻刑罚。《孟子》书中，于此再三属意焉。

在《滕文公上》中，使毕战问井地。孟子曰："子之君将行仁政，选择而使子，子必勉之！夫仁政，必自经界始。经界不正，井地不钧，谷禄不平，是故暴君污吏必慢其经界。经界既正，分田制禄可坐而定也。夫滕，壤地褊小，将为君子焉，将为野人焉。无君子，莫治野人，无野人，莫养君子。请野九一而助，国中什一使自赋。卿以下必有圭田，圭田五十亩；余夫二十五亩。死徙无出乡，乡田同井，出入相友，守望相助，疾病相扶持，则百姓亲睦。方里而井，井九百亩，其中为公田。八家皆私百亩，同养公田；公事毕，然后敢

---

① 《孟子·梁惠王下》。
② 《孟子·梁惠王上》。
③ 《孟子·梁惠王上》。
④ 《孟子·尽心上》。

治私事,所以别野人也。此其大略也;若夫润泽之,则在君与子矣。"在这里,孟子主张以恢复井田制来保证民众拥有自己的土地。

在《梁惠王上》中,孟子仍然表达了让民众可以生产、安于生产的思想。"不违农时,谷不可胜食也;数罟不入洿池,鱼鳖不可胜食也;斧斤以时入山林,材木不可胜用也。谷与鱼鳖不可胜食,材木不可胜用,是使民养生丧死无憾也。养生丧死无憾,王道之始也。""五亩之宅,树之以桑,五十者可以衣帛矣。鸡豚狗彘之畜,无失其时,七十者可以食肉矣。百亩之田,勿夺其时。数口之家可以无饥矣。谨庠序之教,申之以孝悌之义,颁白者不负戴于道路矣。七十者衣帛食肉,黎民不饥不寒,然而不王者,未之有也!"

《尽心上》一章,亦复如下。"天下有善养老,则仁人以为己归矣。五亩之宅,树墙下以桑,匹妇蚕之,则老者足以衣帛矣。五母鸡,二母彘,无失其时,老者足以无失肉矣。百亩之田,匹夫耕之,八口之家足以无饥矣。所谓西伯善养老者,制其田里,教之树畜,导其妻子使养其老。五十非帛不暖,七十非肉不饱。不暖不饱,谓之冻馁。文王之民无冻馁之老者,此之谓也。"

为了保证民众的基本生活,孟子主张赋税从轻,藏富于民。《滕文公上》中,孟子回顾三代的税制,就是以史为借鉴,让民众有休养生息的条件。其云:"夏后氏五十而贡,殷人七十而助,周人百亩而彻,其实皆什一也。彻者,彻也;助者,藉也。龙子曰:'治地莫善于助,莫不善于贡。'贡者校数岁之中以为常。"《尽心下》中,孟子也有强调:"有布缕之征,粟米之征,力役之征。君子用其一,缓其二。用其二而民有殍,用其三而父子离。"

最后,孟子指出,"以佚道使民,虽劳不怨。以生道杀民,虽死不怨杀者。"①仁政的最终目的,是保证政治统治的安全,这是孟子"以民为城"思想的体现。他对魏惠王说:"今王发政施仁,使天下仕者皆欲立于王之朝,耕者皆欲耕于王之野,商贾皆欲藏于王之市,行旅皆欲出于王之涂,天下之欲疾其君者皆欲赴愬于王。其若是,孰能御之?"②他还说:"地方百里而可以王。王如施仁政于民,省刑罚,薄税敛,深耕易耨。壮者以暇日修其孝悌

---

① 《孟子·尽心上》。
② 《孟子·梁惠王上》。

忠信,入以事其父兄,出以事其长上,可使制梃以挞秦楚之坚甲利兵矣! 彼夺其民时,使不得耕耨以养其父母。父母冻饿,兄弟妻子离散。彼陷溺其民,王往而征之,夫谁与王敌? 故曰:‘仁者无敌。’”①

如果将仁政的措施推而广之,使礼义普世化,则可以王天下。“老吾老,以及人之老;幼吾幼,以及人之幼;天下可运于掌。诗云:‘刑于寡妻,至于兄弟,以御于家邦。’言举斯心加诸彼而已。故推恩足以保四海,不推恩无以保妻子。古之人所以大过人者,无他焉,善推其所为而已矣。今恩足以及禽兽,而功不至于百姓者,独何与?”②

其三,呼吁社会和平。

正因为“民”是决定民心向背、决定战争胜负的根本因素,孟子强调仁政、以仁治国的同时,又提出和平的问题。

战争是违背人“仁”的本性的,当然也是违背仁政原则的,而孟子时代,“争地以战,杀人盈野;争城以战,杀人盈城。此所谓率土地而食人肉,罪不容于死! 故善战者服上刑,连诸侯者次之,辟草莱、任土地者次之。”③

他首先反对战争,尤其是非正义的战争。他愤怒地说:“春秋无义战。”如今战争频仍,杀人父兄相当杀己之父兄。“吾今而后知杀人亲之重也:杀人之父,人亦杀其父;杀人之兄,人亦杀其兄。然则非自杀之也,一间耳。”而发动战争的人,是大罪之人。“有人曰:‘我善为陈,我善为战。’大罪也。国君好仁,天下无敌焉。南面而征,北夷怨;东面而征,西夷怨,曰:‘奚为后我?’武王之伐殷也,革车三百两,虎贲三千人。王曰:‘无畏! 宁尔也,非敌百姓也。’若崩厥角稽首。征之为言正也,各欲正己也,焉用战?”④

因此,他提出仁者无敌的命题。“夫国君好仁,天下无敌。今也欲无敌于天下而不以仁,是犹执热而不以濯也。”⑤他怀疑《尚书·武成》篇的记载,说武王伐纣之役,流血漂杵不可能。“仁人无敌于天下,以至仁伐至不

---

① 《孟子·梁惠王上》。
② 《孟子·梁惠王上》。
③ 《孟子·离娄上》。
④ 《孟子·尽心下》。
⑤ 《孟子·离娄上》。

仁,而何其血之流杵也?"他批评魏惠王好战,说:"不仁哉梁惠王也! 仁者以其所爱及其所不爱,不仁者以其所不爱及其所爱。"公孙丑追问:"何谓也?"孟子回答说:"梁惠王以土地之故,糜烂其民而战之,大败,将复之,恐不能胜,故驱其所爱子弟以殉之,是之谓以其所不爱及其所爱也。"①

当然,孟子也看到了当时社会正在走向统一的趋势。但他认为,统一不可以以武力,而只能以仁义的形式来统一。在处理当时的"国际"关系时,必须以"仁"为原则。

在《梁惠王上》中,孟子表示对魏襄王相当不满意,原因是襄王一见到他,就卒然问曰:"天下恶乎定?"孟子指出:"定于一。"而且是"不嗜杀人者能一之。""今夫天下之人牧,未有不嗜杀人者也。如有不嗜杀人者,则天下之民皆引领而望之矣。试如是也,民归之,由水之就下,沛然谁能御之!"

他接着说:"以力假仁者霸,霸必有大国。以德行仁者王,王不待大——汤以七十里,文王以百里。以力服人者,非心服也,力不赡也。以德服人者,中心悦而诚服也,如七十子之服孔子也。"②

仁、仁政是达到王道政治的必由之路。因为只有通过"仁"这条路,才能达到保民的实质。如果非要表现出勇武的一面,必须是仁者之勇。战争,必须是正义的战争。

在《梁惠王下》中,齐宣王问:"交邻国有道乎?"孟子对曰:"有。惟仁者能以大事小……惟智者为能以小事大……以大事小者,乐天者也;以小事大者,畏天者也。乐天者保天下,畏天者保其国。"他鼓励宣王"无好小勇",即不要学习"敌一人"的"匹夫之勇",而是要有"文王之勇"。"文王之勇","文王一怒而安天下之民。书曰:天降下民,作之君,作之师。"

正义的战争,救民于水火,为仁政创造条件,其终极目的也是建设王道的社会。

三、仁心的扩展:仁民而爱物

孟子在与魏惠王谈论的时候,说他恩及于禽兽,却不愿意施恩于民众。

---

① 《孟子·尽心下》。
② 《孟子·公孙丑上》。

这当然是一种论辩的策略。但是,我们上文提到,从仁再到仁政,这是人性善的自发扩展。这种扩展似乎并不限于人伦,而将有可能推及自然界。当然,儒家"爱有等差,施由亲始"。仁的扩展,是由亲、由人伦世界、再到自然界的。孟子曰:"君子之于物也,爱之而弗仁;于民也,仁之而弗亲。亲亲而仁民,仁民而爱物。"①这正是孟子仁心扩展的次序。

(一)从"格物"到"体物":物我为一

何为"物"？物,《论语》凡一见,曰:"天何言哉？四时行焉,百物生焉。天何言哉？"②即指自然界中一切事物,赵岐注《孟子》"仁民而爱物"句,云"物,凡物可以养人者也",义较偏狭,朱子集注则以为"物,谓禽兽草木",意与孔子近同。是以,"物",在先秦儒家的概念里,即是指天生之万物;但在更多的情况下,基于"惟人万物之灵"的观念,乃指"人"之外的天生万物,先秦儒家多言"外物"、"物我",以此故。"物"与"我"的关系,也是先秦诸子议论的重要内容。

《论语》之后,《大学》言"物"亦尚少,只说"致知在格物"、"物格而后知至";至《中庸》,即开始对"物"有足够的重视,提出了"体物"、"尽物之性"以及"成物"的思想,发展了儒家"物我关系"的论述,并为孟子提出"养物"、"爱物"的思想做了必要的理论铺垫。仔细考究就可发现,从《大学》、《中庸》以至《孟子》,其中对"物我关系"的认识是一个前后相继的过程,这一阶段,"物"与"我"存在着一个由疏到密的思虑线索。

《大学》云:"物格然后知至,知至然后意诚,意诚然后心正,心正然后身修,身修然后家齐,家齐然后国治,国治然后天下平。"自《论语》提出"人"与"物"共生于"天"以后,至此,"物我"之间开始建立起互依的关系,"格物"以求"理",是为了寻求"意诚"和"心正"的普遍规律和伦理基础,从"物"之理,推导出"人"之理,这里已经隐含了"物""我"存在内在关联的思想,但是,还并未将"物"与"我"合于一体。

《中庸》则提出"体物",云"体物而不遗"。"体物"比"格物"在认识深

---

① 《孟子·尽心上》。
② 《论语·阳货》。

度上前进了一步。"格物"只是外在的研究,而"体物"强调的却是感同身受,从内心去感知之,所以才有"成己"、"成物"之语。其云"诚者非自成己而已也,所以成物也。成己,仁也;成物,知也。性之德也,合外内之道也,故时措之宜也"。既然"无物不诚",那"诚"就不仅仅是"成己","自成"之后,还要推及于物,即"成物"。朱子以为,仁、智"皆吾性之固有,而我内外之殊"①,因此,"既得于己,则见于物"。至此,初步打通了"物""我"的界限,"物"与"我"则融为一体,所以才"唯天下至诚,为能尽其性。能尽其性,则能尽人之性。能尽人之性,则能尽物之性。能尽物之性,则可以赞天地之化育。可以赞天地之化育,则可以与天地参矣"。② 把"物""我"纳入一个统一的大范畴,构建了天人合一的宇宙图式,体现了"人"、"物"共生、共体的整体主义的宇宙观。朱子曰"与天地万物上下同流,各得共妙"③,即是描述此种境界。

孟子继承了这个思想,他说:"诚者,天之道也;思诚者,人之道也。至诚而不动者,未之有也;不诚,未有能动者。"④这里提出的"天人同诚"的概念,与《中庸》讲的"诚者自成,而道自道也。诚者物之终始,不诚无物"的思想相贯⑤,说明"人性"与"物性"是相通的。但应注意到,在孟子看来,物的"诚"、物的"性"不是自己发扬出来的,而是人的"能动"发萌出来的,也就是"物性"有待于"人性"来表现。

这个思路是《大学》的"格物"、《中庸》的"体物"、"尽性"一脉相传下来的。孟子继承了这个思路,但在方式上更加精微,把"心"的概念引入了这个论证过程。他从个人的体验出发,去"体物",亦即"尽其心,知其性也。知其性,则知天矣"⑥。所以人的"内心"是"知天"、"事天"、对待自然的最根本的依据。物本无心、无性,是人为其立心、立性,物性的"善"通过人性

---

① 《中庸章句集注·二十五章》(朱熹《四书集注》本),长沙:岳麓书社 1987 年版。下只注篇名。
② 《中庸·二十二章》。
③ 朱熹:《论语集注·先进·"吾与点也"条》。
④ 《孟子·离娄上》。
⑤ 《中庸·二十五章》。
⑥ 《孟子·尽心上》。

的"善"表达出来。这是一个自内向外的扩展，凡事均自求于己，而外应于物，孟子多次引用《诗》《书》来说明这个问题，其引《书》曰"太甲曰：天作孽，犹可违；自作孽，不可活"。又引《诗》云："永言配命，自求多福。"① 孟子把人性覆到物性之上，以人道体天道，把人的道德属性赋予自然万物，从而以人性善推导出物性亦善。宋儒云："仁者以天下万物为一体"②，正是对这个思想的绝佳诠释。

"物""我"一体、"物性善"，构成了孟子对待"物"、处理"物我"关系的思想基础。

（二）物、我的共存与共立

"人"与"物"的平等，使得两者关系的和谐成为可能，《中庸》说，"致中和，天地位焉，万物育焉"，"和"为天地分职、万物发育的条件，且被作为世界的普遍秩序。《孟子》一书中，"和"凡两见，一见于《孟子·公孙丑下》，言"地利不如人和"，一见于《孟子·万章下》，说"柳下惠，圣之和者也"；与"致中和"之"和"，意义相同或相近，所以"和"的思想亦为孟子所固有。

"和"的精神首先是讲究万物间的共存。如前所述，孔子曾说，天何言哉，四时行焉，百物生焉。人与万物都是天地自然化生的产物，或者说是体现天地自然规律的"道"的产物，"大哉圣人之道！洋洋乎，发育万物，峻极于天"。③ 他们都禀承天命而存，并各自呈现出不同的生命形态，各有不容轻易侵害的尊严，以《中庸》的话说，就是"万物并育而不相害"。④ 这说明，人与万物作为有生命的物体，在生命价值上是平等的，他们可以共存于这个世界上。人既可与物共存，更进一步，则可以追求人与万物的共立。立，即"己欲立而立人"之"立"，人与万物在共存而不相害的情况下，保持各自的价值，追求共同的生长发展，一方的生长发展不能以另一方的利益牺牲为代价，可以说是"己欲立而立万物，己欲达而达万物"。

孟子于"和"虽言之不多，但却将其精神贯彻在自己的思想当中，在"物

① 《孟子·公孙丑上》。
② 朱熹、吕祖谦：《近思录》卷一《道体》，上海：上海古籍出版社 2000 年版。
③ 《中庸·二十七章》。
④ 《中庸·三十章》。

我关系"上表现得特别突出。孟子以为,人对于物,首先是"养",这就是他提出的"养物"思想,孟子曰:"苟得其养,无物不长;苟失其养,无物不消。"又举例说,"拱把之桐梓,人苟欲生之,皆知所以养之者","虽天下易生之物也,一日暴之,十日寒之,未有能生者也"。① 主张对生物要珍惜,使其能自然成长而不为人所侵害。对待自然万物,要"与四时合其序","取物以顺时",朱子注《孟子》"仁民而爱物"句,于爱则曰:"谓取之有时,用之有节",②正是这个道理。对于此,《孟子》书中有很多具体的论述,如"不违农时,谷不可胜食也;数罟不入洿池,鱼鳖不可胜食也;斧斤以时入山林,材木不可胜用也。"③若不如此,就会对生物造成严重的损害。他曾举牛山之例,反证其论点。曰:"牛山之木尝美矣,以其郊于大国也,斧斤伐之,可以为美乎? 是其日夜之所息,雨露之所润,非无萌蘖之生焉,牛羊又从而牧之,是以若彼濯濯也。人见其濯濯也,以为未尝有材焉,此岂山之性也哉? 虽存乎人者,岂无仁义之心哉? 其所以放其良心者,亦犹斧斤之于木也,旦旦而伐之,可以为美乎?"④

对物的"爱"和"养",除了上述的"和"的哲学理念以外,对于《孟子》,还有其内在依据,即"仁",儒家以为,"仁"是人类普遍的道德原则,"人皆有不忍人之心","恻隐之心,仁之端也,"仁始于亲,却不终于亲,"有不忍人之心,斯有不忍物之心"。其实孔子也有此思想,《论语》说孔子,"子钓而不纲,弋不射宿",⑤表明了孔子对自然生物的悯惜之心。孟子继之,以为,人皆有"善端",保存了这个"本心"、"良心",取得"四端",完成人伦,继而"推恩"及于万物,"以其所爱及其不爱",如此就把"仁心"推扩到了万物,把对待人的道德情感扩大到对待自然万物。以孟子的话说,就是"恩足以及禽兽","君子之于禽兽也,见其生,不忍见其死;闻其声,不忍食其肉。是以君子远庖厨也"⑥。所以,人之养物、爱物,也是人内心"仁"和"善端"的自然

① 《孟子·告子上》。
② 朱熹:《孟子集注·尽心上·"仁民而爱物"条》,长沙:岳麓书社1987年版。
③ 《孟子·梁惠王上》。
④ 《孟子·告子上》。
⑤ 《论语·述而》。
⑥ 《孟子·梁惠王上》。

发挥。孟子说,"万物皆备于我",又说"正己而物正者也"①,即是此意。程子曰:"以己及物,仁也;推己及物,恕也,违道不远是也。"②这个把自然万物纳入"仁恕"之道的范围内的思想,其源头就在于此。

孟子讲"亲亲而仁民,仁民而爱物",就是讲"仁"由内及外、由人向物的内在的逻辑发展和扩而充之的过程。但同时,也显示了"仁"由亲及疏、由近及远的递减关系。这个差等关系,同样对孟子"物""我"关系产生了较大影响。

(三)"物"、"我"有差及"物"为我用

孟子虽然继承和发展了物我为一和物与人平等的思想,但这只是停留在思维、意念和生命价值意义上的。实际上,孟子以为物与物,以及物与人之间,也是有差别的。《中庸》曾说,"故天之生物必因其材而笃焉。故栽者培之,倾者覆之",孟子说:"物之不齐,物之情也。"③这说明,先秦儒者不否认,在现实的自然界中,天生万物之间还是各有自己的位置和特征的。物与物、人与人之间天然存在着亲疏的关系,如把人伦的概念引入,其间的差等秩序就更为明确,孟子把"仁"引入物我关系,即是明例。孟子的这种思想,实际上是突出人类的中心意识,是人主导物,而不是相反;在物我关系上,强调人的地位优于物,物为人所用。"天时不如地利,地利不如人和",孟子的最终关注点仍然还是落实到人。

"君子之于物也,爱之而弗仁;于民也,仁之而弗亲。亲亲而仁民,仁民而爱物",就足以说明这个问题。赵岐注曰:"物,凡物可以养人者也,当爱育之,而加之仁,若牺牲不得不杀也","临民以非己族类,故不得与亲同也","先亲其亲戚,然后仁民,仁民然后爱物,用恩之次者也。"孟子对待物、民、亲人存在着一个由"亲"到"仁"再到"爱"的亲疏关系,正体现了"爱有等差,施由亲始"。人与人如此,人与物亦复如此。焦循也注曰:"亲即是仁,而仁不尽于亲,仁之在族类者为亲,其普施于民者,通谓之仁而已,仁之

---

① 《孟子·尽心上》。

② 朱熹:《论语集注·八佾·"吾道一以贯之"条》,载《四书集注》,长沙:岳麓书社 1987 年版。

③ 《孟子·滕文公上》。

言人也，称仁以别于物；亲之言亲也，称亲以别于疏。"①人皆仁，但亲亲是仁爱意念的核心，然后才推及于民，最终才延及至物。这固然体现了孟子所承继先儒"泛爱众而亲仁"的大胸怀，但也不能否认，这个逻辑关系里对人的突出，对亲人的关切，所以人类中心意识仍是孟子最张扬的。

因此，孟子之所以提出要"爱物"，其目的还是"人"这个目的。"爱物"、"养物"，就是使人所掌握的物质资源充裕，不致匮乏而冻馁到人。孟子曰："五十非帛不暖，七十非肉不饱"，"民非水火不生活"，②"五谷熟而民人育"，③"为巨室，则必使工师求大木"，④"七年之病必求三年之艾也"，⑤"五亩之宅，树墙之以桑，匹妇蚕之，则老者足以衣帛矣"，"百亩之田，匹夫耕之，八口之家足以无饥矣"，⑥孟子还说："诸侯之宝三：人民，土地，政事。"⑦之所以政事列其中，是因为它是"养人者"⑧。此外，外物于人，还有其他效用，"人们还能从自然界获得感受，从而怡悦人的性情，陶冶人的情操"，甚至"启迪心智"，⑨由此看，物对于人的实用效用不仅仅是生存问题，还有精神追求的问题。

而关键在于，"养物"、"爱物"与政治问题还联系在一起。"养物""爱物"的结果，"谷与鱼鳖不可胜食，材木不可胜用，是使民养生丧死无憾也。养生丧死无憾，王道之始也。""七十者衣帛食肉，黎民不饥不寒，然而不王者，未之有也"⑩。由此看，"爱物"是在让人民维持生计之后，使人有条件尽人伦，"谨庠序之教，申之以孝悌之义"，⑪最终目的是行"王道"，施仁政。这和"仁民"有异曲同工之妙，孟子说："如施仁政于民，省刑罚，薄税敛，深

---

① 焦循：《孟子正义·尽心上·"仁民爱物"条》，上海：上海书店出版社 1986 年版。
② 《孟子·尽心上》。
③ 《孟子·滕文公上》。
④ 《孟子·梁惠王下》。
⑤ 《孟子·离娄上》。
⑥ 《孟子·尽心上》。
⑦ 《孟子·尽心下》。
⑧ 《孟子·梁惠王下》。
⑨ 周淑萍：《论孟子自然观及其现代价值》，《兰州大学学报》2001 年第 6 期。
⑩ 《孟子·梁惠王上》。
⑪ 《孟子·梁惠王上》。

耕易耨;壮者以暇日修其孝悌忠信,入以事其父兄,出以事其长上,可使制梃以挞秦楚之坚甲利兵矣。”“明君制民之产,必使仰足以事父母,俯足以畜妻子,乐岁终身饱,凶年不免于死亡:然后驱而之善,故民之从之也轻。”①让物有所“养”是“仁民”的物质保证,“仁民”、“爱物”都是行“王道”的手段,“老吾老,以及人之老,幼吾幼,以及人之幼”(亲亲而仁民),“制民之产”以行仁政,最终达到“功至于百姓”(仁民)而“恩足以及禽兽”(爱物)的“王道”目的,这正是孟子所追求的政治理想。

综上所述,孟子之“仁民而爱物”思想,是基于“物我一体”的思路,强调物与我的并存和并立,使之更好为人所用,更好地维持人民的生计,如此,若君主能更好地制民之产,即可达到行“王道”,施“仁政”的目的。因此,今人所论其中之环保意识或环保主义,多为附会之谈。在孟子的时代,不存在环保问题,孟子也不可能超前地产生环保意识。他提倡“爱物”、“养物”,是为“人”,进而为政治现实服务的,仍不脱人类中心意识。当然,不能否认,孟子的“养物”、“爱物”思想确实与现在的环保主义的某些主张暗合,或许也可以作为当代中国环境保护理论的思想资源。

孟子对儒家政治价值观的提升,主要体现在他加重了儒家对“人”的问题的关注。孟子正式在中国古典政治学中提出“民本政治”的诉求,把“民”作为政治合法性的标准。在这个时候,孟子与孔子的出发点有所不同。如果孔子的目的是营求整个社会的合作的话,那孟子重点强调的则是整个社会的“善”;并把“善”的理念扩展到整个自然界当中,因此“善”不仅仅是一种政治秩序,更可能是一种自然秩序。因为“善”,才能使“王道社会”成为可能。孟子认为,正是人之“善”,才可达成人与人之间、不同阶层与不同阶层之间的和谐与合作,因此,孟子对人的“道德”要求以及政治的道德化倾向其实远远超过了孔子;他把人赋予更大的“主体性”,使“人”真正成为一个近乎完整的人,他对人自身的道德苛求,对人本身的期望、寄托也是空前绝后的了。在很大程度上说,系统的“人治”政治理论之始,当源自孟子。

----

① 《孟子·梁惠王上》。

第三节　由礼而王：荀子的政治价值观

一、荀子对孔孟政治思想的继承

荀子的思想是儒学在战国后期发展的一个阶段。在诸子竞争的情况下，荀子对儒学思想进行了改造，使之更符合社会发展和政治斗争的需要，因此其思想具有杂糅的特征，是以后世多认为荀子并非"醇儒"而对他加以批评，更有学者认为荀子实乃黄老之学的代表。① 我们当然仍把荀子当成儒学在战国后期的代表，作为先秦儒学殿军，他对儒学思想有继承，但更有发展。

荀子对儒学思想的继承方面，主要包括修身、德治及重民思想诸方面。

毫无例外，荀子强调了个人道德的重要性，另外他也主张行政层面的道德即政府之德或曰国家之德。与孔子、孟子不同，荀子似乎并没有特别强调以德治国，而是强调个人的道德修养和行政层面的道德规范。对于个人的道德，荀子鼓励要向君子、士君子看齐，因此，他主张的道德范畴主要是围绕如何做人而展开的。

比如，做人要公、端悫、诚信，而不要偏、诈伪、夸诞。"公生明，偏生闇，端悫生通，诈伪生塞，诚信生神，夸诞生惑。此六生者，君子慎之，而禹、桀所以分也。"②

比如，做人要不傲、不隐、不瞽。"礼恭而后可与言道之方，辞顺而后可与言道之理，色从而后可与言道之致。故未可与言而言谓之傲，可与言而不言谓之隐，不观气色而言谓之瞽。故君子不傲，不隐，不瞽，谨顺其身。"③

---

① 赵吉惠：《荀况是战国末期黄老之学的代表》，《哲学研究》1993 年第 5 期。当然，更多的学者则认为荀子思想仍属儒学范畴，正如葛志毅所言：荀子思想应受到法家思想的一定影响，对原来的儒学体系因此有某种调整。但在根本上终究未离儒家大体。见葛志毅：《荀子学辨》，《社会科学辑刊》1993 年第 6 期。

② 《荀子·不苟》。

③ 《荀子·劝学》。

比如,做人要隆师而亲友。"非我而当者,吾师也;是我而当者,吾友也;谄谀我者,吾贼也。故君子隆师而亲友,以致恶其贼。好善无厌,受谏而能诫,虽欲无进,得乎哉! 小人反是,致乱而恶人之非己也,致不肖而欲人之贤己也,心如虎狼、行如禽兽而又恶人之贼己也。"①

比如,做人要自律容人。"君子之度己则以绳,接人则用抴。度己以绳,故足以为天下法则矣。接人用抴,故能宽容,因求以成天下之大事矣。故君子贤而能容罢,知而能容愚,博而能容浅,粹而能容杂,夫是之谓兼术。"②

比如,做人要诚。"君子养心莫善于诚,致诚则无它事矣,唯仁之为守,唯义之为行。诚心守仁则形,形则神,神则能化矣;诚心行义则理,理则明,明则能变矣"。"天地为大矣,不诚则不能化万物;圣人为知矣,不诚则不能化万民;父子为亲矣,不诚则疏;君上为尊矣,不诚则卑。夫诚者,君子之所守也,而政事之本也。"③

比如,做人要敬。"仁者必敬人。敬人有道:贤者则贵而敬之,不肖者则畏而敬之;贤者则亲而敬之,不肖者则疏而敬之。其敬一也,其情二也。若夫忠信端悫而不害伤,则无接而不然,是仁人之质也。忠信以为质,端悫以为统,礼义以为文,伦类以为理,喘而言,臑而动,而一可以为法则。""恭敬,礼也;调和,乐也;谨慎,利也;斗怒,害也。故君子安礼乐利,谨慎而无斗怒,是以百举不过也。"④

比如,做人要知荣辱、知耻。"荣辱之大分,安危利害之常体:先义而后利者荣,先利而后义者辱;荣者常通,辱者常穷;通者常制人,穷者常制于人:是荣辱之大分也。材悫者常安利,荡悍者常危害;安利者常乐易,危害者常忧险,乐易者常寿长,忧险者常夭折:是安危利害之常体也。"⑤

然而荀子最重要的思想还是提倡一个人应该有"义",或曰"礼义"、"道

① 《荀子·修身》。
② 《荀子·非相》。
③ 《荀子·不苟》。
④ 《荀子·臣道》。
⑤ 《荀子·荣辱》。

义"。他在《修身》中说:"志意修则骄富贵,道义重则轻王公;内省而外物轻矣。传曰:'君子役物,小人役于物。'此之谓矣。身劳而心安,为之;利少而义多,为之;事乱君而通,不如事穷君而顺焉。故良农不为水旱不耕,良贾不为折阅不市,士君子不为贫穷怠乎道。"在《荣辱》中,他又说:"义之所在,不倾于权,不顾其利,举国而与之不为改视,重死持义而不桡,是士君子之勇也。"同时,在《不苟》中也说:"君子崇人之德,扬人之美,非谄谀也;正义直指,举人之过,非毁疵也;言己之光美,拟于舜、禹,参于天地,非夸诞也;与时屈伸,柔从若蒲苇,非慑怯也;刚强猛毅,靡所不信,非骄暴也。以义变应,知当曲直故也。《诗》曰:'左之左之,君子宜之;右之右之,君子有之。'此言君子能以义屈信变应故也。"

荀子认为,出仕当以"古之所谓仕士"为标准,而在野当以"古之所谓处士"为标准。"古之所谓士仕(即仕士)者,厚敦者也,合群者也,乐富贵者也,乐分施者也,远罪过者也,务事理者也,羞独富者也。今之所谓士仕者,污漫者也,贼乱者也,恣睢者也,贪利者也,触抵者也,无礼义而唯权势之嗜者也。古之所谓处士者,德盛者也,能静者也,修正者也,知命者也,著是者也。今之所谓处士者,无能而云能者也,无知而云知者也,利心无足而佯无欲者也,行伪险秽而强高言谨悫者也,以不俗为俗,离纵而跂訾者也。"①

他还进一步提出,做人,就要努力做大儒、士君子,甚或圣人。

何为大儒?"志安公,行安修,知通统类,如是则可谓大儒矣。大儒者,天子三公也。"②

何为君子?"君子无爵而贵,无禄而富,不言而信,不怒而威,穷处而荣,独居而乐,岂不至尊、至富、至重、至严之情举积此哉……君子务修其内而让之于外,务积德于身而处之以遵道,如是,则贵名起如日月,天下应之如雷霆。"③

何为士君子?"士君子之所能不能为:君子能为可贵,不能使人必贵己;能为可信,不能使人必信己;能为可用,不能使人必用己。故君子耻不

---

① 《荀子·非十二子》。
② 《荀子·儒效》。
③ 《荀子·儒效》。

修,不耻见污;耻不信,不耻不见信;耻不能,不耻不见用。是以不诱于誉,不恐于诽,率道而行,端然正己,不为物倾侧,夫是之谓诚君子。"①

何为圣人?"圣人也者,本仁义,当是非,齐言行,不失毫厘,无它道焉,已乎行之矣。"②

总之,做人要有兼服天下之心。"兼服天下之心:高上尊贵不以骄人,聪明圣知不以穷人,齐给速通不争先人,刚毅勇敢不以伤人;不知则问,不能则学,虽能必让,然后为德。遇君则修臣下之义,遇乡则修长幼之义,遇长则修子弟之义,遇友则修礼节辞让之义,遇贱而少者则修告导宽容之义。无不爱也,无不敬也,无与人争也,恢然如天地之苞万物,如是则贤者贵之,不肖者亲之。如是而不服者,则可谓妖怪狡猾之人矣,虽则子弟之中,刑及之而宜。"③

同孔孟一样,荀子认为,个人道德是通过修身的方法来获取的。他说:"体恭敬而心忠信,术礼义而情爱人,横行天下,虽困四夷,人莫不贵。劳苦之事则争先,饶乐之事则能让,端悫诚信,拘守而详,横行天下,虽困四夷,人莫不任。体倨固而心势诈,术顺墨而精杂污,横行天下,虽达四方,人莫不贱。劳苦之事则偷儒转脱,饶乐之事则佞兑而不曲,辟违而不悫,程役而不录,横行天下,虽达四方,人莫不弃。"④他还相信榜样示范的作用。有人"请问为国?"他说回答说:"闻修身,未尝闻为国也。君者,仪也,仪正而景正。君者,槃也,槃圆而水圆。君者,盂也,盂方而水方。君射则臣决。"⑤

虽然荀子继承了儒家的修身传统,但他仍明确区分了个人道德和行政道德。个人道德是一个人达致完人的行为规范,而行政道德则是主政者施政行为的各种规范。而这些规范,仍有沿袭孔孟之思想之处。

比如,他主张应该以"道"为依归,"道存则国存,道亡则国亡"。⑥ 又主张以仁德为先。"人主仁心设焉,知其役也,礼其尽也。故王者先仁而后

① 《荀子·非十二子》。
② 《荀子·儒效》。
③ 《荀子·非十二子》。
④ 《荀子·修身》。
⑤ 《荀子·君道》。
⑥ 《荀子·君道》。

礼,天施然也。"①"以德兼人者王,以力兼人者弱,以富兼人者贫。"②还主张尚贤和秩序。"以贤易不肖,不待卜而后知吉。以治伐乱,不待战而后知克。"③他特别主张义利之分,重义轻利。"义与利者,人之所两有也,虽尧、舜不能去民之欲利,然而能使其欲利不克其好义也。虽桀、纣亦不能去民之好义,然而能使其好义不胜其欲利也。故义胜利者为治世,利克义者为乱世。上重义则义克利,上重利则利克义。故天子不言多少,诸侯不言利害,大夫不言得丧,士不通货财,有国之君不息牛羊,错质之臣不息鸡豚,冢卿不修币,大夫不为场园,从士以上皆羞利而不与民争业,乐分施而耻积臧。然故民不困财,贫窭者有所窜其手。"④

另外,荀子也十分欣赏先圣王的行政举措,认为可作当下社会治理的楷模。"汤、武者,循其道,行其义,兴天下同利,除天下同害,天下归之。故厚德音以先之,明礼义以道之,致忠信以爱之,尚贤使能以次之,爵服赏庆以申重之,时其事、轻其任以调齐之,潢然兼覆之,养长之,如保赤子。生民则致宽,使民则綦理,辩政令制度,所以接天下之人百姓,有非理者如豪末,则虽孤独鳏寡必不加焉。是故百姓贵之如帝,亲之如父母,为之出死断亡而不愉者,无他故焉,道德诚明,利泽诚厚也。"⑤

同时,孔孟重民的思想在荀子这里也得到发扬光大。荀子指出,对待普通民众宽容仁爱,则社会安定。"立身则从佣俗,事行则从佣故,进退贵贱则举佣士,之所以接下之人百姓者则庸宽惠,如是者则安存。"⑥

一个国家要富且强,必须依赖民众之力。"用国者,得百姓之力者富,得百姓之死者强,得百姓之誉者荣。三得者具而天下归之,三得者亡而天下去之;天下归之之谓王,天下去之之谓亡。"⑦"人主欲强固安乐,则莫若反之民;欲附下一民,则莫若反之政;欲修政美国,则莫若求其人。"荀子提出,

① 《荀子·大略》。
② 《荀子·议兵》。
③ 《荀子·大略》。
④ 《荀子·大略》。
⑤ 《荀子·王霸》。
⑥ 《荀子·王制》。
⑦ 《荀子·王霸》。

"君人者,爱民而安,好士而荣,两者无一焉而亡。"①

为此,他提出"以政裕民"的思想。"轻田野之税,平关市之征,省商贾之数,罕兴力役,无夺农时,如是,则国富矣。夫是之谓以政裕民"。② 荀子认为"足国之道"在于:"节用裕民而善臧其余。节用以礼,裕民以政。彼裕民,故多余。裕民则民富,民富则田肥以易,田肥以易则出实百倍。上以法取焉,而下以礼节用之,余若丘山,不时焚烧,无所臧之,夫君子奚患乎无余? 故知节用裕民,则必有仁义圣良之名,而且有富厚丘山之积矣。此无它故焉,生于节用裕民也。不知节用裕民则民贫,民贫则田瘠以秽,田瘠以秽则出实不半,上虽好取侵夺,犹将寡获也;而或以无礼节用之,则必有贪利纠譑之名,而且有空虚穷乏之实矣。此无它故焉,不知节用裕民也。"③

综上所述,从思想的主体和核心上讲,荀子依然沿袭了儒家的基本范畴。但是,由于社会历史条件的变化,荀子思想不可避免地吸纳了道家、法家甚至墨家的思想。这是思想发展的规律,也是政治现实要求的结果。同样地,荀子所设想的理想社会,也不脱离这种思想发展的进路。

二、荀子的理想社会模型

荀子理想的社会,应该是一个"王者社会",即孟子所言的"王天下"。当然,他也像孟子一样,区分了所谓的"王道"和"霸道"、"王天下"和"霸天下"。只是荀子对"霸天下"并不是那么激烈地反对,甚至透露出与其是一个乱世,还不如"霸天下"来得好的倾向,"霸天下"再进一步,就有可能成为"王天下"。④ 陈迎年指出,荀子思想更加具有政治哲学的"意味",作为"外王之学",它不仅重视群体性秩序的"原则设计",而且也强调这种秩序的

---

① 《荀子·君道》。
② 《荀子·富国》。
③ 《荀子·富国》。
④ 白奚认为,荀子提出礼法互补、王霸并用的系统理论,为大一统王权政治提供了最佳的治国模式。见白奚:《战国末期的社会转型与儒家的理论变迁:荀子关于大一统王权政治的构想》,《南京大学学报》2003 年第 5 期。

"客观建构"。① 荀子对未来理想社会提出自己的构思,并付诸行动。

在荀子看来,"霸者之政"即是:"辟田野,实仓廪,便备用,案谨募选阅材伎之士,然后渐庆赏以先之,严刑罚以纠之。存亡继绝,卫弱禁暴,而无兼并之心,则诸侯亲之矣;修友敌之道以敬接诸侯,则诸侯说之矣。"②

而"王者之政"则是:"仁眇天下,义眇天下,威眇天下。仁眇天下,故天下莫不亲也;义眇天下,故天下莫不贵也;威眇天下,故天下莫敢敌也。以不敌之威,辅服人之道,故不战而胜,不攻而得,甲兵不劳而天下服。是知王道者也。"③在这里,荀子提出了"王者之政"的三个特征,即仁、义、威,其中威是对儒家思想的发展。在《王制》中,他又详细阐释了王者之政的内涵:"贤能不待次而举,罢不能不待须而废,元恶不待教而诛,中庸民不待政而化。分未定也则有昭缪。虽王公士大夫之子孙,不能属于礼义,则归之庶人。虽庶人之子孙也,积文学,正身行,能属于礼义,而归之卿相士大夫。故奸言、奸说、奸事、奸能、遁逃反侧之民,职而教之,须而待之,勉之以庆赏,惩之以刑罚,安职则畜,不安职则弃。五疾,上收而养之,材而事之,官施而衣食之,兼覆无遗。才行反时者死无赦。夫是之谓天德,王者之政也。"

从这里可以看出,"王政"的核心思想即是举贤、除恶、教民、崇礼、先赏而后罚。另外,他还规范了王政社会下官员的行为,以及对行政、纠检和法度等制度建设方面提出要求,即"王者之人"应该尊礼义,明事理,知应变;"王者之制"应复古三代;"王者之论"应该以德才量用,尚贤使能,赏刑公正公开;"王者之法"应该赋税轻减,民众乐业。

荀子认为,建设一个"王者社会"并不难,因为"王者社会"应该就是一个由儒者主导的"儒家社会"。他在回答秦昭王"儒无益于人之国?"的问题时指出,"儒者在本朝则美政,在下位则美俗",可见荀子追求的是"美政"和"美俗",而所谓"美政"、"美俗",大概就是他所言:"其法治,其佐贤,其民

---

① 陈迎年:《十年来荀子政治哲学研究的回顾与展望》,《华东理工大学学报》2011 年第 6 期。

② 《荀子·王制》。

③ 《荀子·王制》。

愿,其俗美,而四者齐,夫是之谓上一。如是,则不战而胜,不攻而得,甲兵不劳而天下服。"①荀子在《强国》中也举例说明何为"美政"、"美俗"。秦国的应侯范雎问他到了秦国有何观感,荀子回答:"其固塞险,形势便,山林川谷美,天材之利多,是形胜也。入境,观其风俗,其百姓朴,其声乐不流污,其服不挑,甚畏有司而顺,古之民也。及都邑官府,其百吏肃然莫不恭俭、敦敬、忠信而不楛,古之吏也。入其国,观其士大夫,出于其门,入于公门,出于公门,归于其家,无有私事也。不比周,不朋党,偶然莫不明通而公也,古之士大夫也。观其朝廷,其闲听决百事不留,恬然如无治者,古之朝也。故四世有胜,非幸也,数也。是所见也。故曰:佚而治,约而详,不烦而功,治之至也。秦类之矣。"

荀子认为,自身安逸却治理得好,政令简要却详尽,政事不繁杂却有成效,这是政治的最高境界,秦国在这方面做得很好,但是,秦国社会距离"王天下"仍还很远,因为在秦国竟然没有儒者,"粹而王,驳而霸,无一焉而亡",这也正是秦国的短处。

荀子看来,只有儒家社会,才会"万物得宜,事变得应,上得天时,下得地利,中得人和","儒术诚行,则天下大而富,使而功,撞钟击鼓而和。"②

荀子眼中的儒家社会,首先是以"道"为指导原则的社会。

他说:"治之要在于知道。"③又说:"国者,天下之制利用也;人主者,天下之利势也。得道以持之,则大安也,大荣也,积美之源也。"④从而指出了"道"在政治中的重要作用;只有在政治中贯彻了"道",才能建立起美政与美俗。荀子说:"至道大形,隆礼至法则国有常,尚贤使能则民知方,纂论公察则民不疑,赏克罚偷则民不怠,兼听齐明则天下归之。然后明分职,序事业,材技官能,莫不治理,则公道达而私门塞矣,公义明而私事息矣。如是,则德厚者进而佞说者止,贪利者退而廉节者起。"⑤

——————————

① 《荀子·王霸》。
② 《荀子·富国》。
③ 《荀子·解蔽》。
④ 《荀子·王霸》。
⑤ 《荀子·君道》。

其次,儒家社会应该是一个以礼义为核心价值的社会。

荀子说:"君人者,隆礼尊贤而王,重法爱民而霸,好利多诈而危。"①又说:"国无礼则不正。礼之所以正国也,譬之犹衡之于轻重也,犹绳墨之于曲直也,犹规矩之于方圆也,既错之而人莫之能诬也。""用国者,义立而王,信立而霸,权谋立而亡。三者,明主之所谨择也,仁人之所务白也。"②由此,"义"是王政的必备条件。荀子主张每个国家都应该在社会政治中树立"义"的标准,因为"义立而王"。"挈国以呼礼义而无以害之,行一不义、杀一无罪而得天下,仁者不为也,擽然扶持心、国,且若是其固也。之所与为之者之人,则举义士也;之所以为布陈于国家刑法者,则举义法也;主之所极然帅群臣而首乡之者,则举义志也。如是,则下仰上以义矣,是綦定也。綦定而国定,国定而天下定。仲尼无置锥之地,诚义乎志意,加义乎身行,著之言语,济之日,不隐乎天下,名垂乎后世。今亦以天下之显诸侯诚义乎志意,加义乎法则度量,著之以政事,案申重之以贵贱杀生,使袭然终始犹一也。如是,则夫名声之部发于天地之间也,岂不如日月雷霆然矣哉!故曰:以国齐义,一日而白,汤、武是也。汤以亳,武王以鄗,皆百里之地也,天下为一,诸侯为臣,通达之属莫不从服,无它故焉,以济义矣。是所谓义立而王也。"③

只有一个国家在政治生活中贯穿了"义"的原则,这才算是一个治理良好的社会。"川渊深而鱼鳖归之,山林茂而禽兽归之,刑政平而百姓归之,礼义备而君子归之。故礼及身而行修,义及国而政明,能以礼挟而贵名白,天下愿,令行禁止,王者之事毕矣。"④

在《议兵》中,荀子同样展望了这样的社会风貌:"厚德音以先之,明礼义以道之,致忠信以爱之,尚贤使能以次之,爵服庆赏以申之,时其事、轻其任以调齐之,长养之,如保赤子,政令以定,风俗以一。"

第三,儒家社会必须是一个爱民敬士的社会。

荀子认为,平政爱民,隆礼敬士,尚贤使能是君主统治的"大节",亦即

①　《荀子·大略》。
②　《荀子·王霸》。
③　《荀子·王霸》。
④　《荀子·致士》。

重要关键点。在《王制》中,他说:"选贤良,举笃敬,兴孝弟,收孤寡,补贫穷,如是,则庶人安政矣。庶人安政,然后君子安位。传曰:'君者,舟也;庶人者,水也。水则载舟,水则覆舟。'此之谓也。故君人者欲安则莫若平政爱民矣。欲荣则莫若隆礼敬士矣,欲立功名则莫若尚贤使能矣,是君人者之大节也。"

这里首先强调的是,民众是统治的根本,无民则无政。"王夺之人,霸夺之与,强夺之地。夺之人者臣诸侯,夺之与者友诸侯,夺之地者敌诸侯。臣诸侯者王,友诸侯者霸,敌诸侯者危。"爱民就要富民,进而教民。荀子说:"修礼者王,为政者强,取民者安,聚敛者亡。故王者富民,霸者富士,仅存之国富大夫,亡国富筐箧,实府库。筐箧已富,府库已实,而百姓贫,夫是之谓上溢而下漏,入不可以守,出不可以战,则倾覆灭亡可立而待也。故我聚之以亡,敌得之以强。聚敛者,召寇、肥敌、亡国、危身之道也,故明君不蹈也。"①又说:"不富无以养民情,不教无以理民性。故家五亩宅,百亩田,务其业而勿夺其时,所以富之也。立大学,设庠序,修六礼,明十教,所以道之也。《诗》曰:'饮之食之,教之诲之。'王事具矣。"②

其次就是尊圣敬贤。"尊圣者王,贵贤者霸,敬贤者存,慢贤者亡,古今一也。故尚贤使能,等贵贱,分亲疏,序长幼,此先王之道也。故尚贤、使能,则主尊下安;贵贱有等,则令行而不流;亲疏有分,则施行而不悖;长幼有序,则事业捷成而有所休。故仁者,仁此者也;义者,分此者也;节者,死生此者也;忠者,惇慎此者也。兼此而能之,备矣。备而不矜,一自善也,谓之圣。不矜矣,夫故天下不与争能而致善用其功。有而不有也,夫故为天下贵矣。"③

总之,民众是国家的本源,君子是治国原则的枢纽。"无土则人不安居,无人则土不守,无道法则人不至,无君子则道不举。故土之与人也,道之与法也者,国家之本作也;君子也者,道法之揔要也,不可少顷旷也。得之则治,失之则乱;得之则安,失之则危;得之则存,失之则亡。故有良法而乱者

①　《荀子·王制》。

②　《荀子·大略》。

③　《荀子·君子》。

有之矣;有君子而乱者,自古及今,未尝闻也。"①

第四,儒家社会必须是一个有良好秩序的社会。

荀子认为,社会中存在不同的阶层是难以避免的,甚至是天然形成的。当然,每个阶层的人之所以处于他所在的社会阶层,也是有原因的。他说:"天生蒸民,有所以取之。"既然这样,"志意致修,德行致厚,智虑致明,是天子之所以取天下也。政令法,举措时,听断公,上则能顺天子之命,下则能保百姓,是诸侯之所以取国家也。志行修,临官治,上则能顺上,下则能保其职,是士大夫之所以取田邑也。"身处各个社会阶层的人,应该做好本阶层的职责,否则将会受到惩罚。"循法则、度量、刑辟、图籍,不知其义,谨守其数,慎不敢损益也,父子相传,以持王公,是故三代虽亡,治法犹存,是官人百吏之所以取禄秩也。孝弟原悫,軥録疾力,以敦比其事业而不敢怠傲,是庶人之所以取暖衣饱食,长生久视,以免于刑戮也。饰邪说,文奸言,为倚事,陶诞、突盗,惕、悍、憍、暴,以偷生反侧于乱世之间,是奸人之所以取危辱死刑也。其虑之不深,其择之不谨,其定取舍楛僈,是其所以危也。"②

基于这一观念,荀子在《王制》中罗列了各种官职的职责和责任,然后指出在"殷之日"即物质上富足以后,在列国关系中"案以中立",不介入战争;"案平政教,审节奏,砥砺百姓,为是之日,而兵剸天下劲矣;案然修仁义,伉隆高,正法则,选贤良,养百姓,为是之日,而名声剸天下之美矣。""权谋倾覆之人退,则贤良知圣之士案自进矣;刑政平,百姓和,国俗节,则兵劲城固,敌国案自诎矣。务本事,积财物,而勿忘栖迟薛越也,是使群臣百姓皆以制度行,则财物积,国家案自富矣。三者体此而天下服,暴国之君案自不能用其兵矣。"③如此,"安以其国为是者王",把自己的国家建设成这般情形者,其君主就可称得上是"王天下"。

用这个标准来衡量,看一个国家的"治乱臧否"和"强弱贫富"就很容易了。在他在《富国》中言:

---

① 《荀子·致士》。
② 《荀子·荣辱》。
③ 《荀子·王制》。

观国之治乱臧否,至于疆易而端已见矣……其耕者乐田,其战士安
难,其百吏好法,其朝廷隆礼,其卿相调议,是治国已。观其朝廷则其贵
者贤,观其官职则其治者能,观其便嬖则其信者悫,是明主已。凡主相
臣下百吏之属,其于货财取与计数也,宽饶简易,其于礼义节奏也,陵谨
尽察,是荣国已。贤齐则其亲者先贵,能齐则其故者先官,其臣下百吏,
污者皆化而修,悍者皆化而愿,躁者皆化而悫,是明主之功已。

观国之强弱贫富有征:上不隆礼则兵弱,上不爱民则兵弱,已诺不
信则兵弱,庆赏不渐则兵弱,将率不能则兵弱。上好功则国贫,上好利
则国贫,士大夫众则国贫,工商众则国贫,无制数度量则国贫。

由此看,一个国家的"治乱臧否"和"强弱贫富"的标准,就是各个阶层
划分清晰,而且在自己各自的职责范围内做好自己的本分。

正是这样,荀子认为,一个"明君"治理国家,"必将修礼以齐朝,正法以
齐官,平政以齐民,然后节奏齐于朝,百事齐于官,众庶齐于下。如是,则近
者竞亲,远方致愿,上下一心,三军同力,名声足以暴炙之,威强足以捶笞之,
拱揖指挥,而强暴之国莫不趋使,譬之是犹乌获与焦侥搏也。"[1]

这也正符合儒家的治理原则。"儒者为之不然,必将曲辨:朝廷必将隆
礼义而审贵贱,若是,则士大夫莫不敬节死制者矣。百官则将齐其制度,重
其官秩,若是,则百吏莫不畏法而遵绳矣。关市几而不征,质律禁止而不偏,
如是,则商贾莫不敦悫而无诈矣。百工将时斩伐,佻其期日而利其巧任,如
是,则百工莫不忠信而不楛矣。县鄙将轻田野之税,省刀布之敛,罕举力役,
无夺农时,如是,则农夫莫不朴力而寡能矣。士大夫务节死制,然而兵劲。
百吏畏法循绳,然后国常不乱。商贾敦悫无诈则商旅安,货财通,而国求给
矣。百工忠信而不楛,则器用巧便而财不匮矣。农夫朴力而寡能,则上不失
天时,下不失地利,中得人和,而百事不废。是之谓政令行,风俗美,以守则
固,以征则强,居则有名,动则有功。此儒之所谓曲辨也。"[2]

---

① 《荀子·富国》。
② 《荀子·王霸》。

综上所述,荀子是意欲通过富、强达致"王者之政"。与孟子强调内心的发明不同,荀子不是不主张德治,他是在探索道德失效后的另一种达到"王制"的途径和办法。当然,荀子所重视的"礼",是"王者之制"的特征,同时也是完成这样一个美政、美俗的途径。①

三、人性与"性伪"

在讨论荀子"礼"论之前,有必要深研一下他这一理论的前提,即荀子的人性论思想。

与孟子对人性假设相类同的是,荀子也认为,人的本性是"本始材朴",是与生俱来的。但对人性的性质,荀子却持相反的态度,他认为这个天生的、自然的人的本性是恶的,而我们看到的人性之善,则是"人为"的结果。荀子对人性进行了评估:"生而有好利焉,顺是,故争夺生而辞让亡焉;生而有疾恶焉,顺是,故残贼生而忠信亡焉;生而有耳目之欲,有好声色焉,顺是,故淫乱生而礼义文理亡焉。然则从人之性,顺人之情,必出于争夺,合于犯分乱理而归于暴。"②

正因为如此,"古者圣王以人之性恶,以为偏险而不正,悖乱而不治,是以为之起礼义,制法度,以矫饰人之情性而正之,以扰化人之情性而导之也。始皆出于治,合于道者也。""今人之性恶,必将待师法然后正,得礼义然后治","必将有师法之化,礼义之道,然后出于辞让,合于文理,而归于治"。③因为人之性恶,圣王制定礼义、制度以及通过教育的方式来矫正之,以试图达到一个合理、完善的结局。

因为出发点的不同,荀子是反对孟子的性善论的,他认为孟子的理论"无辨合符验,坐而言之,起而不可设,张而不施行",而且,如果人性善的

---

① 马飞、蔡杨认为,由于荀子主张性恶说,难以出现圣王的"圣王秩序",而只能走向严刑峻法的法家道路。见马飞、蔡杨:《圣王的秩序:荀子政治哲学解读》,《北京行政学院学报》2013年第6期。杨师群也认为,这是荀子营造的一个"圣王之治的幻觉",其思路相当幼稚;然而他不否认,荀子的政治法律思想对中国传统社会的影响是无可比拟的,对中国古代社会制度的定型起着奠基作用。见杨师群:《荀子政治法律思想批判》,《北方法学》2010年第2期。

② 《荀子·性恶》。

③ 《荀子·性恶》。

话,又何必需要圣王,何必需要礼义?! 正是因为人性之恶,"圣人化性而起伪,伪起而生礼义,礼义生而制法度",圣王才有存在的必要。

因此,"凡性者,天之就也,不可学,不可事;礼义者,圣人之所生也,人之所学而能,所事而成者也。不可学、不可事之在人者谓之性;可学而能、可事而成之在人者谓之伪。是性、伪之分也。"①"性者,本始材朴也;伪者,文理隆盛也。无性则伪之无所加,无伪则性不能自美。性伪合,然后圣人之名一,天下之功于是就也。故曰:天地合而万物生,阴阳接而变化起,性伪合而天下治。天能生物,不能辨物也;地能载人,不能治人也;宇中万物、生人之属,待圣人然后分也。"②

礼义是在圣王、师者的指导下个人学习的结果。"今人之性,固无礼义,故强学而求有之也;性不知礼义,故思虑而求知之也。"③

正是这样,荀子十分重视教育的作用和意义。但他同孟子的出发点不一样。孟子认为,人性生来是善的,之所以恶,是良心被沾染的结果,因此,"学"就是把良心、善心和良知、良能找回来。而荀子正好相反,他认为人性是恶的,而"学"却能让人之恶转变为"善"。

荀子对人性矫治的思想,是深受其自然观影响的。荀子认为,自然有自己的运行规律,不以人的意志为转移。"明于天人之分,则可谓至人矣。"但是,人可以顺应它,以受其利。"天行有常,不为尧存,不为桀亡。应之以治则吉,应之以乱则凶。强本而节用,则天不能贫;养备而动时,则天不能病;修道而不贰,则天不能祸。"④他进一步指出,人不仅可以顺应自然,还可以利用自然,"君子生非异也,善假于物也"。⑤ 如果人不参与到与自然的合作中来,恐怕是难以成事的。"天有其时,地有其财,人有其治,夫是之谓能参。舍其所以参而愿其所参,则惑矣!"⑥荀子主张发挥人的主观能动性,进而还提出"制天命而用之"的思想。

---

① 《荀子·性恶》。
② 《荀子·礼论》。
③ 《荀子·性恶》。
④ 《荀子·天论》。
⑤ 《荀子·劝学》。
⑥ 《荀子·天论》。

自然都可以参与改造,那人性也可以改造了。然而如何改造人性呢?荀子认为通过"学"即教育的办法来完成。

荀子首先强调,"凡以知,人之性也;可以知,物之理也。"①能够认识事物,是人的本性;可以被认识,是事物的自然之理。他接着说:"人无师法则隆性矣,有师法则隆积矣,而师法者,所得乎情,非所受乎性,不足以独立而治。性也者,吾所不能为也,然而可化也;情也者,非吾所有也,然而可为也。注错习俗,所以化性也;并一而不二,所以成积也。习俗移志,安久移质,并一而不二则通于神明,参于天地矣。"②从中我们也可以看出,荀子是试图通过改善外部环境的做法来"化性"。他认为环境对人有着重要的影响,在《劝学》中,他花大量的篇幅讲述环境对人的作用,提出"君子居必择乡,游必就士,所以防邪辟而近中正也"。另外,在《荣辱》中,他也说,"譬之越人安越,楚人安楚,君子安雅,是非知能材性然也,是注错习俗之节异也。"

那么,教育就是营造良好的人的存在环境,或者是把恶劣环境中生成的"恶"的人性矫正过来。这样,人格的养成就由孟子所主张的人内心的自省转换成为荀子所主张的外在的促使。

教育的目的,其一就是形成完善的人格。荀子说:"古之学者为己,今之学者为人。君子之学也,以美其身;小人之学也,以为禽犊。"③

他又说:"君子知夫不全不粹之不足以为美也,故诵数以贯之,思索以通之,为其人以处之,除其害者以持养之……生乎由是,死乎由是,夫是之谓德操。德操然后能定,能定然后能应,能定能应,夫是之谓成人。天见其明,地见其光,君子贵其全也。"④

所以,"学"的目的,是要成为"圣人"的,即使不能达到圣人的境界,也是通过圣人之门的途径。"学恶乎始?恶乎终?曰:其数则始乎诵经,终乎读礼;其义则始乎为士,终乎为圣人。真积力久则入,学至乎没而后止也。故学数有终,若其义则不可须臾舍也。为之,人也;舍之,禽兽也。故《书》

---

① 《荀子·解蔽》。
② 《荀子·儒效》。
③ 《荀子·劝学》。
④ 《荀子·劝学》。

者,政事之纪也;《诗》者,中声之所止也;《礼》者,法之大分,类之纲纪也。故学至乎《礼》而止矣。夫是之谓道德之极。《礼》之敬文也,《乐》之中和也,《诗》、《书》之博也,《春秋》之微也,在天地之间者毕矣。"①

他还说:"礼之生,为贤人以下至庶民也,非为成圣也,然而亦所以成圣也。不学不成。"②

那么,如何"学"呢?

首先是结交君子,感同身受,受其人格魅力的渲染熏陶。"学莫便乎近其人。《礼》、《乐》法而不说,《诗》、《书》故而不切,《春秋》约而不速。方其人之习君子之说,则尊以遍矣,周于世矣。"③

之后是"隆礼","学之经莫速乎好其人,隆礼次之。上不能好其人,下不能隆礼,安特将学杂识志,顺《诗》、《书》而已耳,则末世穷年,不免为陋儒而已。将原先王,本仁义,则礼正其经纬蹊径也。若挈裘领,诎五指而顿之,顺者不可胜数也。不道礼宪,以《诗》、《书》为之,譬之犹以指测河也,以戈舂黍也,以锥飡壶也,不可以得之矣。故隆礼,虽未明,法士也;不隆礼,虽察辩,散儒也。"④

再之后是从师,"礼者,所以正身也;师者,所以正礼也。无礼何以正身?无师,吾安知礼之为是也?礼然而然,则是情安礼也;师云而云,则是知若师也。情安礼,知若师,则是圣人也。故非礼,是无法也;非师,是无师也。不是师法而好自用,譬之是犹以盲辩色,以聋辩声也,舍乱妄无为也。故学也者,礼法也。夫师,以身为正仪而贵自安者也。"⑤尤其是以圣为师,正好同时起到结交君子的目的。"学者,以圣王为师,案以圣王之制为法,法其法,以求其统类,以务象效其人。向是而务,士也;类是而几,君子也;知之,圣人也。"⑥

荀子的主张,就是通过营造良好的"学"的氛围,形成良好的社会环境,

① 《荀子·劝学》。
② 《荀子·大略》。
③ 《荀子·劝学》。
④ 《荀子·劝学》。
⑤ 《荀子·修身》。
⑥ 《荀子·解蔽》。

以此来完成人性由"恶"向"善"的转化。在这一过程中,"礼"是重要的环节。

四、荀子之礼论

在儒家的思想中,"礼"不仅是个人的修养和行为规划,也是一种家庭制度、政治制度乃或社会制度,前文已证。但在儒家的思想谱系中,荀子是最强调"礼"的,在他的政治理想体系内,"礼"具有重要的地位,因为在他看来,"礼"有着无上的重要性。张奇伟指出,"荀子将礼置于人生人道之终极,把自然天地归于礼之根本,从而确立起礼学以人道论和自然论为主的宇宙论基础。"也可见"礼"在荀子思想体系中的地位。①

荀子在《王制》中说:"礼义者,治之始也。"又说:"礼者,治辨之极也,强国之本也,威行之道也,功名之总也。王公由之,所以得天下也;不由,所以陨社稷也。"②"礼"不仅是社会治理的开端,也是治理社会的最高准则,是使国家强大的根本措施,是威力得以扩展的有效办法,是功业名声得以成就的要领。遵行了它,则能取得天下;不遵行它,就会丢掉政权。所以,"人之命在天,国之命在礼。人君者隆礼尊贤而王,重法爱民而霸,好利多诈而危,权谋、倾覆、幽险而亡。"③不遵循"礼"的规范,社会国家就不会安定。而且,他又反复强调,"礼者,政之輓也。为政不以礼,政不行矣。""礼之于正国家也,如权衡之于轻重也,如绳墨之于曲直也。故人无礼不生,事无礼不成,国家无礼不宁。"④

荀子总结了"礼"在国家政治生活中的主要作用,那就是维持社会的正常秩序,尤其是统治秩序的稳定。他说:"明主谲德而序位,所以为不乱也;忠臣诚能然后敢受职,所以为不穷也。分不乱于上,能不穷于下,治辩之极也……是言上下之交不相乱也。"⑤

① 张奇伟:《荀子礼学思想简论》,《中国哲学史》2002 年第 2 期。
② 《荀子·议兵》。
③ 《荀子·强国》。
④ 《荀子·大略》。
⑤ 《荀子·儒效》。

此外,"礼"还是约束官员的手段。

他说:"古者先王审礼以方皇周浃于天下,动无不当也。故君子恭而不难,敬而不巩,贫穷而不约,富贵而不骄,并遇变态而不穷,审之礼也。"①

同时,"礼"又是安民的手段。

他说:"水行者表深,使人无陷;治民者表乱,使人无失。礼者,其表也,先王以礼表天下之乱。今废礼者,是去表也。故民迷惑而陷祸患,此刑罚之所以繁也。"又说:"礼者,人之所履也。失所履,必颠蹶陷溺,所失微而其为乱大者,礼也。"②

"礼"还被当做提高主政者声望的手段。

他说:"礼乐则修,分义则明,举错则时,爱利则形,如是,百姓贵之如帝,高之如天,亲之如父母,畏之如神明,故赏不用而民劝,罚不用而威行,夫是之谓道德之威。"③

最后,"礼"还是王者之政的先决条件。"凝士以礼,凝民以政,礼修而士服,政平而民安。士服民安,夫是之谓大凝,以守则固,以征则强,令行禁止,王者之事毕矣。"④通过礼治,实现社会稳定、国家富强、人民安居乐业的社会治理目标。⑤

既然"礼"如此重要,那它是如何建构起来的呢? 对这一问题的论述,充分显示了荀子思想的现实性特征和逻辑思维的能力。

首先,荀子认为"礼"的出现有现实的依据,尤其是敬祖的文化传统,这也是"礼"的起源之一。他说:"礼上事天,下事地,尊先祖而隆君师,是礼之三本也。"又说:"王者天太祖,诸侯不敢坏,大大士有常宗,所以别贵始。贵始,得之本也。"⑥

但更重要的,在"礼"之起源问题的解释上,荀子很有当代社会人类学的意味。他首先从社会与人的角度考察了这一问题,认为"礼"的出现是为

---

① 《荀子·君道》。
② 《荀子·大略》。
③ 《荀子·强国》。
④ 《荀子·议兵》。
⑤ 黎红雷:《礼道·礼教·礼治:荀子哲学建构新探》,《现代哲学》2004 年第 4 期。
⑥ 《荀子·礼论》。

了节制早期社会中人与人之间的争斗,为此不得不建立起某种秩序。荀子在《礼论》中说:"礼起于何也? 曰:人生而有欲,欲而不得,则不能无求;求而无度量分界,则不能不争;争则乱,乱则穷。先王恶其乱也,故制礼义以分之,以养人之欲,给人之求,使欲必不穷乎物,物必不屈于欲,两者相持而长,是礼之所起也。"他在《王制》也表达了相类似的看法:"有天有地而上下有差,明王始立而处国有制。夫两贵之不能相事,两贱之不能相使,是天数也。势位齐而欲恶同,物不能澹则必争,争则必乱,乱则穷矣。先王恶其乱也,故制礼义以分之,使有贫富贵贱之等,足以相兼临者,是养天下之本也。"

关于"礼"的秩序生成与演进规律,荀子同样也是从"人类学"的角度来探讨的。他先是分析了人与动物的区别,即在于有"辨",而"辨"即"分";如何"分",则必须依赖于"礼"的构建。当然,他认为"礼"是圣王主持构建的。他于是在《非相》中说:"人之所以为人者,何已也? 曰:以其有辨也……然则人之所以为人者,非特以二足而无毛也,以其有辨也……夫禽兽有父子而无父子之亲,有牝牡而无男女之别,故人道莫不有辨。"他接着又指出:"辨莫大于分,分莫大于礼,礼莫大于圣王……彼后王者,天下之君也,舍后王而道上古,譬之是犹舍己之君而事人之君也。"

人要生存下来,一定要组织社会,但这个社会如果没有既定秩序,人与人之间就会发生争斗,一发生争斗社会就会动荡,社会一动荡就会解体。因此,必须确定某种"名分",所谓"名分"是人所在某一阶层的规定性;而君主正是确定"名分"的人。荀子说:"人之生,不能无群,群而无分则争,争则乱,乱则穷矣。故无分者,人之大害也;有分者,天下之本利也;而人君者,所以管分之枢要也。故美之者,是美天下之本也;安之者,是安天下之本也;贵之者,是贵天下之本也。"①正是从这个意义上讲,人是高于动物的,"礼、义"就是人与动物的根本区别。人有了"礼、义"才能组织社会,才能生存,才能强大。

他说:"水火有气而无生,草木有生而无知,禽兽有知而无义;人有气、有生、有知,亦且有义,故最为天下贵也。力不若牛,走不若马,而牛马为用,

---

① 《荀子·富国》。

何也? 曰:人能群,彼不能群也。人何以能群? 曰:分。分何以能行? 曰:义。故义以分则和,和则一,一则多力,多力则强,强则胜物,故宫室可得而居也。故序四时,裁万物,兼利天下,无它故焉,得之分义也。故人生不能无群,群而无分则争,争则乱,乱则离,离则弱,弱则不能胜物,故宫室不可得而居也,不可少顷舍礼义之谓也。"①

他又说:"能不能兼技,人不能兼官,离居不相待则穷,群而无分则争。穷者患也,争者祸也,救患除祸,则莫若明分使群矣。强胁弱也,知惧愚也,民下违上,少陵长,不以德为政,如是,则老弱有失养之忧,而壮者有纷争之祸矣。事业所恶也,功利所好也,职业无分,如是,则人有树事之患,而有争功之祸矣。男女之合,夫妇之分,婚姻娉内送逆无礼,如是,则人有失合之忧,而有争色之祸矣。故知者为之分也。"②

这种"分",荀子曾经表示过是自然形成的;但是在更多的场合,他认为是由智者、圣王制定的。

在《正名》中,他指出:"知者为之分别,制名以指实,上以明贵贱,下以辨同异。贵贱明,同异别,如是则志无不喻之患,事无困废之祸,此所为有名也。"

同时他又指出:"故王者之制名,名定而实辨,道行而志通,而慎率民而一焉。故析辞擅作名以乱正名,使民疑惑,人多辨讼,则谓之大奸,其罪尤为符节、度量之罪也。故其民莫敢托为奇辞以乱正名。故其民悫,悫则易使,易使则公。其民莫敢托为奇辞以乱正名,故壹于道法而谨于循令矣,如是则其迹长矣。迹长功成,治之极也,是谨于守名约之功也。今圣王没,名守慢,奇辞起,名实乱,是非之形不明;则虽守法之吏,诵数之儒,亦皆乱也。若有王者起,必将有循于旧名,有作于新名。然则所为有名,与所缘以同异,与制名之枢要,不可不察也。"

在确定了各种人群在社会中的"名分"之后,假如各守其分,各安其位,那将是一个有秩序的"美政"、"美俗"的社会,那将是一个"治世"的出现。

---

① 《荀子·王制》。
② 《荀子·富国》。

"治国者,分已定,则主相、臣下、百吏各谨其所闻,不务听其所不闻;各谨其所见,不务视其所不见。所闻所见诚以齐矣,则虽幽闲隐辟,百姓莫敢不敬分安制以化其上,是治国之征也。"①他同时还想象那种理想的世界:"兼足天下之道在明分。掩地表亩,刺草殖谷,多粪肥田,是农夫众庶之事也。守时力民,进事长功,和齐百姓,使人不偷,是将率之事也。高者不旱,下者不水,寒暑和节而五谷以时孰,是天下之事也。若夫兼而覆之,兼而爱之,兼而制之,岁虽凶败水旱,使百姓无冻馁之患,则是圣君贤相之事也。"②

荀子是期望通过"明分",明确个体在社会关系中的职业分工和社会等级地位,以社会道德规范约束个体的行为,消除现实社会的纷乱与争夺,实现社会秩序的稳定与和谐。应该肯定的是,这种价值取向在当时社会分化和动荡的历史条件下,有着社会整合的功能。③

由此看,"礼"的实质,就是合理、适度地安排各种"等级"。"程者,物之准也;礼者,节之准也。程以立数,礼以定伦,德以叙位,能以授官。凡节奏欲陵,而生民欲宽,节奏陵而文,生民宽而安。上文下安,功名之极也,不可以加矣。"④

他说:"亲亲、故故、庸庸、劳劳,仁之杀也。贵贵、尊尊、贤贤、老老、长长,义之伦也。行之得其节,礼之序也。仁,爱也,故亲。义,理也,故行。礼,节也,故成。仁有里,义有门。仁非其里而虚之,非仁也。义,非其门而由之,非义也。推恩而不理,不成仁;遂理而不敢,不成义;审节而不知,不成礼;和而不发,不成乐。故曰:仁、义、礼、乐,其致一也。君子处仁以义,然后仁也;行义以礼,然后义也;制礼反本成末,然后礼也。三者皆通,然后道也。"⑤

礼的最后环节,是由"节"形成分配的等差秩序。"礼者,以财物为用,

———————————

①　《荀子·王霸》。

②　《荀子·富国》。

③　皮伟兵:《荀子社会分层的政治伦理思想及其现代价值》,《伦理学研究》2006年第2期。

④　《荀子·致士》。

⑤　《荀子·大略》。

以贵贱为文,以多少为异。"①当然,这些"等差",是根据"分"来确定的。"礼者,人主之所以为群臣寸尺寻丈检式也,人伦尽矣。"②礼制,是君主用来鉴定群臣等级的标准,如果人的类别也用它来鉴定,那更是包罗无遗了。

在《富国》中,荀子说:"礼者,贵贱有等,长幼有差,贫富轻重皆有称者也。故天子袾裷衣冕,诸侯玄裷衣冕,大夫裨冕,士皮弁服。德必称位,位必称禄,禄必称用。由士以上则必以礼乐节之,众庶百姓则必以法数制之。量地而立国,计利而畜民,度人力而授事,使民必胜事,事必出利,利足以生民,皆使衣食百用出入相揜,必时臧余,谓之称数。故自天子通于庶人,事无大小多少,由是推之。故曰:朝无幸位,民无幸生。此之谓也。"在《礼论》中,他也说过类似的话:"礼者,养也。君子既得其养,又好其别。曷谓别?曰:贵贱有等,长幼有差,贫富轻重皆有称者也。"

总之,一个礼制完善的社会,就是一个美好的理想社会。"上莫不致爱其下而制之以礼,上之于下,如保赤子。政令制度,所以接下之人百姓,有不理者如毫末,则虽孤独鳏寡必不加焉。故下之亲上欢如父母,可杀而不可使不顺。君臣上下,贵贱长幼,至于庶人,莫不以是为隆正。然后皆内自省以谨于分,是百王之所以同也,而礼法之枢要也。然后农分田而耕,贾分货而贩,百工分事而劝,士大夫分职而听,建国诸侯之君分土而守,三公揔方而议,则天子共己而止矣。出若入若,天下莫不平均,莫不治辨,是百王之所同而礼法之大分也。"③

说到"礼"在社会、政治中的作用,儒家常常礼、乐并用,荀子认为"乐"同样有着与"礼"相同的社会功效,两者是相辅相成的,在《乐论》中,他说:"乐也者,和之不可变者也;礼也者,理之不可易者也。乐合同,礼别异。礼乐之统,管乎人心矣。穷本极变,乐之情也;著诚去伪,礼之经也。"

当然,"礼"的实质是"分",而"乐"的主要作用则是"和"。"乐在宗庙之中,群臣上下同听之,则莫不和敬;闺门之内,父子兄弟同听之,则莫不和

---

① 《荀子·大略》。
② 《荀子·儒效》。
③ 《荀子·王霸》。

亲;乡里族长之中,长少同听之,则莫不和顺。故乐者,审一以定和者也,比物以饰节者也,合奏以成文者也,足以率一道,足以治万变。是先王立乐之术也。""乐者,天下之大齐也,中和之纪也,人情之所必不免也。"①

另外,"乐"作用在感化。"夫声乐之入人也深,其化人也速,故先王谨为之文。乐中平则民和而不流,乐肃庄则民齐而不乱。民和齐则兵劲城固,敌国不敢婴也。如是,则百姓莫不安其处,乐其乡,以至足其上矣。然后名声于是白,光辉于是大,四海之民莫不愿得以为师。是王者之始也。""乐者,圣人之所乐也,而可以善民心,其感人深,其移风易俗,故先王导之以礼乐而民和睦。夫民有好恶之情而无喜怒之应则乱。先王恶其乱也,故修其行,正其乐,而天下顺焉。"②

礼乐并称,"乐"当然也有稳定社会的功效。

"乐者,乐也。君子乐得其道,小人乐得其欲。以道制欲,则乐而不乱;以欲忘道,则惑而不乐。故乐者,所以道乐也。金石丝竹,所以道德也。乐行而民乡方矣。故乐者,治人之盛者也;而墨子非之。"③

荀子强调"礼",他把"礼"主要看做是一种社会制度或政治制度,很大程度上,"礼"即是"法","礼"起着"法"的作用,是故荀子对"法"同样也比较重视。

他说:"法者,治之端也;君子者,法之原也。故有君子则法虽省,足以遍矣;无君子则法虽具,失先后之施,不能应事之变,足以乱矣。不知法之义而正法之数者,虽博,临事必乱。故明主急得其人,而暗主急得其势。急得其人,则身佚而国治,功大而名美,上可以王,下可以霸;不急得其人而急得其势,则身劳而国乱,功废而名辱,社稷必危。故君人者劳于索之,而休于使之。"④

具体到个体的人,他认为"法"也是修身的目标之一。"好法而行,士也;笃志而体,君子也;齐明而不竭,圣人也。人无法,则伥伥然;有法而无志

---

① 《荀子·乐论》。
② 《荀子·乐论》。
③ 《荀子·乐论》。
④ 《荀子·君道》。

其义,则渠渠然;依乎法而又深其类,然后温温然。"①"以从俗为善,以货财为宝,以养生为己至道,是民德也。行法至坚,不以私欲乱所闻,如是,则可谓劲士矣。行法至坚,好修正其所闻以桥(矫)饰其情性,其言多当矣而未谕也,其行多当矣而未安也,其知虑多当矣而未周密也,上则能大其所隆,下则能开道不己若者,如是,则可谓笃厚君子矣。修百王之法若辨白黑,应当时之变若数一二,行礼要节而安之若生四枝,要时立功之巧若诏四时,平正和民之善,亿万之众而博若一人,如是,则可谓圣人矣。"②

在社会政治上,同样也是以"法"为依据。"有法者以法行,无法者以类举,以其本,知其末,以其左,知其右,凡百事异理而相守也。""庆赏刑罚,通类而后应。政教习俗,相顺而后行。"③总之,荀子实现了由礼而法的扩张,主张在"礼"的统领下实现礼治与法治的统一。④

在荀子看来,一个"王者社会",必须是"礼"的社会。而更重要的是,这个"王者社会",也正是在"礼"、"乐"、"法"的构建过程中建设起来的。"由礼而王",是荀子的思想逻辑,也是它理想社会的推演过程,荀子的所有政治范畴的提出,都是围绕这一点来设计和论证的。

五、"礼论"思想下的君主

无论如何,在荀子"礼"的等级秩序中,是把君主放到最高的地位,这必然会发展出崇君的思想,进而形成中央集权和君主专制的局面,他是通过"礼"论的逻辑建构,一步一步为君权至上的合理性进行论证的,⑤可以说荀子由民本主义向君本主义跨出了重要的一步。

荀子十分强调君主的尊崇地位,他说:"天子也者,势至重,形至佚,心至愈,志无所诎,形无所劳,尊无上矣。"⑥又说:"君者,国之隆也;父者,家之

---

① 《荀子·修身》。
② 《荀子·儒效》。
③ 《荀子·大略》。
④ 奚社新、赵国付:《论荀子的人学思想及其现代价值》,《东南大学学报》2012年第3期。
⑤ 杨阳:《荀子政治思维及其对君权合理性的构建》,《政治学研究》2003年第3期。
⑥ 《荀子·君子》。

隆也。隆一而治,二而乱,自古及今,未有二隆争重而能长久者。"①在这里,荀子明确提出了君主在国家权力结构中的唯一性原则。为了提高君主权力的合法性,荀子还对其进行了"圣化","天下者,至重也,非至强莫之能任;至大也,非至辨莫之能分;至众也,非至明莫之能和。此三至者,非圣人莫之能尽。故非圣人莫之能王。圣人,备道全美者也,是县天下之权称也。"②

并且,他还做了制度上的规定,"欲近四旁,莫如中央;故王者必居天下之中,礼也"。③

但是,荀子也进一步指出,"有乱君,无乱国;有治人,无治法。"还说:"人主无便嬖左右足信者谓之暗,无卿相辅佐足任者谓之独,所使于四邻诸侯者非其人谓之孤,孤独而晻谓之危。国虽若存,古之人曰亡矣。"④君主的素质、思想、能力和行为决定着国家政治和社会的安危,因此,君主必须有自己的社会责任,在素质、思想、能力和行为上有较高的要求。这也可以说是儒家"德治"传统的惯性使然。

在《王霸》中,荀子说:"治国有道,人主有职。"⑤那么人主的职责是什么呢?他在《君道》中作出了详细的回答。"道者何也?曰:君道也。君者何也?曰:能群也。能群也者何也?曰:善生养人者也,善班治人者也,善显设人者也,善藩饰人者也。善生养人者人亲之,善班治人者人安之,善显设人者人乐之,善藩饰人者人荣之。四统者俱而天下归之,夫是之谓能群。"君主职责就是组织、管理社会。具体而言即是指,善于养育人,善于治理人,善于任用人,善于区分人。善于养育人的,人们就亲近他;善于治理人的,人们就安心顺从他;善于任用人的,人们就喜欢他;善于区分人的,人们就赞美他。这四个要领具备了,天下的人就会归顺。

要做到这一点,并不是太容易,制定政策要适当,选择人臣要得当,这是一个君主的"枢机"。"君人者立隆政本朝而当,所使要百事者诚仁人也,则

---

①　《荀子·致士》。

②　《荀子·正论》。

③　《荀子·大略》。

④　《荀子·君道》。

⑤　《荀子·王霸》。

身佚而国治，功大而名美，上可以王，下可以霸；立隆正本朝而不当，所使要百事者非仁人也，则身劳而国乱，功废而名辱，社稷必危：是人君者之枢机也。"①

同时，根据"礼制"的要求，要把"分"和"义"即名分和道义的原则推布至社会中，使其成为普遍的社会观念和政治观念，这样才有利于一个有"礼"而秩序的社会的形成。"圣王在上，分义行乎下，则士大夫无流淫之行，百吏官人无怠慢之事，众庶百姓无奸怪之俗，无盗贼之罪，莫敢犯大上之禁。天下晓然皆知夫盗窃之人不可以为富也，皆知夫贼害之人不可以为寿也，皆知夫犯上之禁不可以为安也。由其道，则人得其所好焉；不由其道，则必遇其所恶焉；是故刑罚綦省而威行如流。世晓然皆知夫为奸则虽隐窜逃亡之由不足以免也，故莫不服罪而请。"②

另外，荀子还提醒君主要"爱民"、"利民"，他认为君主就是为民而立，无民则君主就无存在的理由。"天之生民，非为君也。天之立君，以为民也。"③他还说："君者，民之原也，原清则流清，原浊则流浊。故有社稷者而不能爱民，不能利民，而求民之亲爱己，不可得也。民不亲不爱，而求其为己用，为己死，不可得也。"④只有善待民众，才能使民众拥护自己。荀子虽然主张君主的权力，但是仍然认为民众是统治的基础。所以，"明主必谨养其和，节其流，开其源，而时斟酌焉，潢然使天下必有余而上不忧不足。如是则上下俱富，交无所藏之，是知国计之极也。"⑤

最后，说到君主则不能不提及统治术，儒家的传统其实是反对"术"治的，他们主张道德和榜样示范的力量。于此荀子也不例外，他说："主者，民之唱也；上者，下之仪也。彼将听唱而应，视仪而动。唱默则民无应也，仪隐则下无动也。不应不动，则上下无以相有也。若是，则与无上同也，不祥莫大焉。故上者，下之本也，上宣明则下治辨矣，上端诚则下愿悫矣，上公正则

① 《荀子·王霸》。
② 《荀子·君子》。
③ 《荀子·大略》。
④ 《荀子·君道》。
⑤ 《荀子·富国》。

下易直矣。治辨则易一,愿悫则易使,易直则易知。易一则强,易使则功,易知则明,是治之所由生也……故主道明则下安,主道幽则下危。故下安则贵上,下危则贱上。故上易知则下亲上矣,上难知则下畏上矣。下亲上则上安,下畏上则上危。故主道莫恶乎难知,莫危乎使下畏己。"①他还说:"人主不公,人臣不忠也。人主则外贤而偏举,人臣则争职而妒贤,是其所以不合之故也。人主胡不广焉无恤亲疏,无偏贵贱,唯诚能之求?若是,则人臣轻职业让贤而安随其后,如是,则舜、禹还至,王业还起。"②

但是,政治现实却不像孔孟想象得那么简单,在荀子看来,"通忠之顺,权险之平,祸乱之从声,三者,非明主莫之能知也"。③ 使忠诚不至壅塞而达到通畅,改变危险的局面而达到安定,祸乱必伴随迎合君意、随声附和而来,这三种情况不是英明的君主是不能明白的。要保证政治安全,不得不使用"术"。这是荀子对传统儒家的突破,也是打通了李斯、韩非子一派法家的思想脉络。"推礼义之统,分是非之分,总天下之要,治海内之众若使一人,故操弥约而事弥大。五寸之矩,尽天下之方也。故君子不下室堂而海内之情举积此者,则操术然也。"④重视"统治术"是建立理想政治统治的必然。

而这些统治术,就包括"衡听、显幽、重明、退奸、进良之术"等,⑤跟法家等学派的"术治"思想一样,君主统治术的实施对象是各级官员。荀子说:"人主者,以官人为能者也;匹夫者,以自能为能者也。人主得使人为之,匹夫则无所移之。"⑥又说:"主道知人,臣道知事。故舜之治天下,不以事诏而万物成。"⑦

当然,限于儒家思想的根本立场,荀子并没有发展出韩非子那样君臣之间你死我活的斗争关系,对于统治术,他更主要强调的是统治中的一些方针和技巧而已。比如他说:"主道治近不治远,治明不治幽,治一不治二。主

① 《荀子·正论》。
② 《荀子·王霸》。
③ 《荀子·臣道》。
④ 《荀子·不苟》。
⑤ 《荀子·致士》。
⑥ 《荀子·王霸》。
⑦ 《荀子·大略》。

能治近则远者理，主能治明则幽者化，主能当一则百事正。夫兼听天下，日有余而治不足者如此也，是治之极也。"①这可以说是无可厚非的，是提高行政效果的需要，统治术的进一步发展，还有待于荀子的后学韩非子进一步向法家的方向阐发。

　　作为先秦儒学之殿军，荀子的思想带有浓重的现实主义色彩。这是战国后期各国之间生存竞争加剧的反映，也是诸子思想转向解决社会现实问题的结果。因此，荀子的思想与孔孟相比，除却哲学上的论证之外，更重视现实的政治技艺和解决方案。荀子面临的问题是如何达致并建设"王政"社会的问题，他在总结儒家思想的基础上，对实现这一理想社会的途径进行了探索。他认为，可行的办法上便是"礼治"。他削弱了孟子思想人的主体性的倾向，更多地把对人的管制引入治理当中。在荀子这里，"礼"不仅仅是对人性的规制，更是对人活动的统辖，尤其是强调了普通民众对主政者的服从。正是如此，荀子一直不被主流儒学认为是"醇儒"；而他又培养出李斯、韩非子这样法家学派的学生，也就不意外了。荀子援法家思想入儒学思想体系，以强化儒家之"礼"的观念，从而奠定了汉魏六朝儒学基本的精神品质。

---

①　《荀子·王霸》。

第二章　主体人的隐退：法家的
政治价值观

先秦时期，各个社会阶层都充分表达了自己的政治主张，各自提出了符合自身利益的政治价值体系。当时在思想界占主流的即是儒家、法家、道家和墨家四个思想流派。与其他三家一样，法家思想在发展过程中也形成了不同的派别和思想倾向，早期法家代表主要有李悝、申子和慎子等，代表着法家法、术、势的思想分野和学术传统，至战国后期，韩非才集法家之大成。法家在从李悝到韩非这一发展进路中，商鞅思想是一个重要的环节。

第一节　尚力而崇公：《商君书》的政治价值观

商鞅一派的思想主要集中在《商君书》中，该书是商鞅本人及后学和仰慕者的作品合集。从书中看，商鞅一派法家思想，重法尚刑，倡言农战，但法家各派的思想只是各有侧重而已，所以商鞅一派法家也不废"势"与"术"，如此，则商鞅一系的政治价值观，也与诸家同中有异，是法家政治价值观的重要组成部分。本节即从《商君书》文本解读入手，意欲发明商鞅一派法家政治价值观的本义，推原《商君书》政治思想在价值观念层面的内在动因。

一、"壹（一）"的观念

《商君书》中，"壹"，是被反复讨论的命题。其提出"壹"的概念，要求整个社会的思想和行动高度一致，立意将整个社会控制在来自上方的专制的权力之下。其《赏刑》即曰："圣人治国也，审壹而已矣。"①又曰："圣人之为国也，壹赏，壹刑，壹教。壹赏则兵无敌，壹刑则令行，壹教则下听上。"《壹言》云："圣王之治也，慎为察务，归心于壹而已矣。"而《去强》亦云："国作壹一岁，十岁强；作壹十岁，百岁强；作壹百岁，千岁强。千岁强者王。"是为其证。"壹"是《商君书》政治思想中的核心的价值观念之一。那么，什么是"壹"呢？

（一）"壹"的政治意涵

首先，"壹"，即一于农战，就是把全国民众的主要精力和主要活动都集中到农业生产和对外敌战争上来。《农战》曰："善为国者，其教民也，皆作壹而得官爵。是故不官无爵。国去言，则民朴；民朴则不淫。民见上利之从壹孔出也，则作壹；作壹，则民不偷营。"利出一孔，是指民众所得之利只能从"农"和"战"中出，政府要杜绝他们获得名利的其他任何途径。《算地》曰："入使民属于农，出使民壹于战。"而《画策》亦曰："能壹民于战者，民勇；不能壹民于战者，民不勇。"所以，所谓"壹"，就是把秦国民众统一束缚在耕战之上，严格限制其生业，在生产领域完成整齐划一的目标。

其次，"壹"，亦指政令统一，而且，是统一于法，形成自上而下无一不遵法而行的社会格局。《垦令》曰："訾粟而税，则上壹而民平。上壹则信，信则官不敢为邪。"此处之"壹"指税额要公布出定额的数目，不得轻易更改，以防止官员弄虚作假，侵凌百姓。与此相类似的是，《算地》曰："为国之数，务在垦草；用兵之道，务在壹赏。"此处"壹赏"之"壹"，也是要公布行赏的固定标准，以达到公开和公平。

《商君书》认为政令统一关涉到治国的根本，尤其是在赏、刑、教三个方面。《农战》曰："君修赏罚以辅壹教，是以其教有所常而政有成也。"《赏刑》曰："圣人之为国也，壹赏，壹刑，壹教。壹赏则兵无敌，壹刑则令行，壹教则下听上。夫明赏不费，明刑不戮，明教不变，而民知于民务，国无异俗。""赏"的标准统一是要求利禄官爵都必须因军功而获得，"所谓壹赏者，

---

① 本书所据《商君书》，系蒋礼鸿《商君书锥指》本，北京：中华书局1986年版，后引只注篇名。

利禄官爵抟出于兵，无有异施也"，也就是要达到"有军功者，各以率受上爵"，"有功者显荣，无功者虽富无所芬华"的目的。正如《立本》所云："赏壹则爵尊，爵尊则赏能利矣。""刑"的标准统一是要求无论地位高低，在法令面前并特权，"所谓壹刑者，刑无等级"，以维护法的权威和公平性，太子犯法，刑其师傅，最终使秦国社会形成"道不拾遗，山无盗贼，家给人足"的局面。而"教"则是反对知识、道德和游学，要求把思想统一到农战上来，"所谓壹教者，博闻、辩慧、信廉、礼乐、修行、群党、任誉、请谒不可以富贵，不可以评刑，不可独立私议以陈其上。坚者被，锐者挫，虽曰圣知、巧佞、厚朴，则不能以非功罔上利然。富贵之门，要存战而已矣。"①这就最终把"壹"的标准延伸到了生产和生活方式上。所以，政令统一的"壹"，不仅是统一赏刑的标准，还要把民众的生产、生活方式指引到农战上来。

再次，"壹"，就是使民众心虑纯朴，归心于农战。法家是深谙人性的，法家各派都认同人性好利之说，因此在政策上才嗛之以利，使民众趋鹜于农战。但人生而好耳目口腹之欲，而避耕战之辛劳困苦。正是基于这个考虑，商鞅一派便立意在思想上解决问题，《垦令》曰："声服无通于百县，则民行作不顾，休居不听。休居不听，则气不淫；行作不顾，则意必壹。意壹而气不淫，则草必垦矣。"又曰："壹山泽，则恶农、慢惰、倍欲之民无所于食；无所于食则必农，农则草必垦矣……使民无得擅徙，则诛愚乱农农［农或作'之'］民无所于食而必农。愚心躁欲之民壹意，则农民必静。农静，诛愚，［乱农之民欲农］，则草必垦矣。"指出如果生活丰富多彩，则恐引起民众躁动不安，因此一定要使民众心思纯静，即"意壹"，通过壹山泽即专山泽之禁和使民无得擅徙的手段，限制民众的生活方式，使民众打消"愚心躁欲"，安心于农战。

一于农战、政令统一和使民心虑淳朴，此三项既为目标，同时也是手段，所以，《农战》云："壹则少诈而重居，壹则可以赏罚进也，壹则可以外用也。"这就是"壹"要达成的效果，如果能彻底能实施"壹"的原则，既能令民淳朴，又能使民归农，还能使民勇于对外作战。因此，"壹"是商鞅一派法家政治

①《商君书·赏刑》。

思想中重要的政治价值，是"治民之要"，在政治哲学表达和政治实践中始终贯彻其中，《壹言》曰："治法明则官无邪，国务壹则民应用。"法家政治思想中的一个重要原则，就是民为国所用，政治动作中"壹"思想原则的推行，正是保证民勤心为国君、为社稷效力的手段。

上文已经提及，对民众而言，"国务壹"则民朴，就会尽心于农战，不事游学，不从辩言，不旁骛末业，更不妄言仁义。《农战》曰："善为国者，仓廪虽满，不偷于农；国大民众，不淫于言，则民朴壹。民朴壹，则官爵不可巧而取也。"又曰："归心于农，则民朴而可正也。"《算地》亦曰："故圣人之治也，多禁以止能，任力以穷诈，两者偏用，则境内之民壹。民壹则农，农则朴，朴则安居而恶出。"又曰："私利塞于外，则民务属于农。属于农则朴，朴则畏令。私赏禁于下，则民力抟于敌。"民众"朴"，就不会游徙而专心务农，就会听从政令的调配，就会专力于与敌作战。"朴"的民众，其实质就是政府支配下没有思想的服从工具。

最后，"国务壹"则身富，满足民众对自身经济利益的要求。《壹言》曰："民之喜农而乐战也，见上之尊农战之士而下辩说技艺之民，而贱游学之人也。故民壹务；其家必富而身显于国。"又曰："治国贵民壹；民壹则朴，朴则农。农则易勤，勤则富……故圣王之治也，慎为察务，归心于壹而已矣。"商鞅一派主张"利出一孔"，即利出于农战，利禄功名不由他途，以农战满足民众对利禄的要求，而政府也由此将民众导向自己所欲达到的政治目标。

在商鞅一派法家看来，政府的政治目标就是要富国强兵。如何实现富国强兵？就是通过"壹"把民众的力量聚合起来，形成"抟力"，为国所用。《农战》曰："凡治国者，患民之散而不可抟也，是以圣人作壹抟之也。国作壹一岁者十岁彊；作壹十岁者百岁彊；作壹百岁者千岁彊，千岁彊者王。"又曰："明君修政作壹，去无用，止浮学事淫之民壹之农，然后国家可富而民力可抟也……惟圣人之治国，作壹抟之于农而已矣。"政府把民众聚合在以农战得利的基础上，控制他们的思想和生活、生产方式，这样，民众就成为政府治下强有力的战争工具，如此，国家必能达至富国强兵的政治目标，故《壹言》云："治国能抟民力而壹民务者彊，能事本而禁末者富。"

（二）"壹"的政治思想意义

从政治思想的角度来看，商鞅"壹"的主张，其价值重点在于要求民众思想的统一。理论言谈统一于上，不得有自己独立的思想，必导致盲目服从于君主，《战法》即曰："凡战法必本于政，胜则其民不争；不争则无以私意，以上为意。"又曰："若民服而听上，则国富而兵胜，行是，必久王。"思想的高度统一，正是为维护君主的权威服务的。《靳令》曰："利出一孔者，其国无敌。"《弱民》曰："利出一孔则国多物……守一则治。"《农战》曰："民见上利之从壹空出也，则作壹；作壹则民不偷营。民不偷营则多力，多力则国强。"《画策》曰："能壹民于战者，民勇；不能壹民以战者，民不勇。"《壹言》亦曰："治国贵民壹；民壹则朴，朴则农，农则易勤，勤则富。富者废之以爵，不淫；淫者废之以刑而务农。"

在这种强调上下一致的思路下，必然形成专制、威权的政治结构。《算地》曰："主操名利之柄而能致功名者，数也。圣人审权以操柄，审数以使民。数者，臣主之术而国之要也。"《修权》曰："权者，君之所独制也。人主失守则危；君臣释法任私必乱。故立法明分而不以私害法则治；权制独断于君则威；民信其赏则事功成，信其刑则奸无端。惟明主爱权重信，而不以私害法。"《算地》曰："立官贵爵以称之，论荣举功以任之，则是上下之称平。上下之称平，则臣得尽其力，主得专其柄。"《壹言》又云："夫民之从事死制也，以上之设荣名、置赏罚之明也。"所以，君主所有的举措，都是为加强自身权力而考虑；而百姓的兴作，也不得不依违于其间。《君臣》曰："道民之门，在上所先。故民可令农战，可令游宦，可令学问……民徒可以得利而为之者，上与之也。"

君主大权独制，使百姓如握掌上，以君主来控制政治及社会的一切，令百姓官吏富贵之途皆出君主之手，正如《说民》所言"治国之举，贵令贫者富，富者贫。贫者富，富者贫，国强，三官无虱。国久强而无虱者，必王"。如此，则民众之自由及运命完全操于君主之手，像《慎法》所云"民倍主位而向私交，则君弱而臣强"这样的现象，是绝对禁止出现的。

在君主独大、社会完全一体化的情况之下，必然出现一个结果，那就是民众自由与权利的严重缺失。

首先,没有思想的自由。《商君书》反对诗书,反对言谈,反对私教,禁除游学,甚至提出"燔诗书"的主张,对民众进行思想控制,目的就是厉行愚民政策。《去强》曰:"国有礼、有乐、有诗、有书、有善、有修、有孝、有弟、有廉、有辩——国有十者,上无使战,必削至亡;国无十者,上有使战,必兴至王。"《说民》曰:"辩慧,乱之赞也。"由此看,《商君书》认为思想、学术、文化不利于富国强兵,甚或导致亡国。究其原因,是因为《商君书》认为,民众受了教育,就有了思考的能力;有了思考的能力,就会对政策产生质疑,如此则会损害君主的权威和尊严,破坏统一的政治格局。因此,《农战》云:"善为国者,官法明,故不任知虑;上作壹,故民不偷营,则国力抟。国力抟者强,国好言谈者削。"

其次,没有生产的自由。《商君书》提出"利出一孔"。这个唯一的孔道,就是"农战"。除此之外的商业、娱乐等事项,尽在禁除之列。《农战》曰:"圣人之治国,作壹抟之于农而已矣。"又云:"是以明君修政作壹,去无用,止浮学事淫之民壹之农,然后国家可富,而民力可抟也。"其例不胜枚举。

没有思想能力的民众个体,只能把自己交由君主,个人服从整体,下服从于上,在整个社会中,再也找不到单独的鲜活的个体。而且,在社会组织上,还为此思想创制了相当的制度措施。《史记·商君列传》云:"令民为什伍,而相牧司连坐。不告奸者腰斩,告奸者与斩敌同赏,匿奸者与降敌同罚。"从制度上把所有个体民众组织进整个政治统治体系,凡事皆赖于听命于上层之官吏的举办,民众的自由,只留下俯首听命了。

二、"力"的观念

如前所述,在《商君书》的政治思想中,"壹"是为了"抟力",从而达到富国强兵的目的。这就引出了商鞅一派法家政治思想中的第二个政治价值观念:力。他们不仅强调"力"在治国中的作用,也把"力"的原则作为为政考量的出发点和政策制定的思想起点。

(一)"力"的政治意涵

视实力为立国之本、实现国家的强大是《商君书》政治思想的主要原则。"力"是富国强兵的基础,《慎法》曰:"国之所以重,主之所以尊者,力也。"《农战》曰:"常官则国治,壹务则国富。"《去强》曰:"治国能令贫者富,富者贫,则国多力。多力则王。"《靳令》亦曰:"故其国多力而天下莫之能犯也。"国无力则弱。《农战》曰:"凡人主之所以劝民者,官爵也;国之所以兴者,农战也。今民求官爵皆不以农战,而以巧言虚道,此谓劳民。劳民者,其国必无力;无力者,则其国必削。"弱则国亡。因此,国君一定要始终强调"力"在政治运作中的作用。《开塞》曰:"武王逆取而贵顺,争天下而上让。其取之以力,持之以义。今世强国事兼并,弱国务力守。"《错法》亦曰:"故凡明君之治也,任其力,不任其德,是以不忧不劳而功可立也。"维护国家的稳定,在战国争胜中保存自己,依靠的是"力",是强大的国力,而非其他。若讲仁义,也必须有实力做基础,《去强》曰:"刑生力,力生强,强生威,威生惠,惠生于力。举力以成勇战,战以成知谋。"《说民》、《靳令》也有类似论述。所谓"惠"、"德"之类,必须待"力"而后生,无国力而辩言德惠,必定身亡国削。《画策》说:"所谓强者,使勇力不得不为己用。其志足天下,益之;不足天下,说之。恃天下者,天下去之;自恃者,得天下。得天下者,先自得者也;能胜强敌者,先自胜者也。"商鞅在秦国变法,即遵循此原则,"宗室非有军功论,不得为属籍","有功者显荣,无功者虽富无所芬华"。[①] 君主以战得强兵,民众以战获军功,在整个社会言战的气氛之下,秦国社会组织、思想意识及行政政策均准军事化,最终形成一个厚具有浓军事意味的社会。在这样的社会里,绝对服从和严格等级成为主要特征。

《商君书》所言之"力",首先是民众之力。民众之力何由来? 乃是从农战中来,所以一定要使民趋于农战。《农战》曰:"民见上利之从壹孔出也,则作壹;作壹,则民不偷营。民不偷营则多力,多力则国彊。"又曰:"百人农一人居者王,十人农一人居者强;半农半居者危。故治国者欲民之农也。国不农,则与诸侯争权,不能自持也,则众力不足也。故诸侯挠其弱,乘其衰,土地侵削而不振,则无及已。圣人知治国之要,故令民归心于农。"民务农战,则国家就拥有强大的经济实力和兵力,就会在各国争战中取得最终

---

① 《史记·商君列传》。

的胜利。

由上可知，国家之力是储于民间的，为民众所掌握，但问题的关键在于，如何把民众之力转化为国家之力。如果民众之力成为反对自己国家的力量，那同样会国破身死，因此，在商鞅一派法家思想中，对待"力"最重要一点就是，把"力"牢牢控制在国家手中，也就是说，国家要牢牢地控制民众，使其为己所用，其力乃为国家之力。《说民》曰："塞私道以穷其志，启一门以致其欲，使民必先其所恶，然后致其所欲，故力多。力多而不用则志穷，志穷则有私，有私则有弱。故能生力不能杀力，曰自攻之国，必削。故曰：王者国不蓄力，家不积粟。国不蓄力，下用也；家不积粟，上藏也。"《靳令》亦曰："圣君之治人也，必得其心，故能用力。"国家藏"力"于民，又尽悉民众之"心"——好利惧刑，所以就能依靠强大的国家机器控制民众。民众之力必由农战，这就是国家控制民众生产方式的结果，即如上文所述，"官爵必以其力"，当然，财货也必以其力。同样，由于国家的强力控制，由农战而形成的强大的民众之力就转化成为国家之力。

（二）"抟力"的途径

《商君书》认为，国家控制民众，把民众之力转化为国家之力，不外乎"说民"和"弱民"，商鞅一派法家对此有专门论述，此二途正是《商君书》中独立的两篇——《说民》和《弱民》。"说"当如"敓"，《说文》曰："敓，强取也"，段玉裁注曰："后人假夺为敓，夺行而敓废矣。"①"说民"，就是夺民——夺民之情，夺民之力，夺民之志。而"弱民"二字，正如字面解，同样是以国家之权威侵夺民众之权利，民弱则国强，故《弱民》曰："有道之国，务在弱民。"

说民、弱民之途亦有二。其一，使民众完全依赖于国家，国家赏之以官爵，惩之以刑罚，使其利出一孔，为国家完全控制。

《画策》云："昔之能制天下者，必先制其民者也；能胜强敌者，必先胜其民者也。故胜民之本在制民。"因为，"民弱，国强；民强，国弱，故有道之国务在弱民。朴则强，淫则弱；弱则轨，淫则越志；弱则有用，越志则强。"在这

---

① 蒋礼鸿：《商君书锥指》注，北京：中华书局1986年版，第35页。

样的前提下,君主须"政作民之所恶,民弱",①民所恶者,一是穷,二是怯,所以方法就是驱民以农战,使民愚朴,"塞私道以穷其志……力多而不用则志穷,志穷则有私,有私则有弱"。②"民愚,则知可以胜之,世知,则力可以胜之。"③"若民服而听上,则国富而兵胜,行是,必久王。"④

其《壹言》亦曰:"上开公利而塞私门,以致民力;私劳不显于国,私门不请于君,若此而功名劝。则上令行而荒草辟,淫民止而奸无萌。治国能抟民力而壹民务者强,能事本而禁末则富。夫圣人之治国也,能抟力,能杀力。制度察则民力抟,抟而不化则不行。行而无富则生乱。故治国者,其抟力也以富国强兵也;其杀力也以事敌劝民也。"这就是说,国家控制民众,化民众之力为"抟力"和"杀力",以至富国强兵。

由此,可以探知《商君书》的基本的政治倾向,那就是其所主张的政治,不是民本的政治,而是君主的政治,民众只是不过政治统治的对象而已。君主利用民众,也只是搜集民力,以为己用,保障君主权威和利益。作为工具的民众,是不会也不可能有任何自己的政治权利的。正是从这个意义上讲,君主对民众采取何样的措施,都是被允许的。

其二,则是愚民。民愚则易使,就不会反抗国家的控制,就会按照国家的意志安排行事。《赏刑》曰:"所谓壹赏者,利禄官爵抟出于兵,无有异施也。夫固知愚、贵贱、勇怯、贤不肖皆尽其胸臆之知,竭其股肱之力,出死而为上用也。"《算地》亦曰:"夫民之情,朴则生劳而易力,穷则生知而权利。易力则轻死而乐用,权利则畏罚而易苦。易苦则地力尽,乐用则兵力尽。夫治国者能尽地力而致民死者,名与利交至。"愚民,就是抵制文化教育,反对知识,进而反对道德人伦,这样才能保证民务于农战,才会使国多力而致富强。反之,则会兵弱国削。《农战》曰:"明君修政作壹,去无用,止浮学事淫之民壹之农,然后国家可富而民力可抟也。"又曰:"农战之民千人,而有诗、书、辩慧者一人焉,千人者皆怠于农战矣。农战之民百人,而有技艺者一人

---

① 《商君书·弱民》。
② 《商君书·说民》。
③ 《商君书·算地》。
④ 《商君书·战法》。

焉，百人者皆怠于农战矣。国待农战而安，主待农战而尊……诗、书、礼、乐、善、修、仁、廉、辩、慧，国有十者，上无使战守。国以十者治，敌至必削，不至必贫。国去此十者，敌不敢至；虽至必却。兴兵而伐，必取；按兵不伐，必富。国好力者以难攻，以难攻者必兴；好辩者以易攻，以易攻者必危。"《弱民》则明白宣称："任善，言多……言多，兵弱。任力，言息……言息，兵强。"类似的言论充斥于《商君书》中，如《慎法》曰："民释实事而诵虚词，则力少而非多。君人者不察也，以战，必损其将；以守，必卖其城。"如《农战》曰："善为国者，官法明，故不任知虑；上作壹，故民不偷营；则国力抟。国力抟者强，国好言谈者削。"再如《去强》曰："国好力，曰以难攻；国好言，曰以易攻。国以难攻者，起一得十；以易攻者，出十亡百。"《说民》、《靳令》也都有类似的表述。可见商鞅一派法家的反智立场是很鲜明的，是其坚决的政治主张。韩非子说商鞅"燔诗书而明法令"，①乃为后世李斯建言秦始皇"焚书"张本。

愚民之举，即是对民众进行思想控制，禁除游学言谈，使民众思虑单一，使思想与君主保持一致。《去强》曰："国有礼、有乐、有诗、有书、有善、有修、有孝、有弟、有廉、有辩——国有十者，上无使战，必削至亡；国无十者，上有使战，必兴至王。国以善民治奸民者，必乱至削；国以奸民治善民者，必治至强。"《说民》曰："辩慧，乱之赞也；礼乐，淫佚之征也；慈仁，过之母也；任誉，奸之鼠也。乱有赞则行，淫佚有征则用，过有母则生，奸有鼠则不止。八者有群，民胜其政；国无八者，政胜其民。民胜其政，国弱；政胜其民，兵强。故国有八者，上无以使守战，必削至亡；国无八者，上有以使守战，必兴至王。"由此看，《商君书》认为思想、学术、文化不利于富国强兵，甚或导致亡国。究其原因，是因为《商君书》认为，民众受了教育，就有了思考的能力；有了思考的能力，就会对政策产生怀疑，如此则会损害君主的权威和尊严，破坏统一的政治格局。因此，《农战》云："凡治国者，患民之散而不可抟也，是以圣人作壹抟之也。国作壹一岁者十岁强，作壹十岁者百岁强，作壹百岁者千岁强，千岁强者王。"

民愚，则尽心奉力于国，国有力，则可以王天下，这是《商君书》的政治

---

① 《韩非子·和氏》(王先慎《韩非子集解》本)，北京：中华书局1998年版。下只注篇名。

设计,所以,《算地》曰:"民愚则知可以胜之,世知则力可以胜之。臣愚则易力而难巧;世巧则易知而难力。故神农教耕而王,天下师其知也;汤、武致强而征,诸侯服其力也。"愚民不仅仅是强国获得"力"的手段,也是其目的。民愚和力,是富国强兵的两个法宝。

三、"尚公"思想

对中国传统"尚公"思想之推究考察,其实并非新问题,先贤时仁论之者颇众。① 笔者也从中深获启发。然而,余意以为,依据《商君书》文本本身,于文本内找寻其思想的逻辑性,并从中探求其政治意涵,或许能对《商君书》所反映出的"尚公"思想有进一步的认识和解释。

(一)《商君书》思想中的"公"及其属性

《商君书》思想中的"公"观念,是在不断祛"私"的运动中树立的。在《商君书》中,"公"与"私"截然对立。"私"是个人立场和个人利益,而"公"则是整体立场和整体利益。《垦令》曰:"农民不饥,行不饰,则公作必疾,而私作不荒,则农事必胜。"《壹言》曰:"上开公利而塞私门,以致民力,私劳不显于国,私门不请于君。"《修权》云:"君臣释法任私必乱,故立法明分而不以私害法。"以上诸句,都可以分辨这两种对立的立场。

法家人物的历史观,都是持历史进化论的,认为今胜于古。《商君书》亦如是。而且《商君书》的"公"的概念,也正是从这样的历史进化论的历史观中产生的。《商君书》的逻辑思路,是在历史进化论的前提下,在历史的演进中,在不同的历史阶段,不断地排除"私",来提倡"公"。《开塞》云:"天地设而民生之。当此之时也,民知其母而不知其父,其道亲亲而爱私。亲亲则别,爱私则险民众,而以别险为务,则民乱。当此之时,民务胜而力征。务胜则争,力征则讼。讼而无正,则莫得其性也。故贤者立中正,设无私,而民说仁。当此时也,亲亲废,上贤立矣。凡仁者以爱为务,而贤者以相出为道。民众而无制,久而相出为道,则有乱。故圣人承之,作为土地货财

---

① 刘泽华、张荣明等著《公私观念与中国社会》(北京:中国人民大学出版社 2003 年版)一书可称这一方面最新成果之大成。

男女之分。分定而无制,不可,故立禁。禁立而莫之司,不可,故立官。官设而莫之一,不可,故立君。既立君,则上贤废而贵贵立矣。"又云:"上世亲亲而爱私,中世上贤而说仁,下世贵贵而尊官。上贤者,以道相出也;而立君者,使贤无用也。亲亲者,以私为道也;而中正者,使私无行也。此三者非事相反也,民道弊而所重易也,世事变而行道异也。故曰:'王道有绳。'夫王道一端,而臣道亦一端;所道则异,而所绳则一也。"这就是《商君书》的论证顺序,认为,"贵贵"、"立官"、"立君"是历史的发展秩序。在这个人类社会的发展历程中,社会由分散的个体日益走向有统一意志的整体,社会组织的整体利益开始出现。在这里,历史的发展是一个不断排除"私"的过程,"公"与"私"日益分明。但是,在《商君书》中,权力不是从民众中自发的产生,而是来自贤者或圣人,因此,社会的组织方式是自上而下的。这就给社会设立了一个权威,从一开始,社会组织的整体利益就是由这个权威即圣人、贤者或君主代表的。

除从历史规律的角度来论证"公"的概念之外,《商君书》还从社会的角度来说明这个一概念。《开塞》云:"古者民蘁生而群处,乱,故求有上也。然则天下之乐有上也,将以为治也。"从这个角度看,"公"不仅仅是历史演进的结果,更是社会的内在要求。"贵贵"、"立官",是为了寻求重建社会秩序的探求。"夫利天下之民者莫大于治,而治莫康于立君;立君之道,莫广于胜法;胜法之务,莫急于去奸;去奸之本,莫深于严刑。故王者以赏禁,以刑劝;求过不求善,藉刑以去刑。"即为此意。

但是,在《商君书》中,君主的立场和利益尚不尽然完全代表"公"即社会组织"整体"的立场和利益,如在《修权》所云"君臣释法任私必乱,故立法明分而不以私害法"、"今乱世之君臣,区区然皆擅一国之利,而管一官之重,以便其私,此国之所以危也。故公私之交,存亡之本也"等。然而,《商君书》提出和论述"公"的观念,却始终没有脱离开君主的影子。首先,它是在君主的立场上来表述"公"的理念的,如《农战》曰:"百姓曰:我疾农,先实公仓,收余以食亲,为上忘生而战,以尊主安国也;仓虚主卑家贫,然则不如索官";其次,在该书的许多论述中,君主代表了"公"的意志,很多时候君主的立场就完全是"公"的立场。这在下文的分析中可以明显地看出来，兹不赘述。

"尚公"思想被视为《商君书》的主要内容，是因为，《商君书》语境下的"公"，有着独特的思想特质。

除"壹"即上下思想和行动的高度一致民之外，首先是无上的政治权威。

《商君书》"尚公"的观念是保障君主的统一权力的，以君主来控制政治及社会的一切，使百姓官吏富贵之途皆出君主之手。《修权》云："权者，君之所独制也。"《算地》曰："主操名利之柄而能致功名者，数也。圣人审权以操柄，审数以使民。数者，臣主之术而国之要也。"《弱民》曰："主操权，利；故主贵多变，国贵少变。""尚公"就是"隆君"，像"民倍主位而向私交，则君弱而臣强"这样的现象，①是要坚决反对的。因此，"尚公"实际上是逞君主一人之私，而非社会、国家之公。《壹言》虽言及"公利"："上开公利而塞私门，以致民力，私劳不显于国，私门不请于君，若此而功臣劝。"但正如文意所说，君主"开公利"，也正是为了控制、垄断富贵之途；而且，此章通篇始终言必谈"君主"、"君王"、"明主"，并未提及社会、国家，可见，此"公利"并不是国家之利，也非社会之利，而是"君利"。

其次，富国强兵。

在《商君书》里，君主作为一个明主，作为一个圣人的主要标志，就是要实现"富国强兵"。《商君书》内所谈论的所有问题，基本上都是围绕"富国强兵"这个核心来展开的，其中论及"强国、国强、国富、强兵、兵强、无敌"的字眼贯穿始终。事实上，秦孝公及商鞅在秦国变法，也正是为了此目的。《更法》曰："法者，所以爱民也；礼者，所以便事也。是以圣人苟可以强国，不法其故；苟可以利民，不循其礼。"是为其证。

"公"不仅仅是手段，还是目的。"尚公"的最终目的，就是要"富国强兵"。《慎法》曰："国之所以重，主之所以尊者，力也。"《农战》曰："常官则国治，壹务则国富。"《画策》也说："所谓强者，使勇力不得不为己用。其志足天下，益之；不足天下，说之。恃天下者，天下去之；自恃者，得天下。得天

---

① 《商君书·慎法》。

下者,先自得者也;能胜强敌者,先自胜者也。"由此看,富国强兵这一目的的达致,并不是一个单一的结果,而是与前后各个思想特质互相维系的,富国强兵中也体现了重法及维护君主权威诸原则。《史记·商君列传》云:"宗室非有军功论,不得为属籍","有功者显荣,无功者虽富无所芬华"。君主以战得强兵,民众以战获军功,在整个社会言战的气氛之下,秦国社会组织、思想意识及行政政策均准军事化,最终形成一个厚具有浓军事意味的社会。在这样的社会里,绝对服从和严格等级成为主要特征。

最后,维持稳定。

为保障君主的地位,仍需要社会和政治的稳定。"尚公"是政治社会稳定的保证。《弱民》曰:"主操权,利;故主贵多变,国贵少变。"《开塞》曰:"其道亲亲而爱私……爱私则险民众,而以别险为务,则民乱。"《修权》亦曰:"今乱世之君臣,区区然皆擅一国之利,而管一官之重,以便其私,此国之所以危也。"同样,《壹言》曰:"治国能抟民力而壹民务者强,能事本而禁末则富。夫圣人之治国也,能抟力,能杀力。制度察则民力抟,抟而不化则不行,行而无富则生乱。故治国者,其抟力也以富国强兵也;其杀力也以事敌劝民也。"

同时,在《商君书》中,还有转嫁国内危机于外国之策划。《靳令》曰:"国贫而务战,毒输于敌,无六虱,必强。国富而不战,偷生于内,有六虱,必弱。"《去强》曰:"国强而不战,毒输于内,礼乐虱官生,必削;国遂战,毒输于敌,国无礼乐虱官,必强。举劳任功曰强,虱官生必削。"把一切斗争的矛头指向于外,从而保证国内局势的稳定。秦人"勇于公战,怯于私斗","为私斗者,各以轻重被刑大小",[1]可见在法令及政策上是有相关的规定的。

而富国强兵则与政治社会稳定相表里;富国强兵,是政治社会稳定的前提。而关键在于,社会及政治的稳定,不会打破当前的政治格局和社会阶层关系,因此,也就不可能损害社会的整体利益,既得的政治利益、经济利益就可得以保全。尚公,就具有尊重当前既得利益的政治意味。

从现代思想的意义上讲,《商君书》思想中的"公"观念,是先秦思想

---

① 《史记·商君列传》。

"公"观念的蜕变。《礼记·礼运篇》云:大道之行也,天下为公。此"公"则是强调"天下"之意,突破了为君主一人之私的狭隘观念。而《吕氏春秋·尚公篇》云:"天下非一人之天下,天下人之天下",则更是对君主专权的否定。《礼记·礼运篇》《吕氏春秋·尚公篇》中的"公"的思想,是以天下、国家、民族立意的,有一种博大的民众利益关怀。

《商君书》中的"公"观念,实际上是一种君主本位,不是政府、民族本位,更绝非人民本位。其"尚公"的政治理念是集体利益口号下的"君利"中心说,是对民众利益以及个人正当权益的压迫,是把个体民众作为政治治理工具的理论依据。如果说,在《商君书》中,我们尚能看到"公"作为社会整体利益的一点孑遗,那么,至韩非子,他在继承《商君书》的"公"观念的基础上,在维护、强化君主利益上更进了一步,形成了绝对的君主专制主义;而秦统一以后,李斯所提出的"督责之术"则更是其中的极致,①法家"公"观念的演变,当另文述及。

(二)"尚公"思想的理论依据及保证措施

《商君书》之"尚公"思想,除了其历史进化论及社会角度的考虑,尚有学理上的论证。这个论证,其材料散落在《商君书》各篇章内,笔者不揣浅陋,钩沉索隐,以成其说。其"尚公"思想的理论依据及保障措施,与该思想之基本属性相互维系、相互发明,形成一个"公"的思想体系。在"尚公"的社会政治理念下,这些行政措施作为对民众的控制手段,将民众规范在组织整体之内,使其丧失了自主性,从而落入政治盲从的窠臼,直至成为专制主义的附庸和帮凶。另,《修权》曰:"国之所以治者三:一曰法,二曰信,三曰权。"亦可为此论证提供线索。除此前所论愚民之外,兹略条陈如下。

第一,君主独制。

"尚公"即为"尚君",那么,保障君主权威也就能保有"公"。《修权》曰:"权者,君之所独制也。人主失守则危,君臣释法任私必乱。故立法明分而不以私害法则治,权制独断于君则威,民信其赏则事功成,信其刑则奸无端。惟明主爱权重信而不以私害法。"因此,"尚公祛私",也就是"隆君"。

---

① 详见《史记·秦始皇本纪》。

《垦令》云："訾粟而税，则上壹而民平。上壹则信，信则臣不敢为邪。民平则慎，慎则难变。上信而官不敢为邪，民慎而难变，则下不非上，中不苦官。下不非上，中不苦官，则壮民疾农不变。"君、民两方面皆"尚公"为壹，那么统治的目的就会达到，即"故国治而地广，兵强而主尊。此治之至也。人君者不可不察也"。①《算地》曰："立官贵爵以称之，论荣举功以任之，则是上下之称平。上下之称平，则臣得尽其力，而主得专其柄。"《壹言》又云："夫民之从事死制也，以上之设荣名、置赏罚之明也。"所以，君主的所有"尚公"的举措，都是为加强自身权力而考虑。而百姓的兴作，也不得不依违于此间。《君臣》曰："道民之门，在上所先。故民可令农战，可令游宦，可令学问，在上所与。上以功劳与则民战，上以诗书与则民学问。民之于利也若水于下也，四旁无择也。民徒可以得利而为之者，上与之也。"即是此意。

君主大权独制，使百姓如握掌上，"治国之举，贵令贫者富，富者贫。贫者富，富者贫，国强，三官无虱。国久强而无虱者，必王"，②如此，则民众之自由及运命完全操于君主之手。

第二，农战。

若使民众思虑单一，最好的办法是使之归于农，归于战。《壹言》曰："治国能抟民力而壹民务者强，能事本而禁末则富。夫圣人之治国也，能抟力，能杀力。制度察则民力抟，抟而不化则不行。行而无富则生乱。故治国者，其抟力也以富国强兵也，其杀力也以事敌劝民也。"《农战》云："是以明君修政作壹，去无用，止浮学事淫之民壹之农，然后国家可富而民力可抟也。""民不偷营则多力，多力则国强。"并且，要在此基础上，使民众出路尽归于农战之一途，除此别无他法，"利出一空者，其国无敌；利出二空者，国半利；利出十空者，其国不守"。③ 如此，"民无逃粟，野无荒草，则国富。国富则强"。④

农战，其直接的政治效应是富国强兵。《垦令》曰："民不贱农，则国安

---

① 《商君书·君臣》。
② 《商君书·说民》。
③ 《商君书·靳令》。
④ 《商君书·去强》。

不殆。"《农战》曰："圣人之治国,作壹抟之于农而已矣"。又曰:"凡人主之所以劝民者,官爵也;国之所以兴者,农战也。"同时也能促进思想上的统一。《农战》曰:"善为国者,仓廪虽满,不偷于农;国大民众,不淫于言,则民朴一。民朴一,则官爵不可巧而取也。不可巧取,则奸不生。奸不生则主不惑。"再者,"尚公"与"农战"是互相促进的两个方面。《垦令》曰:"邪官不及为私利于民,则农不敝。"《农战》曰:"止浮学事淫之民壹之农。"《算地》曰:"故圣人之为国也,入令民以属农,出令民以计战。夫农,民之所苦;而战,民之所危也。犯其所苦,行其所危者,计也。故民生则计利,死则虑名,名利之所出,不可不审也。利出于地,则民尽力;名出于战,则民致死。入使民尽力,则草不荒;出使民致死,则胜敌。胜敌而草不荒,富强之功可坐而致也。"

同时,行农战之政还可转嫁国内危机于外国。把一切斗争的矛头指向于外。《史记·商君列传》云秦人"为私斗者,各以轻重被刑大小",又云秦人"勇于公战,怯于私斗",可见在法令及政策上是有相关的规定的。

第三,以法促公。

在《商君书》中,"法"是政治生活中的最可重视的因素。《画策》曰:"民本,法也。故善治民者,塞民以法而名地作矣。"又曰:"圣王者不贵义而贵法,法必明,令必行,则已矣。"《错法》曰:"夫圣人之存体性,不可以易人;然而功可得者,法之谓也。"《慎法》曰:"法任而国治矣。"

若保障"法"的重要地位,首先,法令须规定禁私行公。《靳令》曰:"靳令则治不留,法平则吏无奸。法已定矣,不以善言害法。"《算地》曰:"挟重资,归偏家,尧舜之所难也,故汤武禁之,则功立而有成。"《君臣》曰:"法制设而私善行则民不畏刑。"其次,君须行法。《君臣》曰:"故明主慎法制,言不中法者不听也,行不中法者不高也,事不中法者不为也。言中法,则辩之;行中法,则高之;事中法,则为之。"《修权》曰:"君好法则臣以法事君,君好言则臣以言事君。君好法则端正之士在前,君好言则毁誉之臣在侧。公私之分明,则小人不疾贤而不肖者不妒功。故尧舜之位天下也,非私天下之利也,为天下位天下也。论贤举能而传焉,非疏父子亲越人也,明于治乱之道也。故三王以义亲,五霸以法正诸侯,皆非私天下之利也,为天下治天下。

是故擅其名而有其功，天下乐其政而莫之能伤也。今乱世之君臣，区区然皆擅一国之利，而管一官之重，以便其私，此国之所以危也。故公私之交，存亡之本也。"再次，民务为自治。《定分》曰："故圣人必为法令置官也置吏也为天下师，所以定名分也。名分定，则大诈贞信，民皆愿悫而各自治也。夫名分定，势治之道也；名分不定，势乱之道也。故势治者不可乱，世乱者不可治。夫世乱而治之，愈乱，势治而治之，则治。故圣王治治不治乱。"又曰："故知诈贤能者皆作而为善，皆务自治奉公。民愚则易治也，此所生于法令明白易知而必行。"又曰："万民皆知所避就，避祸就福，而皆以自治也。故明主因治而终治之，故天下大治。"君主臣民在各自分内守法奉公，则富国强兵，天下大治。《错法》曰："古之明君，错法而民无邪，举事而材自练，行赏而兵强，此三者，治之本也。夫错法而民无邪者，法明而民利之也。"

第四，赏刑。

民之情，皆惧死，是以《商君书》重刑赏。民怯，则以刑驱之，"怯民勇，勇民死，国无敌者强。强必王"。[1] 又轻罪重处，"故重轻，则刑去事成，国强；重重而轻轻，则刑至而事生，国削"。[2] 民有功，则重赏，"为国而能使其民尽力以竞于功，则兵必强矣"。[3] "是以明君之使其民也，使必尽力以规其功，功立而富贵随之，无私德也，故教流成。如此，则臣忠君明，治著而兵强矣。"[4]刑赏之明公，"尚公"之措施即可得到保证。《算地》曰："用兵之道，务在一赏。私利塞于外，则民务属于农；属于农则朴，朴则畏令。私赏禁于下，则民力抟于敌，抟于敌则胜。奚以知其然也？夫民之情，朴则生劳而易力，穷则生知而权利。易力则轻死而乐用，权利则畏罚而易苦。易苦则地力尽，乐用则兵力尽。"

法是规定性的社会要求，《修权》曰："世之为治者，多释法而任私议，此国之所以乱也。"违法则重刑，曰"以刑去刑"，《说民》曰："罚重，爵尊；赏轻，刑威。爵尊，上爱民；刑威，民死上。故兴国行罚则民利，用赏则上重。

①　《商君书·去强》。
②　《商君书·说民》。
③　《商君书·错法》。
④　《商君书·错法》。

法详则刑繁,法简则刑省。民不治则乱,乱而治之又乱。故治之于其治,则治;治之于其乱,则乱。"甚至"刑于将过",《开塞》曰:"故王者刑用于将过,则大邪不生;赏施于告奸,则细过不失。治民能使大邪不生,细过不失,则国治。国治必强。"同时,对于有功之民,则重赏。守法而赏罚分明即"信"。

在法的运用中,须奉持法信平,刑赏明公之原则。法家思想体系中,商鞅一派最贵法,其"公"观念也体现于此。《修权》曰:"立法明分而不以私害法则治,权制独断于君则威,民信其赏则事功成,信其刑则奸无端。惟明主爱权重信而不以私害法。"又曰:"明主任法去私,而国无隙蠹矣。"号令民众的基本手段是刑赏,即"劫以刑"、"驱以赏"。① 法的精神要充分体现在刑赏上,那就是公平明确。

(三)《商君书》"尚公"思想的政治价值评估

《商君书》中"尚公"的思想,在政治思想上其实表现出一种整体主义。其将民众个体所属的社会组织作为一个完全的整体,并将这个整体赋予共同的立场和利益,加强民众对整体的归属和依赖,使他们戮力同心维护整体的利益。但同时,它在强调整体益的基础上,崇贵重君,以君主为该整体的利益代表,视民众为政治统治工具。民众没有个体的权利和自由,必须服从于统一的意志,服从所属集体的整体利益要求。因为这个整体社会组织的意志代表是高高在上的君主,所以君主自上而下地专权不可避免,自上而下地组织政权同样也不可避免,秦代政治制度由此而创设,其行政集权、君主专制的色彩自然难以消除。因此,《商君书》中的"公",并非天下之"公",实为逞君主一家之私利,而害天下之公益。这种政治理念在秦国实际的政治生活中得到了实践。观乎《史记》之《商君列传》、《李斯列传》及《秦始皇本纪》诸篇,秦国的政治运作与《商君书》所主张者有极大的契合之处,此皆为人所习知,兹不赘述;再参证以现今考古发现之秦始皇陵兵马俑军阵,《农战》、《开塞》、《靳令》、《错法》诸篇则历历在目,如置眼前。《商君书》"尚公"思想之与秦国政治及文化之关系,其深若此。

在法家的文本中,曾出现"自治"的概念。

---

① 《商君书·慎法》。

　　"自治"二字作为一个固定词组连用,盖始自《商君书》,在其《定分》中,"自治"一词,凡三见。曰:"天下之吏民虽有贤良辩慧,不敢开一言以枉法;虽有千金,不能以用一铢。故知诈贤能者皆作而为善,皆务自治奉公。"曰:"圣人必为法令置官也置吏也为天下师,所以定名分也。名分定,则大诈贞信,民皆愿悫而各自治也。"又曰:"圣人立天下而无刑死者,非不刑杀也,行法令明白易知,为置法官吏为之师以道之,知万民皆知所避就,避祸就福而皆以自治也。故明主因治而终治之,故天下大治也。"

　　从字面的意思看,《商君书》中的"自治",是指民众自己治理自己。法家学派中,商鞅一派最重视"法"的功能,他们强调整个社会应在法制的控制之下,依法而行事,吏民皆知法守法,在这个前提下,民众做好自己分内的职事则可,此即为"自治"。但是,在《商君书》特定的语境下,"自治"仍有自己特有的意涵:第一,"自治"是法制框架下的"自治",实际上是法制框架下的无条件顺从;第二,从中可以体察出民众自由和权利的缺失。所以,《商君书》所谈的"自治",并没有凸显民众的自由和权利。事实上,《商君书》在富国强兵和稳定的口号下,进一步压制了民众对自由和权利的诉求。

　　由上述可知,在商鞅的视野里,民众仍然是政治统治的工具。为了能使民众成为驯服的统治工具,《商君书》反复重申法制、以法治国的原则。

　　前文已述,在《商君书》中,"法"是政治生活中的最可重视的因素。为了厉行法制,法令必须掌控在君主所能控制的法官系统之内。《君臣》曰:"故明主慎法制,言不中法者不听也,行不中法者不高也,事不中法者不为也。言中法,则辩之;行中法,则高之;事中法,则为之。"《靳令》曰:"靳令则治不留,法平则吏无奸。法已定矣,不以善言害法。"执法是法制的重要环节。《慎法》云:"劫以刑"、"驱以赏。"执法的精神要充分体现在刑赏上。民之情,皆惧死,是以《商君书》重刑赏。民怯,则以刑驱之,《去强》云:"怯民勇,勇民死,国无敌者强,强必王";又轻罪重处,"故重轻,则刑去事成,国强;重重而轻轻,则刑至而事生,国削"。民有功,则重赏,违法则重刑,曰"以刑去刑",甚至"刑于将过"。

　　法及刑、赏作为其实现政治统治的措施,而非"自治"下的民主手段,《商君书》所言"自治"与民众的自由与权利无涉,由此更加明了。

综上所述，《商君书》所言"自治"，不是关切与培育民众的政治权利与民生发展，说到底，而是为了"弱民"，让民众服帖地做政治威权的奴隶。《说民》云："政胜其民。民胜其政，国弱；政胜其民，兵强。"《画策》云："昔之能制天下者，必先制其民者也；能胜强敌者，必先胜其民者也。故胜民之本在制民。"因为，"民弱，国强；国强，民弱，故有道之国，务在弱民。朴则强，淫则弱；弱则轨，淫则越志；弱则有用，越志则强。"在这样的前提下，正如《弱民》所云，君主须"政作民之所恶，民弱"。民所恶者，一是穷，二是刑，所以方法就是驱民以农战，陷民以法网，教民以愚朴，由此，可以探知《商君书》的基本的政治倾向，那就是，其所主张的政治，不是民本的政治，而是君主的政治，民众只不过是政治统治的对象而已。君主利用民众，也只是搜集民力，以为己用。作为工具的民众，是不会也不可能有任何自己的政治权利的。正是从这个意义上讲，君主对民众采取何样的措施，都是被允许的。

《商君书》虽言"尚公"的观念，但此"公"非《礼记·礼运篇》所云"大道之行也，天下为公"之"公"，也非《吕氏春秋·尚公篇》所云"天下非一人之天下，天下人之天下"之"公"。《礼记·礼运篇》、《吕氏春秋·尚公篇》中的"公"的思想，是强调"天下"之意，突破了为君主一人之私的狭隘观念，是对君主专权的否定，是以天下、国家、民族立意的，有一种博大的民众利益关怀。而《商君书》中的"公"观念，实际上是一种君主本位，不是政府、民族本位，更绝非人民本位。其"尚公"的政治理念是集体利益口号下的"君利"中心说，是对民众利益以及个人正当权益的压迫，是把个体民众作为政治统治工具的理论依据。

因此，《商君书》中"自治"的思想，不能作为民众自己治理自己理论的张本。《商君书》提倡的是一种集体主义，其将民众个体所属的社会组织作为一个完全的整体，并将这个整体赋予共同的立场和利益，加强民众对整体的归属和依赖，使他们戮力同心维护整体的利益。但同时，它在强调整体益的基础上，崇贵重君，以君主为该整体的利益代表，视民众为政治统治工具。民众没有个体的权利和自由，必须服从于统一的意志，服从所属集体的整体利益要求。因为这个整体社会组织的意志代表是高高在上的君主，所以君主自上而下地专权不可避免，自上而下地组织政权同样也不可避免，秦代政治制度由此而创设,其行政集权、君主专制的色彩自然难以消除。这样,"自治"非但没有推演出非威权的政治体制,反而使民众成为威权体制下服服帖帖的政治奴隶。所以,《商君书》中的"自治"观念,并没有体现出多少现代意义,更不能作为当代中国政治建构的思想资源和制度资源。

在以往中国古代政治思想的研究中,都很重视对《商君书》政治思想的研究,一般认为,"耕战政策与以法治国,是《商君书》政治思想的两大支柱"。[①] 这两大政治主张正是建立《商君书》政治价值观之上的,"尚壹",所以贵法治;"尚力",所以贵耕战。尚壹,一于法,《说民》曰:"民胜法,国乱。法胜民,兵强。""法胜民",即指民众的一切举措皆遵从政府的法令。君之使民,若以臂使指,整个国家秩序就会实现在国君指挥下的整齐划一。尚力,就是把民众的一切思想和行为一于耕战,利出一孔,实现国富而兵强。

战国之世,儒墨皆称显学,徒众无数,但唯秦国能行法家之政,法家的政治价值观何以能在秦地推行? 其实与秦地的风俗习惯和政治传统有直接的关系。林剑鸣先生指出,秦人的价值观,摒除了种种道德的、伦理的标准,只剩下赤裸裸的功利标准,是一种极端功利主义的价值观。[②] 这种价值观正好与《商君书》所主张的"尚力"的思想相契合,可谓相得益彰。秦人这种功利主义价值观的形成,与秦人崛起和秦国建国历程同样关系密切。周平王东迁,秦襄公因护送有功而被封为诸侯,但受封之地却在今陇东及陕西西部一带,处在西北戎狄民族的包围之中。秦人欲保存自己,必须不断地与各种敌对势力作斗争,所以,秦国从发展到壮大,始终伴随着激烈的军事冲突,这就是秦国政治文化中带有浓厚军国主义色彩的原因。[③] 在长期的军事斗争中,秦人深刻地意识到国家实力对取得战争胜利的主导作用,同样也意识到统一指挥具有极高的行政效率,所以,为保证军事行动的胜利,必须重视农业生产、提高军队的战斗力和广大民众的军事素质;为保证政府的行政效率,必须强调思想统一、绝对服从的军旅作风。《商君书》的思想也与秦国

---

① 刘泽华:《中国古代政治思想史》,天津:南开大学出版社 2000 年版,第 91 页。

② 林剑鸣:《秦人的价值观和中国的统一》,《人文杂志》1988 年第 2 期。

③ 丁毅华:《秦俑军阵:秦厉行军国主义的集中展示》,载《秦文化论丛》第 12 辑,西安:三秦出版社 2005 年版。

的这种文化传统不谋而合。正是如此,商鞅变法,把秦国的文化价值、风俗习惯和法律传统进行了在新的法律水平上的提升和改造,"行之十年,秦人大悦",完成了秦国由"诸侯卑之"到"虎狼之国"的再创。

战国晚期,秦国统一六国基本上已成定局。荀子西行入秦,"入境,观其风俗,其百姓朴,其声乐不流污,其服不挑,甚畏有司而顺,古之民也。及都邑官府,其百吏肃然,莫不恭俭、敦敬、忠信而不楛,古之吏也。入其国,观其士大夫,出于其门,入于公门;出于化门,归于其家,无有私事也;不比周,不朋党,偶然莫不明通而也,古之士大夫也。观其朝廷,其朝闲,听决百事不留,恬然如无治者,古之朝也。"①荀子所观察到的,正是法家用自身的政治理念在秦国文化传统和风俗习惯基础上变法改造后的社会风貌和行政风格。韩非子说:"孝公、商君死……秦法未败。"②何以商君之法没有被新君取缔?不仅仅是其法符合历史发展的要求,取得了显著的社会和政治效果,更主要的是,商君之法在本质上与秦人的价值观念并行不悖。这样,经过法家改造过的秦国社会达到了富国强兵的目的,并蒸蒸日上,最终完成了统一中国的历史任务。

第二节　尊君而强国:韩非子的政治价值观

汉代以降,韩非子的思想就成为研究对象,但作为秦二代而亡的替罪羊之一,一直处于受批评的地位。而近代以来,受西方思想的影响,对韩非子思想的研究更上层楼,而且与政治现实紧密结合,不可避免的是,除了少数特定的时代,韩非子仍以宣扬专制主义思想而被批判。③ 进入 21 世纪,除文献学和语言学方面的研究,最重要的研究当属蒋重跃的《韩非子的政治

---

① 《荀子·强国》。
② 《韩非子·定法》。
③ 具体参见张觉:《历代〈韩非子〉研究述评》,载《传统中国研究集刊》第七辑,上海:上海人民出版社 2010 年版;张觉:《现代〈韩非子〉研究述评》,载《传统中国研究集刊》第九、十合辑,上海:上海人民出版社 2012 年版。

思想》(北京师范大学出版社 2010 年重版)和宋洪兵的《韩非子政治思想再研究》(中国人民大学出版社 2010 年版)。另,中国台湾地区则有陈蕙娟的《韩非子哲学新探》(台北:文史哲出版社 2004 年版)和张静雯的《韩非法治思想研究》(台北:花木兰文化出版社 2009 年版)等著作行世。综合看来,《韩非子》的研究堪称论著数量多,涉及领域广,论说校订精。虽然,本人仍不揣浅陋,从政治价值观的角度重述韩非子政治思想的精义。

一、韩非子政治价值观的形成

韩非子一整套的思想体系,与他个人的经历是分不开的。韩非子所在的韩国,在战国时代是相对弱小的国家。起初,它往往作为战国首强魏国的仆从国,后来,其生存空间又受到秦国的挤压。作为韩公族的韩非子,不可能不对此痛心疾首,"(韩)非见韩之削弱,数以书谏韩王,韩王不能用"。①因此,韩非子的政治思想是以韩国作为反面对象提出的,目的就是要矫正韩国政治的缺失。但对于一个弱国,他这一套思想很难甚至不可能实现;只有在强大的秦国,其理想或可得以施行。当然,秦国如果采用韩非子的政治主张,一定程度上会加速韩国的灭亡。

弱肉强食,在那个历史时期是一个规律。因此,韩非子特别重视从现实的角度和立场上思考问题。他要解决的,是韩国当时迫切需要解决的问题,即如何在各国之间残酷的竞争中生存下来。唯有政治措施具有实效,才有出路。韩非子对历史与现实进行了体察和总结,试图发现一个国家的生存和发展之道。

(一)对历史经验的总结和社会现实的考察

跟其他法家人物一样,韩非子反对言必称先王,认为"欲以先王之政,治当世之民",不过是"守株待兔"而已,他说:"圣人不期修古,不法常可,论世之事,因为之备。"因此持有历史进化论的思路,"上古竞于道德,中世逐于智谋,当今争于气力。"②而且他不止一次表示他的社会进步观:"古人亟

---

① 《史记·老子韩非列传》。
② 《韩非子·五蠹》(王先慎:《韩非子集解》本),北京:中华书局 1998 年版。下只注篇名。

于德,中世逐于智,当今争于力。"①诸如此类。

之所以有这样的历史演化,韩非子认为是因为社会变迁的结果,即所谓:"事因于世,而备适于事",或曰"世异则事异"、"事异则备变"。② 为什么呢?"古者寡事而备简,朴陋而不尽,故有珧铫而推车者。古者人寡而相亲,物多而轻利易让,故有揖让而传天下者。然则行揖让,高慈惠而道仁厚,皆推政也。处多事之时,用寡事之器,非智者之备也。当大争之世,而循揖让之轨,非圣人之治也。故智者不乘推车,圣人不行推政也。"③因此,韩非子认为,"夫古今异俗,新故异备,如欲以宽缓之政治急世之民,犹无辔策而御悍马,此不知之患也。"④他从历史经验总结的角度,"观往者得失之变",⑤实现对现实问题的考察。也正因为他是从历史和社会演进的角度总结政治发展的规律,韩非子政治思想带有强烈的现实性和功利性的特征。

第一,政治思想要有务实的精神,而不是虚言仁义道德。"不能具美食而劝饿人饭,不为能活饿者也;不能辟草生粟而劝贷施赏赐,不能为富民者也。今学者之言也,不务本作而好末事,知道虚圣以说民,此劝饭之说。劝饭之说,明主不受也。"⑥痛感"反举浮淫之蠹而加之于功实之上",⑦是他写作的动机之一。

第二,政治理论需要实践的检验,而不是画饼充饥。韩非子举例说,巫祝祈祷时总祝人长生,可是使人多活一天的应验都没有,因此人们看不起这些巫祝。儒家游说君主,也不谈如何治理国家,反而说一些过去治理国家的功绩;不去考察官府法令这样的事务,不了解奸诈邪恶的实情,而是称道上古流传的美谈和先王的功业。这跟那些巫祝有什么区别? 他因此指出:"无参验而必之者,愚也;弗能必而据之者,诬也。故明据先王,必定尧、舜

---

① 《韩非子·八说》。
② 《韩非子·五蠹》。
③ 《韩非子·八说》。
④ 《韩非子·五蠹》。
⑤ 《史记·老子韩非列传》。
⑥ 《韩非子·八说》。
⑦ 《史记·老子韩非列传》。

者,非愚则诬也。愚诬之学,杂反之行,明主弗受也。"①主张"明主举实事,
去无用;不道仁义者故,不听学者之言"。②

第三,历史和现实均证明,治国须持"实力"和"威势"的原则。实力是
一个国家生存、发展、壮大的前提和基础。韩非子说:"敌国之君王虽说吾
义,吾弗入贡而臣;关内之侯虽非吾行,吾必使执禽而朝。是故力多则人朝,
力寡则朝于人,故明君务力。夫严家无悍虏,而慈母有败子。吾以此知威势
之可以禁暴,而德厚之不足以止乱也。"③尚力而不尚义,是法家一贯的思想
传统。

(二)对其他学派尤其是对儒家学说的反思

韩非子精于对历史和现实的考量,这也形成了他的思想风格和思维方
式,那就是,在思考问题的时候,有着务实的态度和校验的动机,进而形成一
种务实效验的思维方式。

韩非子这一思想,是在对儒家的批判中彰显出来的,同时也体现了法家
"反智主义"的价值观。④

首先,主张用常守法,反对尚贤任智。

韩非子说:"先王以道为常,以法为本。本治者名尊,本乱者名绝。"⑤也
就是说,施政就要按照法律和社会既定秩序行事。对于儒家喜欢以尧舜禅
让故事为榜样,韩非子则大不以为然,他说:"父而让子,君而让臣,此非所
以定位一教之道也。臣之所闻曰:'臣事君,子事父,妻事夫。三者顺则天
下治,三者逆则天下乱。此天下之常道也,明王贤臣而弗易也。'则人主虽
不肖,臣不敢侵也。"⑥他又以父母与子女的关系立论:"明主之治国也,众其

---

① 《韩非子·显学》。
② 《韩非子·显学》。
③ 《韩非子·显学》。
④ 反智主义(anti-intellectualism),又称反智论,主要是指对智性(intellect)、知识的反对
或怀疑,认为智性或知识对于人生有害而无益的思潮。余英时曾对中国古代思想史上的反智
主义有详细论析,见余英时:《反智论与中国政治传统:论儒、道、法三家政治思想的分野与汇
流》,载《思想与历史》,台北:联经出版社公司 2014 年版,第1—48 页。
⑤ 《韩非子·饰邪》。
⑥ 《韩非子·忠孝》。

守而重其罪,使民以法禁而不以廉止。母之爱子也倍父,父令之行于子者十母;吏之于民无爱,令之行于民也万父母。父母积爱而令穷,吏用威严而民听从,严爱之筴亦可决矣。且父母之所以求于子也,动作则欲其安利也,行身则欲其远罪也;君上之于民也,有难则用其死,安平则尽其力。亲以厚爱关子于安利而不听,君以无爱利求民之死力而令行。明主知之,故不养恩爱之心,而增威严之势。故母厚爱处,子多败,推爱也;父薄爱教笞,子多善,用严也。"①从慈母多败子的现象,推论出过分强调仁、爱在政治统治上的弊端。

在《韩非子·忠孝》中,他进而指出:"废常、上贤则乱,舍法、任智则危。故曰:上法而不上贤。"其《五蠹篇》也说:"明主之道,一法而不求智,固术而不慕信,故法不败而群官无奸诈矣。"从严法的角度,反对儒家等学派"尚贤"、"任智"的主张。

其次,主张尚力赏功,反对游学言辩。

韩非子指出,"天下之众,其谈言者务为辩而不周于用","举先王言仁义者盈廷",因此"兵不免于弱,政不免于乱"。他还认为游学扰乱人心,是造成乱世的重要原因,而治世则应该是,"无书简之文,以法为教;无先王之语,以吏为师;无私剑之捍,以斩首为勇。是境内之民,其言谈者必轨于法,动作者归之于功,为勇者尽之于军。是故无事则国富,有事则兵强,此之谓王资。"②

而且,言辩最大的弊端就是以私利破坏公义。"凡说之务,在知饰所说之所矜而灭其所耻。彼有私急也,必以公义示而强之。其意有下也,然而不能已,说者因为之饰其美而少其不为也。其心有高也,而实不能及,说者为之举其过而见其恶而多其不行也。"③

最后,批判儒家的仁、礼观念。

"仁"是儒家的核心理念之一,但韩非子认为对仁的追求并不能达到治世的目的,他认定儒家讲究"仁",是唯恐"民有倍心",所以才大讲"教民怀

---

① 《韩非子·六反》。
② 《韩非子·五蠹》。
③ 《韩非子·说难》。

惠"以"悦近而来远"的。但是,这样做的弊端也十分的明显,而且后果也相当的严重,"惠之为政,无功者受赏,则有罪者免,此法之所以败也。法败而政乱,以乱政治败民,未见其可也。"①韩非子甚至把儒家人物当成是"五蠹"之一,儒家学说乃"乱国之俗"："其学者,则称先王之道以籍仁义,盛容服而饰辩说,以疑当世之法而贰人主之心。其言古者,为设诈称,借于外力,以成其私而遗社稷之利……人主不除此五蠹之民,不养耿介之士,则海内虽有破亡之国,削灭之朝,亦勿怪矣。"②

有道之主,应该破除仁义,而以法为先。"有道之主,远仁义,去智能,服之以法。是以誉广而名威,民治而国安,知用民之法也。"③

（三）对人性的考察

跟战国中期的思想潮流一致,韩非子也注重从人的角度思考问题,尤其是关注人性与政治的关系。

首先,韩非子认为人性是趋名利的。他以家庭关系为例,说"父母之于子也,产男则相贺,产女则杀之。此俱出父母之怀衽,然男子受贺,女子杀之者,虑其后便,计之长利也。故父母之于子也,犹用计算之心以相待也,而况无父子之泽乎!"④父母子女有亲,何况君臣之间! 而且,"民之急名也,甚其求利也。"⑤

其次,韩非子认为人性是好逸恶劳的。"夫民之性,恶劳而乐佚。佚则荒,荒则不治,不治则乱,而赏刑不行于天下者必塞。故欲举大功而难致而力者,大功不可几而举也;欲治其法而难变其故者,民乱不可几而治也。故治民无常,唯治为法。法与时转则治,法与世宜则有功。故民朴,而禁之以名则治,世知,维之以刑则从。时移而治不易者乱,能治众而禁不变者削。故圣人之治民也,法与时移而禁与能变。"⑥

再次,韩非子认为人性是趋利避害的。"好利恶害,夫人之所有也。赏

①《韩非子·难三》。
②《韩非子·五蠹》。
③《韩非子·说疑》。
④《韩非子·六反》。
⑤《韩非子·诡使》。
⑥《韩非子·心度》。

厚而信,人轻敌矣;刑重而必,失人不北矣。长行徇上,数百不一失。喜利畏罪,人莫不然。将众者不出乎莫不然之数,而道乎百无一人之行,行人未知用众之道也。"①

最后,正因为人性是好逸恶劳、趋利避害的,所以,韩非子认为人性须以利诱使,以刑引导。

政策的制定必须考虑人性的因素。《韩非子·八经》云:"凡治天下,必因人情。人情者有好恶,故赏罚可用;赏罚可用则禁令可立,而治道具矣。君执柄以处势,故令行禁止。柄者,杀生之制也;势者,胜众之资也。废置无度则权渎,赏罚下共则威分。是以明主不怀爱而听,不留说而计。故听言不参则权分乎奸,智力不用则君穷乎臣。故明主之行制也天,其用人也鬼。天则不非,鬼则不困。势行教严,逆而不违,毁誉一行而不议。故赏贤罚暴举善之至者也;赏暴罚贤举恶之至者也,是谓赏同罚异。赏莫如厚,使民利之;誉莫如美,使民荣之;诛莫如重,使民畏之;毁莫如恶,使民耻之。然后一行其法,禁诛于私家,不害。功罪赏罚必知之,知之,道尽矣。"掌握了人性的弱点,人就容易被控制。

人好利禄,则可以在利益上满足。"人民众而货财寡,事力劳而供养薄,故民争,虽倍赏累罚而不免于乱。"②而同时,人恶刑罚,则可以力屈人,实行重罚的手段。《韩非子·五蠹》云:"今有不才之子,父母怒之弗为改,乡人谯之弗为动,师长教之弗为变。夫以父母之爱,乡人之行,师长之智,三美加焉而终不动,其胫毛不改;州部之吏,操官兵,推公法而求索奸人,然后恐惧,变其节,易其行矣。故父母之爱不足以教子,必待州部之严刑者,民固骄于爱听于威矣。"

韩非子多次强调严刑峻法的思想,"明王峭其法而严其刑也。布帛寻常,庸人不释;铄金百溢,盗跖不掇。不必害则不释寻常,必害手则不掇百溢,故明主必其诛也。是以赏莫如厚而信,使民利之;罚莫如重而必,使民畏之;法莫如一而固,使民知之。故主施赏不迁,行诛无赦。誉辅其赏,毁随其

---

① 《韩非子·难二》。
② 《韩非子·五蠹》。

罚,则贤不肖俱尽其力矣。"①跟商鞅一样,严刑峻法的理论基础是基于对人性的判定。

(四)韩非子思想的学术渊源

作为韩国"诸公子"的韩非子,无疑受到了申不害的影响。申不害的思想是法家思想发展史上重要一环,其以强调"术"为特色。韩昭侯时,申不害曾在韩国主持变法,虽然这场改革运动没有最终扭转韩国发展的颓势,但是这一学术支脉在韩国应该留下学术传承。韩非子虽然说是集法家之大成,但实际上,"术"的思想在他思想体系中明显备受重视。

另外,"道生法"。② 韩非子思想的另一基础乃是老子哲学。《史记·老子韩非列传》云:"喜刑名法术之学,而其归本于黄老。"其末太史公曰:"原于道德之意,而老子深远矣。"从思想脉络上看正是如此,《韩非子·主道》云:"道者,万物之始,是非之纪也。是以明君守始以知万物之源,治纪以知善败之端。故虚静以待令,令名自命也,令事自定也。虚则知实之情,静则知动者正。有言者自为名,有事者自为形。形名参同,君乃无事焉,归之其情。"可见,他也是把"道"作为世界万物的起源的。另外,他还讲"虚"、"静"等概念,这些无疑也是道家思想的范畴。众所周知,《韩非子》一书有《解老》、《喻老》两篇,也是对《老子》及老子学派思想的阐发、继承的明证。③

二、韩非子的政治价值观及逻辑演进

韩非子政治思想的核心目标,归根结底就是实现富国强兵,使一国在激烈的生存竞争中胜出,免于被兼并的命运。但他并没有过多地从生产、经济

---

① 《韩非子·五蠹》。

② 关于"道生法",即法家与道家在思想上的继承关系,应该是战国秦汉思想界的共识,1973 年长沙马王堆出土的帛书《黄帝四经》之《经法》开篇即曰:"道生法。"见余明光:《黄帝四经与黄老思想》附录《黄帝四经》注释",哈尔滨:黑龙江人民出版社 1989 年版,第 249 页。另,传世文献《鹖冠子·兵政》曰:"贤生圣,圣生道,道生法,法生神,神生明。"《管子·心术上》亦曰:"事督乎法,法出乎权,权出乎道。"亦可为证。

③ 详见王晓波:《解老、喻老:韩非对老子哲学的诠释和改造》,《台大文史哲学报》1999年卷(第 51 期)。

的角度上考虑问题,他更关注的,是国君的权力集中和独大。韩非子认为,人主收拢权力,集所有权力于一身而达于至尊,国家就会强大。主尊,是强国的前提和条件。因此,韩非子对政治价值观的论证,即是围绕如何加强君主的权力而展开的。

韩非子指出,首先要保证人主最尊崇的地位。在这个前提下,国家、权势都只是工具而已。"国者,君之车也;势者,君之马也。夫不处势以禁诛擅爱之臣,而必德厚以与天下齐行以争民,是皆不乘君之车,不因马之利,释车而下走者也。"①《韩非子·心度》云:"国之所以强者,政也;主之所以尊者,权也。""明君操权而上重,一政而国治。"从这里我们知道,主尊而国强,就是韩非子的核心政治价值观。

为达到这个目的,第一,必须集权于人主,防止君主权力被臣下分割。"万乘之患,大臣太重;千乘之患,左右太信;此人主之所公患也。"②"爱臣太亲,必危其身;人臣太贵,必易主位;主妾无等,必危嫡子;兄弟不服,必危社稷。臣闻千乘之君无备,必有百乘之臣在其侧,以徙其民而倾其国;万乘之君无备,必有千乘之家在其侧,以徙其威而倾其国。是以奸臣蕃息,主道衰亡。是故诸侯之博大,天子之害也;群臣之太富,君主之败也。将相之管主而隆国家,此君人者所外也。万物莫如身之至贵也,位之至尊也,主威之重,主势之隆也。此四美者,不求诸外,不请于人,议之而得之矣。故曰:人主不能用其富,则终于外也。此君人者之所识也。"③

韩非子进而指出,"人臣有大罪,人主有大失。"何为大罪、大失?"大臣挟愚污之人,上与之欺主,下与之收利,侵渔朋党,比周相与,一口惑主败法,以乱士民,使国家危削,主上劳辱,此大罪也。臣有大罪而主弗禁,此大失也。使其主有大失于上,臣有大罪于下,索国之不亡者,不可得也。"④为保证臣无大罪、主无大失,必须保持君主的大权不失。

第二,集权的目的是"自恃"。"自恃"是指在垄断权力以后,对臣下保

---

① 《韩非子·外储说右上》。
② 《韩非子·孤愤》。
③ 《韩非子·爱臣》。
④ 《韩非子·孤愤》。

持决策、思想甚至精神上的优势。这一点,无论是对于国内还是国外,都是不乱之术。"能越力于地者富,能起力于敌者强,强不塞者王。故王道在所闻,在所塞,塞其奸者必王。故王术不恃外之不乱也,恃其不可乱也。恃外不乱而治立者削,恃其不可乱而行法者兴。故贤君之治国也,适于不乱之术。贵爵则上重,故赏功爵任而邪无所关。好力者其爵贵,爵贵则上尊,上尊则必王。国不事力而恃私学者,其爵贱,爵贱则上卑,上卑者必削。故立国用民之道也,能闭外塞私而上自恃者,王可致也。"①

第三,确定是非的标准,尤其在政治标准和价值标准上,人主的标准为唯一标准。《韩非子·难三》说:"明君求善而赏之,求奸而诛之,其得之一也。故以善闻之者,以说善同于上者也;以奸闻之者,以恶奸同于上者也。此宜赏誉之所及也。不以奸闻,是异于上而下比周于奸者也,此宜毁罚之所及也。"在这里,他以反证的方法验证了如果君主不把确定是非标准的权力抓在手中,后果是多么的严重。

第四,为了达到集权的目的,必须实行强权政治,对可能出现的奸臣、奸行时刻提防、不断防治。人臣如果不能为人主所控制,"赏之誉之不劝,罚之毁之不畏,四者加焉不变,则除之"。② 若有擅主之臣,更要严厉打击。"凡人之大体,取舍同者则相是也,取舍异者则相非也。今人臣之所誉者,人主之所是也,此之谓同取;人臣之所毁者,人主之所非也,此之谓同舍。夫取舍合而相与逆者,未尝闻也,此人臣之所以取信幸之道也。夫奸臣得乘信幸之势以毁誉进退群臣者,人主非有术数以御之也,非参验以审之也,必将以襄之合己信今之言,此幸臣之所以得欺主成私者也。故主必蔽于上,而臣必重于下矣。此之谓擅主之臣。"③

第五,强调术治、法治的必要性和重要性。《韩非子·问田》云:"立法术,设度数,所以利民萌便众庶之道也。"所有的一切,都必须保证人主对行政和社会事务判断的独立性。"夫不变古者,袭乱之迹;适民心者,恣奸之行也。民愚而不知乱,上懦而不能更,是治之失也。人主者,明能知治,严必

---

① 《韩非子·心度》。
② 《韩非子·外储说右上》。
③ 《韩非子·奸劫弑臣》。

行之,故虽拂于民心,立其治。"①要实现这一点,采用人主南面之术是必不可少的。《和氏》云:"主用术,则大臣不得擅断,近习不敢卖重;官行法,则浮萌趋于耕农,而游士危于战陈。则法术者乃群臣士民之所祸也。人主非能倍大臣之议,越民萌之诽,独周乎道言也,则法术之士虽至死亡,道必不论矣。"

在韩非子的思想体系中,关于法、术、势的关系安排,他说过:"抱法处势";②又说:"服术行法。"③但是,仔细考究会发现,在他的心目中,"势"是占第一位的,"法"和"术"都从属于势,而且是"势"的条件和前提。④

为什么韩非子要以"法"和"术"来支撑"势"呢?

首先,韩非子认为,势治是因人而异的,并不具有普遍的意义。《韩非子·难势》云:"其人以尧之势以治天下也,其势何以异桀之势也乱天下者也。夫势者,非能必使贤者用己,而不肖者不用己也。贤者用之则天下治,不肖者用之则天下乱。人之情性,贤者寡而不肖者众,而以威势之利济乱世之不肖人,则是以势乱天下者多矣,以势治天下者寡矣。夫势者,便治而利乱者也。"

"势",明主可用,而乱主也可用,"势"不过是统治手段的一种而已。如果一味地强调势治,则是不明智的表现。"势者,养虎狼之心,而成暴乱之事者也,此天下之大患也。势之于治乱,本末有位也,而语专言势之足以治天下者,则其智之所至者浅矣。"⑤

所以,"势"的维系更需要条件,这个条件就是"中"。"世之治者不绝于中,吾所以为言势者中也。中者,上不及尧、舜而下亦不为桀、纣,抱法处势则治,背法去势则乱。今废势背法而待尧、舜,尧、舜至乃治,是千世乱而一

---

① 《韩非子·南面》。

② 《韩非子·难势》。

③ 《韩非子·亡征》。

④ 法家的思想谱系中,韩非子集法、术、势之大成,已无疑意,但三者关系如何? 是势先、法先还是以术为先,则仍存聚讼。蒋重跃新近提出"法、术、势的循环互补"之说,但"集大成"似本来即有三者互融互补之意。该论详见蒋重跃:《韩非子的政治思想》,北京:北京师范大学出版社 2010 年版。

⑤ 《韩非子·难势》。

治也；抱法处势而待桀、纣，桀、纣至乃乱，是千世治而一乱也。且夫治千而乱一，与治一而乱千也，是犹乘骥骝而分驰也，相去亦远矣。夫弃隐栝之法，去度量之数，使奚仲为车，不能成一轮；无庆赏之劝，刑罚之威，释势委法，尧、舜户说而人辩之，不能治三家。"①

另外，在政治统治中，有若干条件需要衡量，而"势"只是其中之一。"明君之所以立功成名者四：一曰天时，二曰人心，三曰技能，四曰势位。非天时，虽十尧不能冬生一穗；逆人心，虽贲、育不能尽人力。故得天时则不务而自生，得人心则不趣而自劝，因技能则不急而自疾，得势位则不进而名成。若水之流，若船之浮，守自然之道，行毋穷之令，故曰明主。"②

所以，"势"不可以单行，必须以"法"和"术"辅之。这大概即是韩非子统合法家思想、为其集大成的根本原因。"势"，只有在"法"与"术"的支撑下，才能成为君主有力统治的充分条件。《韩非子·喻老》云："势重者，人君之渊也。君人者，势重于人臣之间，失则不可复得矣。"而《韩非子·内储说下六微》亦云："势重者，人主之渊也；臣者，势重之鱼也。鱼失于渊而不可复得也，人主失其势重于臣而不可复收也。"

因此，凡有为的君主是必须要认真对待"势"的。"凡明主之治国也，任其势。势不可害，则虽强天下无奈何也，而况孟常、芒卯、韩、魏能奈我何？其势可害也，则不肖如如耳、魏齐及韩、魏犹能害之。然则害与不侵，在自恃而已矣，奚问乎？自恃其不可侵，则强与弱奚其择焉？夫不能自恃，而问其奈何也，其不侵也幸矣。"③有了"势"，君主才能集众力以为己用。"权势不可以借人，上失其一，臣以为百。故臣得借则力多，力多则内外为用，内外为用则人主壅。"④如果没有势，那是什么事都做不成。"夫有材而无势，虽贤不能制不肖。""桀为天子，能制天下，非贤也，势重也；尧为匹夫，不能正三家，非不肖也，位卑也。"⑤

①　《韩非子·难势》。
②　《韩非子·功名》。
③　《韩非子·难三》。
④　《韩非子·内储说下六微》。
⑤　《韩非子·功名》。

韩非子同样从人性的角度指出,"且民者固服于势,寡能怀于义。""民者固服于势。势诚易以服人,故仲尼反为臣,而哀公顾为君。仲尼非怀其义,服其势也。故以义则仲尼不服于哀公,乘势则哀公臣仲尼。今学者之说人主也,不乘必胜之势,而务行仁义则可以王,是求人主之必及仲尼,而以世之凡民皆如列徒,此必不得之数也。"①只有有了"势",人主才能被尊崇,才可以指挥调动人臣。"势",是权力的保障,是术治和法治之先应该达到的目标。先"势"而后"法"、"术",这才是韩非子政治思想的逻辑序列。

如此,则君主要时刻对人臣处于高压的状态。《韩非子·扬权》云:"有国之君,不大其都;有道之臣,不贵其家;有道之君,不贵其臣。贵之富之,备将代之。"《功名》亦云:"短之临高也以位,不肖之制贤也以势。人主者,天下一力以共载之,故安;众同心以共立之,故尊;人臣守所长,尽所能,故忠。以尊主御忠臣,则长乐生而功名成。"保住了"势",政治才能稳定,国家才能长治久安。

三、韩非子思想中的"法"与"法治"

法家重"法",是该派思想的应有之义,但其不同的学术支派,对"法"的理解和重视的侧重点略有不同。在韩非子看来,立法、尊法的目的就是强国。《韩非子·有度》云:"国无常强,无常弱。奉法者强则国强;奉法者弱则国弱。"有度就是有法度,这就体现了韩非子的法治思想。

(一)法治是强国的手段

韩非子认为,"今皆亡国者,其群臣官吏皆务所以乱而不务所以治也。其国乱弱矣,又皆释国法而私其外,则是负薪而救火也,乱弱甚矣!"又说:"当今之时,能去私曲就公法者,民安而国治;能去私行公法者,则兵强而敌弱。故审得失有法度之制者加以群臣之上,则主不可欺以诈伪;审得失有权衡之称者以听远事,则主不可欺以天下之轻重。"②

行法,则民安国治,非是则其国乱弱。其实,早在商鞅那里"法即是公"

---

① 《韩非子·五蠹》。
② 《韩非子·有度》。

的观念已经形成,尊法是为了体现国家的利益,而为国家即是为君主。所以,法治的实质是为了君主,法治其实是人主统治的手段。

首先,"法"是控制人臣的手段,《韩非子·南面》云:"人主不能明法而以制大臣之威,无道得小人之信矣。人主释法而以臣备臣,则相爱者比周而相誉,相憎者朋党而相非。非誉交争,则主惑乱矣。人臣者,非名誉请谒无以进取,非背法专制无以为威,非假于忠信无以不禁,三者,惛主坏法之资也。人主使人臣虽有智能不得背法而专制,虽有贤行不得逾功而先劳,虽有忠信不得释法而不禁,此之谓明法。"

另外,"法"被作为政治秩序和社会秩序的外在规范。韩非子说:"行义示则主威分,慈仁听则法制毁。民以制畏上,而上以势卑下,故下肆很触而荣于轻君之俗,则主威分。民以法难犯上,而上以法挠慈仁,故下明爱施而务赇纹之政,是以法令隳。尊私行以贰主威,行赇纹以疑法,听之则乱治,不听则谤主,故君轻乎位而法乱乎官,此之谓无常之国。明主之道,臣不得以行义成荣,不得以家利为功。功名所生,必出于官法。法之所外,虽有难行,不以显焉,故民无以私名。设法度以齐民,信赏罚以尽能,明诽誉以劝沮;名号、赏罚、法令三隅,故大臣有行则尊君,百姓有功则利上,此之谓有道之国也。"[1]

在这里,韩非子反对儒家的仁和义,而强调法律以及公义的重要性,因为行义或慈仁都可能会导致国君权威的丧失,导致国家的利益受损。有道之国,就是要在法治的条件下,尊君利上。正是从这个意义上讲,韩非子认为,法治是明主必备的条件。"明主之道忠法,其法忠心,故临之而法,去之而思。尧无胶漆之约于当世而道行,舜无置锥之地于后世而德结。能立道于往古,而垂德于万世者之谓明主。"[2]

韩非子的"法"既然也具有"公"的特征,那么肯定也具有普遍的意义。《韩非子·有度》即云:"明主使其群臣不游意于法之外,不为惠于法之内,动无非法。法,所以凌过游外私也,严刑,所以遂令惩下也。威不贷错,制不

---

[1] 《韩非子·八经》。
[2] 《韩非子·安危》。

共门。威制共则众邪彰矣,法不信则君行危矣,刑不断则邪不胜矣。"又云:"夫为人主而身察百官,则日不足力不给。且上用目则下饰观,上用耳则下饰声,上用虑则下繁辞。先王以三者为不足,故舍己能而因法数,审赏罚。先王之所守要,故法省而不侵。独制四海之内,聪智不得用其诈,险躁不得关其佞,奸邪无所依。远在千里外,不敢易其辞;势在郎中,不敢蔽善饰非。朝廷群下直凑单微,不敢相逾越。故治不足而日有余,上之任势使然也。"也正因如此,法治才能让君主从繁重的社会治理活动中解脱出来,才能使行政更有效率。

法治的好处还在于,明主既然可能有时可遇而不可求,那么因为有法令在,假如庸主在位,也可以保证正常的统治秩序和社会的有序、稳定运行。因此,韩非子说:"立法非所以备曾、史也,所以使庸主能止盗跖也;为符非所以豫尾生也,所以使众人不相谩也。不恃比干之死节,不幸乱臣之无诈也;恃怯之所能服,握庸主之所易守。当今之世,为人主忠计,为天下结德者,利莫长于此。故君人者无亡国之图,而忠臣无失身之画。明于尊位必赏,故能使人尽力于权衡,死节于官职。通贲、育之情,不以死易生,惑于盗跖之贪,不以财易身,则守国之道毕备矣。"[①]

因为法律的重要性,韩非子一再提出"明法"的要求。《韩非子·饰邪》云:"明法者强,慢法者弱。强弱如是其明矣,而世主弗为,国亡宜矣。"那什么是"明法"?《南面》则云:"人臣者,非名誉请谒无以进取,非背法专制无以为威,非假于忠信无以不禁,三者,惛主坏法之资也。人主使人臣虽有智能不得背法而专制,虽有贤行不得逾功而先劳,虽有忠信不得释法而不禁,此之谓明法。"所以说韩非子鼓吹建立一个"法治"社会并不为过,只是法家的"法治"社会与现代政治思想视野中的"法治"有着根本的不同。

(二)韩非子法治思想的精神

那么,在韩非子的法治视野里,法应该具有怎样的精神呢?

第一,法治的精神是平等。

《韩非子·有度》云:"以法治国,举措而已矣。法不阿贵,绳不挠曲。

---

① 《韩非子·守道》。

法之所加,智者弗能辞,勇者弗敢争。刑过不辟大臣,赏善不遗匹夫。"用现代的话说,"法律面前人人平等。"韩非子还说:"贵贱不相逾,愚智提衡而立,治之至也。"①当然,这个平等不是人与人之间的平等,而是为君主效力的平等。这是法家认为的社会治理的最高境界。

第二,法治的精神是公正。

在《韩非子·八奸》中,记述了八种奸术以及如何防治的措施,其中最重要的防治措施就是刑赏要公平。韩非子说:"明主之为官职爵禄也,所以进贤材劝有功也。故曰:贤材者,处厚禄任大官;功大者,有尊爵受重赏。官贤者量其能,赋禄者称其功。是以贤者不诬能以事其主,有功者乐进其业,故事成功立。"②

韩非子认为,做到这一点,就要"明于治之数","治之数"在赏罚得当、行法公正。《饰邪》云:"明于治之数,则国虽小,富;赏罚敬信,民虽寡,强。赏罚无度,国虽大兵弱者,地非其地,民非其民也。"

维持"法"的公正性是君主的素质之一,"小信成则大信立,故明主积于信。赏罚不信,则禁令不行。"③而且,刑赏的公平性还关涉到政治安危。《饰邪》即云:"主过予则臣偷幸,臣徒取则功不尊,无功者受赏则财匮而民望,财匮而民望则民不尽力矣。故用赏过者失民,用刑过者民不畏。有赏不足以劝,有刑不足以禁,则国虽大,必危。"

因此韩非子极力主张:"赏厚而信,罚严而必。"④只有赏罚公平,才能上下相得。"圣王之立法也,其赏足以劝善,其威足以胜暴,其备足以必完法。治世之臣,功多者位尊,力极者赏厚,情尽者名立。善之生如春,恶之死如秋,故民劝极力而乐尽情。此之谓上下相得。上下相得,故能使用力者自极于权衡,而务至于任鄙;战士出死,而愿为贲、育;守道者皆怀金石之心,以死子胥之节。用力者为任鄙,战如贲、育,中为金石,则君人者高枕而守己

①《韩非子·有度》。
②《韩非子·八奸》。
③《韩非子·外储说左上》。
④《韩非子·内储说上七术》。

完矣。"①

在这里,韩非子提到了两种公平:一是无论地位高低都要行公平之原则,二是功绩与官爵一定要对等。他尤其重视第二种公平,公平就是要做到罪罚相当。《韩非子·奸劫弑臣》云:"圣人之治国也,赏不加于无功,而诛必行于有罪者也。然则有术数者之为人也,固左右奸臣之所害,非明主弗能听也。"这样,则"以罪受诛,人不怨上……以功受赏,臣不德君……上不过任,臣不诬能。"②

第三,法治的精神在"公"。

在韩非子看来,"法",必须体现国家亦即君主的利益,因此法律一定是要"废私"而立公。他说:"夫立法令者以废私也,法令行而私道废矣。私者,所以乱法也……故《本言》曰:'所以治者法也;所以乱者私也。法立,则莫得为私矣。'故曰:道私者乱,道法者治。上无其道,则智者有私词,贤者有私意。上有私惠,下有私欲,圣智成群,造言作辞,以非法措于上。上不禁塞,又从而尊之,是教下不听上,不从法也。"③

法律以杜绝人臣和民众的私心、私利损害君主和国家的利益为能事,要时时刻刻做到公私分明。"禁主之道,必明于公私之分,明法制,去私恩。夫令必行,禁必止,人主之公义也;必行其私,信于朋友,不可为赏劝,不可为罚沮,人臣之私义也。私义行则乱,公义行则治,故公私有分……故曰:公私不可不明,法禁不可不审,先王知之矣。"④

立法为公,就要杜人臣之私。《韩非子·饰邪》云:"舍常法而从私意,则臣下饰于智能;臣下饰于智能,则法禁不立矣。是妄意之道行,治国之道废也。治国之道,去害法者,则不惑于智能,不矫于名誉矣。"

当然,杜人臣之私并不是剥夺他们的所有利益需求,而是让他们知道,只有效忠于君主和国家,才最符合自己的利益。因为只有必须尊公、为公,才是富贵之途。"任事者毋重,使其宠必在爵;处官者毋私,使其利必在禄;

---

① 《韩非子·守道》。
② 《韩非子·外储说左下》。
③ 《韩非子·诡使》。
④ 《韩非子·饰邪》。

故民尊爵而重禄。爵禄所以赏也，民重所以赏也则国治……明主之道，赏必出乎公利，名必在乎为上。赏誉同轨，非诛俱行，然则民无荣于赏之内。有重罚者必有恶名，故民畏。罚所以禁也，民畏所以禁则国治矣。"①

第四，法治的精神在于严刑。

《韩非子·有度》云："厉官威民，退淫殆，止诈伪，莫如刑。"在重刑的态度上，韩非子与商鞅是一致的，他强调，君主一定要明白，政治统治和社会治理必须明法严刑，这是维持良好政治、社会秩序的保证。"其治国也，正明法，陈严刑，将以救群生之乱，去天下之祸，使强不凌弱，众不暴寡，耆老得遂，幼孤得长，边境不侵，群臣相亲，父子相保，而无死亡系虏之患，此亦功之至厚者也。"②有人可能从体恤百姓的角度出发主张轻刑慎罚，正如儒家所主张的那样，而若果真如此，百姓可能会高兴，但国家则会陷于危殆。所以，违法一定要惩罚，而且一定要重罚。韩非子举例说明，"古者先王尽力于亲民，加事于明法。彼法明，则忠臣劝；罚必，则邪臣止。忠劝邪止而地广主尊者，秦是也；群臣朋党比周以隐正道，行私曲而地削主卑者，山东是也。乱弱者亡，人之性也；治强者王，古之道也。"③因此，韩非子仍主张利出一孔，以刑去刑。他说："公孙鞅之法也重轻罪。重罪者，人之所难犯也；而小过者，人之所易去也。使人去其所易，无离其所难，此治之道。夫小过不生，大罪不至，是人无罪而乱不生也。"④

而为什么要重罚？还因为历史的经验证明，重罚才有效。《韩非子·守道》称："古之善守者，以其所重禁其所轻，以其所难止其所易。故君子与小人俱正，盗跖与曾、史俱廉。"韩非子不止一次强调严刑重罚，这也是自商鞅以降法家的主流思想，《奸劫弑臣》云："圣人陈其所畏以禁其邪，设其所恶以防其奸。是以国安而暴乱不起。吾以是明仁义爱惠之不足用，而严刑重罚之可以治国也。"又云："善为主者，明赏设利以劝之，使民以功赏而不以仁义赐；严刑重罚以禁之，使民以罪诛而不以爱惠免。是以无功者不望，

---

① 《韩非子·八经》。
② 《韩非子·奸劫弑臣》。
③ 《韩非子·饰邪》。
④ 《韩非子·内储说上七术》。

而有罪者不幸矣。"

《韩非子·饬令》又强调:"重刑少赏,上爱民,民死赏;多赏轻刑,上不爱民,民不死赏。利出一空者,其国无敌;利出二空者,其兵半用;利出十空者,民不守。重刑明民,大制使人,则上利。行刑重其轻者,轻者不至,重者不来,此谓以刑去刑。罪重而刑轻,刑轻则事生,此谓以刑致刑,其国必削。"轻罪重罚不仅不是苛政,反而是善政,因为它能让民众不敢犯罪,从而保全自己。

第五,法治的精神在于反智。

法家对于法律的立场之一,那就是立法必须详尽、明了。"书约而弟子辩,法省而民讼简。是以圣人之书必著论,明主之法必详尽事。"①愚者不明于世道,因此需要详细、明晰的法律使之易于了解。于是立法就有了"反智主义"的要求。以法为本,以吏为师,则社会安宁。只有"法"是思想的标准,其他任何学说,只要是不轨于法的,都是必须禁除的。

韩非子指出,"道法万全,智能多失。夫悬衡而知平,设规而知圆,万全之道也……释规而任巧,释法而任智,惑乱之道也。乱主使民饰于智,不知道之故,故劳而无功。释法禁而听请谒,群臣卖官于上,取赏于下,是以利在私家而威在群臣。故民无尽力事主之心,而务为交于上。民好上交,则货财上流,而巧说者用;若是,则有功者愈少。奸臣愈进而材臣退,则主惑而不知所行,民聚而不知所道。此废法禁、后功劳、举名誉、听请谒之失也。凡败法之人,必设诈托物以来亲,又好言天下之所希有,此暴君乱主之所以惑也,人臣贤佐之所以侵也。"②他反对"任智"和"巧说",因为这会破坏法律的权威。为此,《韩非子·问辩》曰:"明主之国,令者,言最贵者也;法者,事最适者也。言无二贵,法不两适,故言行而不轨于法令者必禁。若其无法令而可以接诈应变、生利揣事者,上必采其言而责其实。言当,则有大利;不当,则有重罪。是以愚者畏罪而不敢言,智者无以讼。此所以无辩之故也。乱世则不然:主上有令,而民以文学非之;官府有法,民以私行矫之。人主顾渐其

---

① 《韩非子·八说》。

② 《韩非子·饬邪》。

法令而尊学者之智行，此世之所以多文学也。夫言行者，以功用为之的彀者也。"

而且用法律来统一民众的思想是韩非子的一贯主张。《韩非子·有度》云："矫上之失，诘下之邪，治乱决缪，绌羡齐非，一民之轨，莫如法。"《韩非子·心度》亦云："夫国事务先而一民心，专举公而私不从，赏告而奸不生，明法而治不烦。能用四者强，不能用四者弱。"在强国的四个条件中，统一民众的思想和价值观被韩非子放置到第一位，可见他对此的重视。

韩非子的政治理想，正是通过"法治"的渠道，达到国富兵强的目的。"圣人之治也，审于法禁，法禁明著则官法；必于赏罚，赏罚不阿则民用。官官治则国富，国富则兵强，而霸王之业成矣。"①

四、韩非子的"术"与"术治"

前文已述，法家有法、术、势三大支派，虽说韩非子为法家之集大成者，但是，如果仔细梳理韩非子的思想体系，可以发现，韩非子对于三者还是略有区别对待的，"势"之外，对"术"及"术治"也甚为重视。

韩非子首先从历史的角度考析了法家思想的流变，指出了"法"与"术"的内容和意涵。他说："今申不害言术，而公孙鞅为法。术者，因任而授官，循名而责实，操杀生之柄，课群臣之能者也。此人主之所执也。法者，宪令著于官府，刑罚必于民心，赏存乎慎法，而罚加乎奸令者也。此臣之所师也。君无术则弊于上，臣无法则乱于下，此不可一无，皆帝王之具也。"②

又说："人主之大物，非法则术也。法者，编著之图籍，设之于官府，而布之于百姓者也。术者，藏之于胸中，以偶众端而潜御群臣者也。故法莫如显，而术不欲见。是以明主言法，则境内卑贱莫不闻知也，不独满于堂；用术，则亲爱近习莫之得闻也，不得满室。"③

为什么韩非子要尊崇"术"呢？

因为"术"对君主来说，同样有着极高的必要性，君主要维护自己的权

---

① 《韩非子·六反》。
② 《韩非子·定法》。
③ 《韩非子·难三》。

威和独尊性,只有以术驭人。韩非子说:"人主无法术以御其臣,虽长年而美材,大臣犹将得势,擅事主断,而各为其私急。而恐父兄豪杰之士,借人主之力以禁诛于己也,故弑贤长而立幼弱,废正嫡而立不义。"①术治,是人主使人臣甘心效忠的手段。"臣得陈其忠而不弊,下得守其职而不怨。此管仲之所以治齐,而商君之所以强秦也。"②如果国君能熟练掌握术治的精神和原则,那么,"万乘之主,有能服术行法以为亡征之君风雨者,其兼天下不难矣。"③

(一)"术治"的政治意涵

没有证据表明韩非子曾经有过实际的政治经验,但他也制定出了一些细密的具体的可以操作的统治方法。比如,在《韩非子·扬权》中,韩非子提出了君主统治的一系列纲领性政治原则;又比如在《韩非子·内储说上七术》中,又提出所谓"七术"的问题:"主之所用也七术,所察也六微。七术:一曰众端参观,二曰必罚明威,三曰信赏尽能,四曰一听责下,五曰疑诏诡使,六曰挟知而问,七曰倒言反事。此七者,主之所用也。"

不仅于此,通过对《韩非子》全书综合考察,可以发现韩非子的术治思想大致有三个方面的意涵。

第一,术治即无为。

韩非子受老子思想的影响,老子讲为政贵"虚静",韩非子也讲"虚静";老子讲"无为",韩非子也讲"无为"。但韩非子对老子的"无为",有继承,有改造,也有发展。

《韩非子·主道》说:"人主之道,静退以为宝。不自操事而知拙与巧,不自计虑而知福与咎。是以不言而善应,不约而善增。言已应则执其契;事已增则操其符。符契之所合,赏罚之所生也。故群臣陈其言,君以其言授其事,事以责其功。功当其事,事当其言则赏;功不当其事,事不当其言则诛。"君主在实际的政治治理过程中,不妨"静退",所要做的,只需掌握赏罚的标准即可。

---

① 《韩非子·奸劫弑臣》。
② 《韩非子·奸劫弑臣》。
③ 《韩非子·亡征》。

因此可见，虚静的政治意义即在于执要。无为不是无所作为，而是抓住政治中的首要问题来解决。《韩非子·扬权》曰："事在四方，要在中央。圣人执要，四方来效。虚而待之，彼自以之。四海既藏，道阴见阳。左右既立，开门而当。勿变勿易，与二俱行。行之不已，是谓履理也。""谨修所事，待命于天，毋失其要，乃为圣人。"

另外，执要还是指君主无须事必躬亲，"圣人不亲细民，明主不躬小事。"只要管好官吏即可，这样可以事半而功倍，"人主者，守法责成以立功者也。闻有吏虽乱而有独善之民，不闻有乱民而有独治之吏，故明主治吏不治民。"又说："吏者，民之本纲者也，故圣人治吏不治民。"①

韩非子进而提出"术断"的思路。《韩非子·八说》云："酸甘咸淡，不以口断而决于宰尹，则厨人轻君而重于宰尹矣。上下清浊，不以耳断而决于乐正，则瞽工轻君而重于乐正矣。治国是非，不以术断而决于宠人，则臣下轻君而重于宠人矣。人主不亲观听，而制断在下，托食于国者也。"君主事不躬亲，如何才能不致大权旁落？只有通过"术断"，才能维护君主的"势"。

因此，《韩非子·主道》云："君无见其所欲，君见其所欲，臣自将雕琢；君无见其意，君见其意，臣将自表异。故曰：去好去恶，臣乃见素；去旧去智，臣乃自备。故有智而不以虑，使万物知其处；有行而不以贤，观臣下之所因；有勇而不以怒，使群臣尽其武。是故去智而有明，去贤而有功，去勇而有强。君臣守职，百官有常，因能而使之，是谓习常。故曰：寂乎其无位而处，漻乎莫得其所。明君无为于上，君臣竦惧乎下。明君之道，使智者尽其虑，而君因以断事，故君不穷于智；贤者敕其材，君因而任之，故君不穷于能；有功则君有其贤，有过则臣任其罪，故君不穷于名。是故不贤而为贤者师，不智而为智者正。臣有其劳，君有其成功，此之谓贤主之经也。"

另外，无为即指君无为而臣有为，人主应该充分让臣下发挥作用。"下君尽己之能，中君尽人之力，上君尽人之智……使人相用则君神，君神则下尽，下尽则臣上不因君而主道毕矣。"②

———————

① 《韩非子·外储说右下》。

② 《韩非子·八经》。

由"术"到"术断",则意味着"术"被纳入政治制度的层面,从而延伸为"术治"。术治是指君主依靠南面之术或曰阴谋术来维护、加强统治,当然,从本质上来讲,这不是法治,而是人治。

第二,术治作为统治的方法,审核名实或曰审形名是重要内容。《韩非子·奸劫弑臣》云:"人主诚明于圣人之术,而不苟于世俗之言,循名实而定是非,因参验而审言辞。"《韩非子·备内》亦云:"明王不举不参之事,不食非常之食;远听而近视,以审内外之失;省同异之言,以知朋党之分;偶参伍之验,以责陈言之实;执后以应前,按法以治众,众端以参观。士无幸赏,无逾行,杀必当,罪不赦,则奸邪无所容其私矣。"

可见,"审形名"是君主对付人臣的主要手段,君主规定人臣的职能范围和目标要求,然后加以考核。这是控制臣下的有力保证。韩非子说举例说:"齐万乘也,而名实不称,上空虚于国,内不充满于名实,故臣得夺主。"①因为"官职所以任贤也,爵禄所以赏功也",因此君主"必以度量准之,以刑名参之,以事遇于法则行,不遇于法则止;功当其言则赏,不当则诛。以刑名收臣,以度量准下。"②

首先,根据行政职能来划定职位,即所谓"审名以定位,明分以辩类。"③然后,再根据行政的效果来确定进退。《韩非子·二柄》云:"人主将欲禁奸,则审合刑名者,言异事也。为人臣者陈而言,君以其言授之事,专以其事责其功。功当其事,事当其言,则赏;功不当其事,事不当其言,则罚。故群臣其言大而功小者则罚,非罚小功也,罚功不当名也;群臣其言小而功大者亦罚,非不说于大功也,以为不当名也害甚于有大功,故罚。"

在审形名的基础上,官吏的爵禄都依靠自己实干出来的功绩,官吏的仕进大多从行政实践的一线提拔。"观容服,听辞言,仲尼不能以必士;试之官职,课其功伐,则庸人不疑于愚智。故明主之吏,宰相必起于州部,猛将必发于卒伍。夫有功者必赏,则爵禄厚而愈劝;迁官袭级,则官职大而愈治。

---

① 《韩非子·安危》。
② 《韩非子·难二》。
③ 《韩非子·扬权》。

夫爵禄大而官职治,王之道也。"①

这样,国家对官吏即是以功绩为评价标准,而不是通过道德或言辩。
"治辩之功制于近习,精洁之行决于毁誉,则修智之吏废而人主之明塞矣。
不以功伐决智行,不以参伍审罪过,而听左右近习之言,则无能之士在廷而
愚污之吏处官矣。"②既保证了官员考核和晋升的公平性,也使得国家力量
得以壮大。

第三,术治的另一统治方式乃是"匿",即人主隐匿自己,不能让人臣探
知自己的好恶,以免为人所乘。《韩非子·外储说右上》云:"人主者,利害
之轺毂也,射者众,故人主共矣。是以好恶见则下有因,而人主惑矣;辞言通
则臣难言,而主不神矣。"《韩非子·观行》亦云:"时有满虚,事有利害,物有
生死,人主为三者发喜怒之色,则金石之士离心焉。圣贤之朴深矣。古明主
观人,不使人观己。明于尧不能独成,乌获之不能自举,贲、育之不能自胜,
以法术则观行之道毕矣。"这样,君主才能在权力争斗中赢得主动。比如,
"明君不悬怒,悬怒则臣罪,轻举以行计,则人主危。"③

韩非子十分强调君主要保守秘密,以防为臣下所劫。他说:"人主有三
守。三守完,则国安身荣;三守不完,则国危身殆。"哪"三守"?"人臣有议
当途之失、用事之过、举臣之情,人主不心藏而漏之近习能人,使人臣之欲有
言者,不敢不下适近习能人之心,而乃上以闻人主;然则端言直道之人不得
见,而忠直日疏。爱人不独利也,待誉而后利之;憎人不独害也,待非而后害
之。然则人主无威而重在左右矣。恶自治之劳惮,使群臣辐辏之变,因传柄
移藉,使杀生之机、夺予之要在大臣,如是者侵。此谓三守不完。三守不完,
则劫杀之征也。"④

有"三守",与之相反的还有"三劫"。《韩非子·三守》曰:"凡劫有三:
有明劫,有事劫,有刑劫……三守不完,则三劫者起;三守完,则三劫者止。
三劫止塞,则王矣。"这是韩非子从反面提醒君主应该防止人臣威胁君权以

① 《韩非子·显学》。
② 《韩非子·孤愤》。
③ 《韩非子·难四》。
④ 《韩非子·三守》。

济私利的各种手段。

韩非子甚至提出，还要防备后宫。不相信任何人，也就不会受制于任何人。《韩非子·备内》曰："人主之患在于信人，信人则制于人。人臣之于其君，非有骨肉之亲也，缚于势而不得不事也。故为人臣者，窥觇其君心也，无须臾之休，而人主怠懈处其上，此世所以有劫君弑主也……夫以妻之近与子之亲而犹不可信，则其余无可信者矣。"

而对于臣下，君主则更要洞明如火。因为"君见恶则群臣匿端；君见好则群臣诬能。人主欲见，则群臣之情态得其资矣"。① 韩非子还引用申子的话说："上明见，人备之；其不明见，人惑之。其知见，人惑之；不知见，人匿之。其无欲见，人司之；其有欲见，人饵之。"② 又说："人臣之情非必能爱其君也，为重利之故也。今人主不掩其情，不匿其端，而使人臣有缘以侵其主，则群臣为子之、田常不难矣。故曰：'去好去恶，群臣见素。'群臣见素，则大君大蔽矣。"③

韩非子因此得出结论，在对待臣下的问题上，采用无为的方式亦即术治的方式，君主才能不被误导，不被雍言。在这里，他特别强调君主的独立性，尤其是君主的独立判断、独立决策。《韩非子·南面》曰："人主有诱于事者，有壅于言者，二者不可不察也……壅于言者制于臣矣。主道者，使人臣必有'言之责'，又有'不言之责'。"同时，"臣重之实，擅主也。有擅主之臣，则君令不下究，臣情不上通。"又说："明主之道：一人不兼官，一官不兼事；卑贱不待尊贵而进论，大臣不因左右而见。百官修通，群臣辐辏；有赏者君见其功，有罚者君知其罪。"④

君主一方面隐藏自己的动机、思想甚至情绪，但另一方面，对于臣下的思想动态则要洞悉掌握，制人而不制于人，这就是韩非子强调的君主必须"知下"。《韩非子·难三》曰："知下明，则禁于微禁于微则奸无积，奸无积则无比周，无比周则公私分，分私分则朋党散，朋党散则无外障距内

① 《韩非子·二柄》。
② 《韩非子·外储说右上》。
③ 《韩非子·二柄》。
④ 《韩非子·难一》。

比周之患。知下明则见精沐，见精沐则诛赏明，诛赏明则国不贫。故曰：一对而三公无患，知下之谓也。"能"知下"就能更好地"防奸"。《韩非子·八经》曰："明主之道，臣不得两谏，必任其一，语不得擅行，必合其参。故奸无道进矣。""夫奸，必知则备，必诛则止；不知则肆，不诛则行。"①

总之，君主能做到"大不可量，深不可测，同合刑名，审验法式，擅为者诛，国乃无贼。"②这就是最佳的统治效果。

（二）作为"术治"形式的刑与赏

《韩非子·心度》曰："法者，王之本也；刑者，爱之自也。"其《韩非子·诡使》亦云："凡上所治者刑罚也。"又云："上握度量，所以擅生杀之柄也。"在法治的前提下，刑赏不仅是维持法律原则和社会公平的体现，更是君主的统治术。

韩非子为什么十分强调"术"的作用呢？就是因为"凡术也者，主之所以执也；法也者，官之所以师也"。③权力一定要牢牢握在君主手中，使法律成为控制臣下的工具。在韩非子看来，刑与赏是术治的手段；刑赏的公平性不仅是法治的重要精神，也是令术治得以施展的保证。《韩非子·二柄》认为，存在着两种权柄——即杀戮和奖赏两种治理臣下的大权。其云："明主之所导制其臣者，二柄而已矣。二柄者，刑、德也。何谓刑、德？曰：杀戮之谓刑，庆赏之谓德。为人臣者畏诛罚而利庆赏，故人主自用其刑德，则群臣畏其威而归其利矣。"

刑德，是赏罚的另一种表述。刑德二柄，要牢牢抓在君主手中。不仅赏罚之权，而且赏罚的标准必须掌握在君主的手中，这是韩非子术治思想的核心理念之一。《韩非子·喻老》云："赏罚者，邦之利器也，在君则制臣，在臣则胜君。君见赏，臣则损之以为德；君见罚，臣则益之以为威。人君见赏而人臣用其势，人君见罚而人臣乘其威。故曰：邦之利器不可以示人。"《韩非子·内储说下六微》亦云："赏罚者，利器也，君操之以制臣，臣得之以拥主。故君先见所赏，则臣鬻之以为德；君先见所罚，则臣鬻之以为威。故曰：'国之利器不可以示人。'"另，其《韩非子·七术》云："夫赏罚之为道，利

① 《韩非子·六反》。
② 《韩非子·主道》。
③ 《韩非子·说疑》。

器也。君固握之，不可以示人。若如臣者，犹兽鹿也，唯荐草而就。"否则，韩非子说："人主者，以刑德制臣者也。今君人者，释其刑德而使臣用之，则君反制于臣矣。"①

而且，韩非子同时也提出，君主不仅能行赏罚，更要"善赏罚"。什么是"善赏罚"？他说："夫善赏罚者，百官不敢侵职，群臣不敢失礼；上设其法，而下无奸诈之心。如此，则可谓善赏罚矣。"②意思是说，赏罚必须依法而行，不能随意越法实施，破坏"法治"的原则。

除此之外，"善赏罚"还应该遵循上述重刑、公平的原则。

韩非子指出，学会"善赏罚"是成为"有术之主"的条件，也是获得成功的保证。"有术之主，信赏以尽能，必罚以禁邪，虽有驳行，必得所利。"③然后，在刑赏公正相当的基础上，"赏劝"、"刑禁"。《韩非子·诡使》云："立名号所以为尊也……设爵位所以为贱贵基也……威利所以行令也……法令所以为治也……官爵所以劝民也……刑罚所以擅威也。"《韩非子·心度》亦云："明主之治国也，明赏则民劝功，严刑则民亲法。劝功则公事不犯，亲法则奸无所萌。"

由以上所论，可知"术治"的最终目的是明主设利害之道以使人臣屈服。韩非子认为，人与人之间不可能有天然的友爱之心，服从与不服从，只能依靠"利害之道"，他在《韩非子·奸劫弑臣》中说："圣人之治国也，固有使人不得不爱我之道，而不恃人之以爱为我也。恃人之以爱为我者危矣，恃吾不可不为者安矣。夫君臣非有骨肉之亲，正直之道可以得利，则臣尽力以事主；正直之道不可以得安，则臣行私以干上。明主知之，故设利害之道以示天下而已矣。"他提醒君主尤其要重视的是，打击朋党，破解小团体。"欲为其国，必伐其聚。不伐其聚，彼将聚众。欲为其地，必适其赐。不适其赐，乱人求益。"④以防止人臣聚集起来，造成尾大不掉之势，威胁君权。因此，"术"必须由人主独操，《韩非子·说疑》即云："凡术也者，主之所以执也；法

---

① 《韩非子·二柄》。
② 《韩非子·难一》。
③ 《韩非子·外储说左下》。
④ 《韩非子·扬权》。

也者,官之所以师也。"

另外,韩非子总结说:"安术有七,危道有六。安术:一曰赏罚随是非,二曰祸福随善恶,三曰死生随法度,四曰有贤不肖而无爱恶,五曰有愚智而无非誉,六曰有尺寸而无意度,七曰有信而无诈。危道:一曰斩削于绳之内,二曰断割于法之外,三曰利人之所害,四曰乐人之所祸,五曰危人于所安,六曰所爱不亲所恶不疏。如此,则人失其所以乐生而忘其所以重死。人不乐生则人主不尊,不重死则令不行也。"①

通过"术治",君主得以明辨是非,只有去危道,求安道,才能成为明主。"国者,君之车也;势者,君之马也。无术以御之,身虽劳犹不免乱,有术以御之,身处佚乐之地又致帝王之功也。"②

五、韩非子对君臣关系的论述

韩非子的政治价值观,就是要充分保证君主的权力,君与国一体,由君尊而达到国家强大的目的。因此,正如上文所述,韩非子十分重视对"术"的研究。"术"乃帝王南面之术,也可以称之为阴谋术,它解决和协调的是君主与臣下的关系问题。因此,有必要在韩非子的法、术、势合流的前提下,探讨君主与人臣的思想和行为规范。

(一)君主应该具备的素质

韩非子认为治国不易,君主应该具备政治和思想上的独特素质。《韩非子·十过》列举了君主的十种过错,提醒主政者重视。当然,前述君主应该掌握的术治的方法,可以说,那是君主最需要具备的素质。

那么,此外君主还应该具备哪些素质呢?

第一,持大体。

《韩非子》中有《大体篇》。"大体"是韩非子从道家老子学派那里移借过来的概念,即是老子之"道"的发展。其云:"古之全大体者……不以智累心,不以私累己;寄治乱于法术,托是非于赏罚,属轻重于权衡;不逆天理,不

---

①　《韩非子·安危》。
②　《韩非子·外储说右下》。

伤情性;不吹毛而求小疵,不洗垢而察难知;不引绳之外,不推绳之内;不急法之外,不缓法之内;守成理,因自然;祸福生乎道法而不出乎爱恶,荣辱之责在乎己而不在乎人。故至安之世,法如朝露,纯朴不散;心无结怨,口无烦言。"①由此可见,"全大体"在于合乎"道",能体"道"则能持大体,然后"因道全法",由"道"生成整个社会运行的规则,并遵照执行不失,天下则安定。所以《韩非子·大体》云:"因道全法,君子乐而大奸止。澹然闲静,因天命,持大体。故使人无离法之罪,鱼无失水之祸。如此,故天下少不可。"

其《大体》又云:"大人寄形于天地而万物备,历心于山海而国家富。上无忿怒之毒,下无伏怨之患,上下交顺,以道为舍。故长利积,大功立,名成于前,德垂于后,治之至也。""以道为舍",是社会大治的前提;对于君主本人,则"以道正己",屡自省视,以达到"道"对君主的行为规范和道德要求。比如《观行》即云:"古之人目短于自见,故以镜观面;智短于自知,故以道正己。"

第二,善任势。

韩非子还提出,人主须"善任势",他说:"明主者,使天下不得不为己视,使天下不得不为己听。故身在深宫之中而明照四海之内,而天下弗能蔽、弗能欺者,何也? 暗乱之道废而聪明之势兴也。故善任势者国安,不知因其势者国危。"②又说:"因可势,求易道,故用力寡而功名立。"③

这就要求君主在掌握了社会运行的规律即"持大体"或曰"体道"之后,遵顺其发展流变规律,化而用之。君主要体察道,而不为道所役,更要驭道而行。比如说,在谈到君主的地位时,韩非子就说:"制在己曰重,不离位曰静。重则能使轻,静则能使躁。故曰:重为轻根,静为躁君……无势之谓轻,离位之谓躁,是以生幽而死。故曰:轻则失臣,躁则失君。主父之谓也。"④他以轻、重、静、躁等极类同于道家思想的概念阐释了君主应该如何把持权力。

①《韩非子·大体》。
②《韩非子·奸劫弑臣》。
③《韩非子·观行》。
④《韩非子·喻老》。

当然，一个人不是随随便便就善于任势的，这个人应该十足的聪明，而且拥有独立决策的能力。所以《韩非子·八经》说："明主审公私之分，审利害之地，奸乃无所乘。"

（二）人臣应该具备的行为规范

君主有自己的素质要求，那么，人臣应该遵循怎样的行为规范呢？如何才能在残酷的政治斗争中保全自己呢？从《韩非子》全书来看，人臣如果在以下五个方面做到完善，则是一个良好的人臣形象。

第一，"公"。

法家自商鞅时代起，就奉行"尚公"的思想。"公"，即对君主、国家利益的认同。"公室卑则忌直言，私行胜则少公功。"①既然韩非子认为，法的精神之一即在于"公"，那在现实政治中，就要号召人臣尊公室，避私利。而普通百姓，也尽量打造成一个"公民"。"古者世治之民，奉公法，废私术，专意一行，具以待任。"②《韩非子·五蠹》云："民之政计，皆就安利如辟危穷。今为之攻战，进则死于敌，退则死于诛，则危矣；弃私家之事而必汗马之劳，家困而上弗论，则穷矣。穷危之所在也，民安得勿避？故事私门而完解舍，解舍完则远战，远战则安。行货赂而袭当涂者则求得，求得则私安，私安则利之所在，安得勿就？是以公民少而私人众矣。"

第二，"忠"。

何为忠臣？顺于君则为忠臣。《韩非子》首篇《初见秦》劈头即说："不知而言，不智；知而不言，不忠。为人臣不忠，当死；言而不当，亦当死。"韩非子还说："君之所以欲有贤臣者，国乱则治之，主卑则尊之……所谓忠臣不危其君……尽力守法，专心于事主者为忠臣。"③又说："有忠臣者，外无敌国之患，内无乱臣之忧，长安于天下而名垂后世，所谓忠臣也。"④这与法家尊君的思想是保持一致的。《有度》云："贤者之为人臣，北面委质，无有二心；朝廷不敢辞贱，军旅不敢辞难；顺上之为，从主之法，虚心以待令而无是

---

① 《韩非子·外储说左下》。
② 《韩非子·有度》。
③ 《韩非子·忠孝》。
④ 《韩非子·奸劫弑臣》。

非也。故有口不以私言，有目不以私视，而上尽制之。"

要做到忠，就要反对朋党。"朋党相和，臣下得欲，则人主孤；群臣公举，下不相和，则人主明。"①正如以前所述，臣下结党营私，必定损害君权。

第三，"能"。

韩非子虽名不尚贤，但为了提高行政能力和行政效率，人臣非得具有一定的知识和能力不可。然而，何为能者？他主要是从人臣对政务的态度上讲的。《韩非子·说疑》云："夙兴夜寐，卑身贱体，竦心白意。明刑辟，治官职以事其君；进善言，通道法而不敢矜其善；有成功，立事而不敢伐其劳。不难破家以便国，杀身以安主。以其主为高天泰山之尊，而以其身为壑谷鬴洧之卑；主有明名广誉于国，而身不难受壑谷鬴洧之卑。如此臣者，虽当昏乱之主，尚可致功，况于显明之主乎？此谓霸王之佐也。"

另外，"术"，当然要由人主所掌握，但人臣为了更好地为人主服务，也需要掌握部分的"术"。《韩非子·奸劫弑臣》云："有术者之为人臣也，得效度数之言，上明主法，下困奸臣，以尊主安国者也。是以度数之言得效于前，则赏罚必用于后矣。"由此看，"术"也是能臣所具备的手段。

第四，"朴"。

同样，"朴"也是先由商鞅提出来的，而被韩非子进一步发扬。"朴"，更多是对普通民众的要求，但是具有"朴"的质素的民众，却被当时社会做负面评价，被称为"失计之民"、"朴陋之民"、"寡能之民""愚戆之民"、"怯慑之民"和"謭谗之民"。韩非子把这种现象叫做"六反"，《韩非子·六反篇》认为，此六民，恰恰是一个强国所需要的。他说："赴险殉诚，死节之民，而世少之曰失计之民也；寡闻从令，全法之民也，而世少之曰朴陋之民也；力作而食，生利之民也，而世少之曰寡能之民也；嘉厚纯粹，整谷之民也，而世少之曰愚戆之民也；重命畏事，尊上之民也，而世少之曰怯慑之民也；挫贼遏奸，明上之民也，而世少之曰謭谗之民也。此六者，世之所毁也。奸伪无益之民六而世誉之如彼，耕战有益之民六而世毁之如此。此之谓'六反'。布衣循私利而誉之，世主听虚声而礼之，礼之所在，利必加焉。百姓循私害而

---

① 《韩非子·外储说左下》。

訾之，世主壅于俗而贱之，贱之所在，害必加焉。故名赏在乎私恶当罪之民，而毁害在乎公善宜赏之士，索国之富强，不可得也。"

同样地，在《诡使篇》中，韩非子也有类似的论述，其云："悫愿纯信，用心怯言，则谓之窭。守法固，听令审，则谓之愚。敬上畏罪，则谓之怯。言时节，行中适，则谓之不肖。无二心私学，听吏从教者，则谓之陋。"在韩非子的眼中，一个国家的民众如果都能做到以上诸点，其君必尊，其民必使，其国必强。

（三）君臣的"交易"关系

韩非子既然把"君尊"作为自己的核心政治价值观，而他所极力主张的"术治"，其对象自不待言即是各级政府官吏，那么，如何处理君臣关系，也是他重点考察的内容。

首先，韩非子认为，君臣之间并不像儒家所想象的那样，存在着温、良、恭、俭、让的关系，而是有着天然的矛盾和斗争。他借传说中的黄帝的话说："上下一日百战。""君臣异心，君以计畜臣，臣以计事君。君臣之交，计也。害身而利国，臣弗为也；害国而利臣，君不为也。臣之情，害身无利；君之情，害国无亲。君臣也者，以计合者也。至夫临难必死，尽智竭力，为法为之。故先王明赏以劝之，严刑以威之。赏刑明则民尽死，民尽死则兵强主尊。刑赏不察则民无功而求得，有罪而幸免，则兵弱主卑。故先王贤佐尽力竭智。故曰：公私不可不明，法禁不可不审，先王知之矣。"[1]

正因为君臣之间存在着利益差异，而臣下总是谋划自己的私利，这就造成国家经常处于危难的境地，"君臣之利异，故人臣莫忠，故臣利立而主利灭。是以奸臣者，召敌兵以内除，举外事以眩主，苟成其私利，不顾国患。"[2]

在《韩非子·说疑篇》中，他列举了各种人臣对人主造成的危险。第一是"不令之民"，这一类人不听人主指挥，而且不能为人主所用，他们"见利不喜，上虽厚赏无以劝之；临难不恐，上虽严刑无以威之"。第二是"胜君之民"，这一类人在能力、道德乃至在权势上超过了人主，从而争得了更多民

---

[1] 《韩非子·饰邪》。

[2] 《韩非子·内储说下六微》。

众的拥护,他们"疾争强谏以胜其君。言听事行,则如师徒之势;一言而不听,一事则不行,则陵其主以语,从之以威,虽死家破,要领不属,手足异处,不难为也"。第三是祸乱之民,这一类人"朋党比周以事其君,隐正道而行私曲,上逼君,下乱治,援外以挠内,亲下以谋上,不难为也"。第四是谄谀之臣,这一类人"思小利而忘法义,进则揜蔽贤良以阴暗其主,退则扰乱百官而为祸难;皆辅其君,共其欲,苟得一说于主,虽破国杀众,不难为也"。

除此之外,韩非子还指出,"人臣有五奸","五奸"具体是指"有侈用财货赂以取誉者,有务庆赏赐予以移众者,有务朋党狥智尊士以擅逞者,有务解免赦罪狱以事威者,有务奉下直曲、怪言、伟服、瑰称以眩民耳目者"。①

当然,人臣对君主权威造成的潜在损害,也有君主自身的原因,比如君主"不明于用臣"、"无数以度臣"等,韩非子说:"小之名卑地削,大之国亡身死,不明于用臣也。无数以度其臣者,必以其众人之口断之。众之所誉,从而悦之;众之所非,从而憎之。故为人臣者,破家残睟,内构党与、外接巷族以为誉,从阴约结以相固也,虚相与爵禄以相劝也。"②

又比如"人主有五壅",即"臣闭其主曰壅,臣制财利曰壅,臣擅行令曰壅,臣得行义曰壅,臣得树人曰壅。臣闭其主则主失位,臣制财利则主失德,臣擅行令则主失制,臣得行义则主失名,臣得树人则主失党。此人主之所以独擅也,非人臣之所以得操也。"③

解决的办法即是此前已述的,要用"法"和"术"来克服。"下匿其私,用试其上;上操度量,以割其下。故度量之立,主之宝也;党与之具,臣之宝也。"④如此,比如上述"五奸"问题就会得到有效的治理。"去此五者,则谲诈之人不敢北面谈立;文言多,实行寡而不当法者,不敢诬情以谈说。是以群臣居则修身,动则任力,非上之令不敢擅作疾言诬事,此圣王之所以牧臣下也。"⑤

---

① 《韩非子·说疑》。
② 《韩非子·说疑》。
③ 《韩非子·主道》。
④ 《韩非子·扬权》。
⑤ 《韩非子·说疑》。

　　另外，不得不提的是，韩非子从人性计利的角度提出"君臣交易"的主张。而这似乎正是韩非子提出"君臣不两立"思想的初衷。正是因为强调"不两立"，才为两者的合作奠定基础。"不两立的关系不是人与人之间唯一的关系。韩非子看到，人与人之间可以有互利的关系"。①　当然，这种上与下的交易，其前提是君主的势尊。《韩非子·诡使》说："圣人之所以为治道者三：一曰利，二曰威，三曰名。夫利者所以得民也，威者所以行令也，名者上下之所同道也。非此三者，虽有不急矣。今利非无有也，而民不化上；威非不存也，而下不听从；官非无法也，而治不当名。三者非不存也，而世一治一乱者何也？夫上之所贵与其所以为治相反也。"其中，"威"即刑罚，"名"即价值观的一致，而"利"，即是以实际的现实利益驱使人臣为自己服务。

　　韩非子指出"臣主之利与相异"。异在何处？"主利在有能而任官，臣利在无能而得事；主利在有劳而爵禄，臣利在无功而富贵；主利在豪杰使能，臣利在朋党用私。是以国地削而私家富，主上卑而大臣重。故主失势而臣得国，主更称蕃臣，而相室剖符。此人臣之所以谲主便私也。"②主利与臣利的差异，使人主时刻保持尊崇地位存在极大的必要性。

　　君主要使人臣甘心为自己竭诚尽力，不得不"设民所欲以求其功"，主动建立君臣间的交易关系。韩非子说："设民所欲以求其功，故为爵禄以劝之；设民所恶以禁其奸，故为刑罚以威之。庆赏信而刑罚必，故君举功于臣，而奸不用于上……且臣尽死力以与君市，君垂爵禄以与臣市。君臣之际，非父子之亲也，计数之所出也。君有道，则臣尽力而奸不生；无道，则臣上塞主明而下成私。"③因此，"上所以陈良田大宅，设爵禄，所以易民死命也。"④前文一直强调韩非子所主张的刑赏相当于公平，正是基于这个考虑。其理想目标是，"明主之治国也，适其时事以致财物，论其税赋以均贫富，厚其爵禄以尽贤能，重其刑罚以禁奸邪，使民以力得富，以事致

---

① 周炽成：《从不两立到双赢：论韩非子的政治哲学》，《哲学研究》2009 年第 12 期。
② 《韩非子·孤愤》。
③ 《韩非子·难一》。
④ 《韩非子·显学》。

贵,以过受罪,以功致赏而不念慈惠之赐,此帝王之政也。"①然后,就会取得良好的社会治理效果,"人主以一国目视,故视莫明焉;以一国耳听,故听莫聪焉。"②

并且,由君主控制人臣的富贵之途,利出一孔,实现民为我所用。"使人不衣不食而不饥不寒,又不恶死,则无事上之意。意欲不宰于君,则不可使也。今生杀之柄在大臣,而主令得行者,未尝有也。虎豹必不用其爪牙,而与鼷鼠同威;万金之家必不用其富厚,而与监门同资。有土之君,说人不能利,恶人不能害,索人欲畏重己,不可得也。"③

君主必须让所有人都知悉,"令臣不得不利君之禄,不得无服上之名。夫利君之禄,服上之名,焉得不服?"④"治强生于法,弱乱生于阿,君明于此,则正赏罚而非仁下也。爵禄生于功,诛罚生于罪,臣明于此,则尽死力而非忠君也。君通于不仁,臣通于不忠,则可以王矣。"⑤这样,"明主者,推功而爵禄,称能而官事;所举者必有贤,所用者必有能;贤能之士进,则私门之请止矣。"⑥

最后,"霸王者,人主之大利也。人主挟大利以听治,故其任官者当能,其赏罚无私。使士民明焉尽力致死,则功伐可立而爵禄可致,爵禄致而富贵之业成矣。"同时,"富贵者,人臣之大利也。人臣挟大利以从事,故其行危至死,其力尽而不望。"⑦

(四)君臣上下秩序的维持

韩非子主张"君尊",即维持君臣上下秩序的稳定,防止君主大权旁落,因此,不惜以"术"缘"法"。此前文已详述。他进一步区别了"贵臣"和"重臣"的区别,"明主之国,有贵臣,无重臣。贵臣者,爵尊而官大也;重臣者,

① 《韩非子·六反》。
② 《韩非子·定法》。
③ 《韩非子·八说》。
④ 《韩非子·外储说右上》。
⑤ 《韩非子·外储说右下》。
⑥ 《韩非子·人主》。
⑦ 《韩非子·六反》。

言听而力多者也。明主之国，迁官袭级，官爵受功，故有贵臣；言不度行，而有伪必诛，故无重臣也。"①而在另一场合，韩非子又提出防止大臣太贵。无论如何，都极力主张防止臣下威胁到君权的完整性。他指出"人主之所以身危国亡者，大臣太贵，左右太威也。所谓贵者，无法而擅行，操国柄而便私者也。所谓威者，擅权势而轻重者也。此二者，不可不察也。夫马之所以能任重引车致远道者，以筋力也。万乘之主、千乘之君所以制天下而征诸侯者，以其威势也。威势者，人主之筋力也。今大臣得威，左右擅势，是人主失力；人主失力而能有国者，千无一人。虎豹之所以能胜人执百兽者，以其爪牙也；当使虎豹失其爪牙，则人必制之矣。今势重者，人主之爪牙也，君人而失其爪牙，虎豹之类也"。②

所以他主张不"逆上下之位"，不失"人臣之礼"。"为人臣者，君有过则谏，谏不听则轻爵禄以待之，此人臣之礼义也。"反之，则是行"大逆之术"。人主不察，则是有"失君道"。③

因此，明于君臣之"分"，是重要的政治要求，是正常的政治秩序。"臣主之施，分也。臣能夺君者，以得相踦也。故非其分而取者，众之所夺也；辞其分而取者，民之所予也。"④正如《韩非子·有度》所说："刑重则不敢以贵易贱，法审则上尊而不侵；上尊而不侵则主强而守要，故先王贵之而传之。人主释法用私，则上下不别矣。"

分，则是保持君臣秩序不变，上下各司其职，不做越权的事。"夫物者有所宜，材者有所施，各处其宜，故上下无为……上下易用，国故不治。"⑤天下大治不是人主一人之事，而君臣共同的努力，"凡五霸所以能成功名于天下者，必君臣俱有力焉。"⑥

在处理君臣关系的问题上，人主需做到"明"，人主对秩序的稳定负主要的责任。"臣之忠诈，在君所行也。君明而严则群臣忠，君懦而暗则群臣

① 《韩非子·八说》。
② 《韩非子·人主》。
③ 《韩非子·难一》。
④ 《韩非子·难四》。
⑤ 《韩非子·扬权》。
⑥ 《韩非子·难二》。

诈。知微之谓明，无赦之谓严。"①

综上所述，韩非子的政治价值观总括起来，就是尊君而强国。其政治思想的逻辑进路是，只要君主拥有无限的权力，就能动员国内一切力量，从而达到富国强兵的目的。这在思想上必然导致专制主义，而在政治制度上也必然走向高度的集权制。当然，专制和集权一定程度上能提高行政"效率"，这从秦国的崛起和它迅速灭亡六国的历史中得到了检验和证实。

但是，君权的膨胀仍具有不可控性，尤其是在社会出现危机的时候，君主权力则会要求更大的社会控制力。秦代末年，李斯所提出的"督责之术"即是明证。如何应对群雄乱起的状况？李斯认为，只能实行君主的更高程度的集权才可以消弭政治危机，他在给秦二世的对策中说：

> 夫贤主者，必且能全道而行督责之术者也，督责之，则臣不敢不竭能以徇其主矣。此臣主之分定，上下之义明，则天下贤不肖莫敢不尽心竭任以徇其君矣。是故主独制于天下而无所制也。能穷乐之极矣，贤明之主也，可不察焉。

> 明主圣王之所以能久处尊位，长执重势，而独擅天下之利者，非有异道也，能独断而审督责，必深罚，故天下不敢犯也。

> 若此则谓督责之诚，则臣无邪，臣无邪则天下安，天下安则主严尊，主严尊则督责必，督责必则所求得，所求得则国家富，国家富则君乐丰。故督责之术设，则所欲无不得矣。群臣百姓救过不给，何变之敢图？若此则帝道备，而可谓能明君臣之术矣。虽申、韩复生，不能加也。②

但是，李斯的"督责之术"不仅没有挽救秦朝丧亡的命运，反而加速了这一进程，就连李斯自己也身陷此道而遭族诛，不能不说是作茧自缚。

由此，我们可以说，专制和集权在一定历史条件下、一定的时段内能让行政效能提升，但是，从根本上说，君主的专制和集权还具有自我消解性，它

---

① 《韩非子·难四》。
② 《史记·李斯列传》。

在自身程度不断加强的同时，也为自己的破败埋下伏笔。因此，它不可能是长治久安的根本之途。

另外，韩非子的"由尊君而强国"的逻辑是否行得通呢？明清之际的思想家王夫之给出了自己的判断，他一语道出了法家在政治实践中的困境："任法，则人主安而天下困；任道，则天下逸而人主劳。"[1]通过严法来维护、保障君主的权威，社会却没有从中得到益处。用现代政治理论来分析，那就是君主权力损害了社会权力，使社会变得不完整，从而丧失了生机和活力。

王夫之接着说："法愈密，吏权愈重；死刑愈繁，贿赂愈章；涂饰以免罪罟，而天子之权，倒持于掾史。"[2]韩非子等人的制度设计本来是通过法律限制人臣各种营私的可能性以尊崇君权，为此还不得不采用"术治"的办法来保障自己的权力。但是，事与愿违，历史事实又走向理论设计的反面。法律越烦密，就越不能为君主一人所掌握，而必须依赖官僚群体协助，如此官僚群体便逐渐坐大，非简单用"术"所能控制。至后来，官僚群体形成利益集团，不仅基层权力掌握到官吏手中，对中央政府也造成了釜底抽薪之势，还出现与中央相分离的倾向。这同样也为秦末的历史所证明。

此外，还必须指出韩非子乃至法家思想中"法治"理念的局限。法家的"法治"，其实质仍是人治，并非现代意义上的法治。这是因为，第一，在很大程度上，当时的法律是君主意志的体现，并不是全民利益的代表；第二，在商鞅、韩非子的理论中，无论政府、国家、官僚还是普通民众，都是君主的工具，尤其对普通民众而言，他们并无权利可言，甚或可以说，他们只有为君主效忠、为国家生产的权利，除此之外而无任何权利。而现代意义上的法治，从普遍意义上讲，它是充分保障人的普遍权利的。所以说，法家的"法治"，不过是尊君的工具而已。[3]

---

① 王夫之：《读通鉴论·卷一》，北京：中华书局 1975 年版。
② 王夫之：《读通鉴论·卷一》，北京：中华书局 1975 年版。
③ 但宋洪兵并不认同"韩非子在强调工具价值时忽视了基本的人文关怀"的提法，他认为，"所谓'富国强兵'、'君利中心主义'观点都属于政治策略、政治实践部分，不足以成为韩非子政治思想的根本目标和最终政治追求……先秦诸子在基本的政治价值和政治理想层面存在的'政治共识'，为韩非子政治思想提供了政治正义性。"见宋洪兵：《韩非子政治思想再研究纲要：共识视域中政治价值与政治措施的有机融合》，《东北师大学报》2007 年第 2 期。

第三章　自然秩序:老庄的
政治价值观

第一节　顺道与保道:老子的政治价值观

一、"道"与"无为"

《老子》五千言,其最核心的思想即是"道",其中"道"凡53见。老子之"道"有着多层的含义,它既指万物的本原,又被看作是万物存在的主宰和条件;同时,它还是万物运行的规律,进而又发展成为社会的规范和准则。①老子政治思想的根本点,就是主张政治活动要遵循"道",并受"道"的指导和支配。而实际上,"道"其实就是"自然",所谓"人法地,地法天,天法道,道法自然",②"道"是"自然"的理性化描述。所以,老子心目中的理想社会,一定是一个"自然"的社会,在《老子·八十章》中,他对这样的社会有详细的描述,那就是一种"小国寡民"的社会状态:

> 小国寡民。使有什伯之器而不用;使民重死而不远徙。虽有舟舆,无所乘之;虽有甲兵,无所陈之。使民复结绳而用之,甘其食,美其服,安其居,乐其俗。邻国相望,鸡犬之声相闻,民至老死,不相往来。

---

① 刘泽华主编:《中国通史教程》,上海:复旦大学出版社2006年版,第285页。
② 《老子·二十章》(陈鼓应《老子今注今译》本),北京:商务印书馆2006年版。下只注篇名。

　　由此可见，老子主张实现或回归不同于当时社会的一种"自然"秩序：自律、有序、和谐，①这样一个理想社会的形成，就是遵循"道"的结果。② 杨奉昆认为，老子的政治思想最基本的核心是"以正治国"。所谓"正"，即正道、常道，即来源于老子思想体系中的最高概念——"道"。③ 在老子看来，"道"是万物之奥，最为天下贵。因此，在行政过程中必须行"道"。他说："道者万物之奥。善人之宝，不善人之所保。美言可以市，尊行可以加人。人之不善，何弃之有？ 故立天子，置三公，虽有拱璧以先驷马，不如坐进此道。古之所以贵此道者何？ 不曰：求以得，有罪以免邪？ 故为天下贵。"④他认为，在天子即位、设置三公的时候，应该把"道"进献给他们，贵"道"，就会得到"道"的庇护，有了失误，也可得到"道"的宽恕。更重要的是，有了"道"，万事万物就会自我化育、自生自长而得以充分发展，就不会产生贪欲之心，天下便自然而然地稳定和安宁了，"侯王若能守之，万物将自化。化而欲作，吾将镇之以无名之朴。无名之朴，夫亦将不欲。不欲以静，天下将自正。"⑤

　　《老子·三十九章》曰："昔之得一者：天得一以清；地得一以宁；神得一以灵；谷得一以盈；万物得一以生；侯王得一以为天下正。其致之也，谓天无以清，将恐裂；地无以宁，将恐废；神无以灵，将恐歇；谷无以盈，将恐竭；万物无以生，将恐灭；侯王无以正，将恐蹶。"老子曾言"道生一，一生二，二生三，三生万物"，⑥此处之"一"即是指"道"；侯王得到了"一"即得到了"道"，天下就会安宁，否则难免政权倾覆。

　　用"道"治理天下，就可以让民众享受到"德"的恩泽。所谓"以道莅天下，其鬼不神；非其鬼不神，其神不伤人；非其神不伤人，圣人亦不伤人。夫

---

　　① 叶自成：《自律、有序、和谐：关于老子无政府状态高级形式的假设》，《国际政治研究》2002 年第 1 期。

　　② 关于老子的理想社会构想，当然也有不同的意见，赵玉强即认为，"小国寡民"并非老子的社会理想，而仅为其理想社会的喻象和为政原则的具象形式。见赵玉强：《"无为而治"的多面向理论内涵与一元化价值追索》，《中州学刊》2008 年第 1 期。

　　③ 杨奉昆：《老子政治法律思想初探》，《法学》1982 年第 11 期。

　　④ 《老子·六十二章》。

　　⑤ 《老子·三十七章》。

　　⑥ 《老子·四十二章》。

两不相伤,故德交归焉"。① 而且,主政者掌握了"道",那么天下的公众就会心生向往,纷纷前来投奔,国家就会因此变得强大。《老子·三十五章》云:"执大象,天下往。往而不害,安平太。乐与饵,过客止。道之出口,淡乎其无味,视之不足见,听之不足闻,用之不足既。""道"用言语来表述,虽然平淡无奇,无从看见,也无从听到,而它的作用却是无穷无尽的,毫无限制的。

上文已述,以"道"引领政治只是一种理论化的描述,顺应"自然",体现在政治上,具体到政治实践中,就是"无为"。

东周以降,"礼崩乐礼",社会、政治秩序受到极大的冲击,民众生活也受到极大的影响。老子不满于当时现状,对社会政治现实进行了激烈地批判,并在批判的基础上,提出"无为政治"的设想。"无为政治"或曰"无为而治"一般被认为是老子政治思想的核心。关于老子政治思想的论述,近期有大量的成果涌现,通史性政治思想史著作除外,仅学位论文就有五篇,而专论则不下十篇,其中无一例外论及老子的"无为"思想。② 本章从中获益良多,然而余意尚与诸方家的立意不同,欲从社会分层的角度重述老子"无为"的政治见解。

老子"无为政治"的提出,是基于两个方面的考虑。其一是现实政治层面的考虑。他首先指责了主政者的暴敛,认为这是造成民众生活困苦的原因。《老子·五十三章》云:"朝甚除,田甚芜,仓甚虚;服文采,带利剑,厌饮食,财货有余;是为盗夸。非道也哉!"朝政腐败,农田荒芜,仓库空虚,而主政者仍衣锦绣,佩利剑,精饮食,搜刮大量的财货,老子直斥其为强盗,是无道的表现。"天之道,损有余而补不足。人之道,则不然,损不足以奉有余。"③当下政治完全违背了天道,违背了"自然"之理,老子对此提出严厉的批判。他接着指出:"民之饥,以其上食税之多,是以饥。民之难治,

---

① 《老子·六十章》。
② 其中重要者如罗予超:《论老子政治哲学》(《湖南师范大学社会科学学报》1992 年第5 期);姜涌:《老子"无为而治"的政治哲学》(《武汉科技大学学报》2009 年第 4 期);孙紫夏:《老子的政治思想探析》(《兰州大学学报》2014 年第 4 期);等等。
③ 《老子·七十七章》。

以其上之有为，是以难治。民之轻死，以其上求生之厚，是以轻死。"①民众之所以遭受饥荒，源于主政者的赋税太重；民众之所以反抗，正是主政者政令繁苛的结果；正因为主政者搜刮太甚，民众才轻生冒死。所以，老子从现行政治中主政者"甚"、"奢"、"泰"的角度反思，提出应该行"无为"之政。

其次，无为政治也是基于老子思想的理论基础而提出的。老子心目中的"道"是简易的、素朴的，他反对人为附加在"自然"上的任何文化建构，认为这会蒙蔽"自然"的本心，使"自然"变得不"自然"，正所谓"万物莫不尊道而贵德。道之尊，德之贵，夫莫之命而常自然"。② 所以，《老子·十八章》云："大道废，有仁义；六亲不和，有孝慈；国家昏乱，有忠臣。"意思是说，如果大道不废、人无智巧、家庭和睦、国家安稳，就不会有所谓仁义、诈伪、子孝父慈和忠心之类的道德概念出现。而且，把这些概念统统抛弃掉，就能恢复良好的社会治理状态。"绝智弃辩，民利百倍；绝伪弃诈，民复孝慈；绝巧弃利，盗贼无有。此三者以为文，不足。故令有所属：见素抱朴，少私寡欲。"③智识、仁义、巧利这三者全是诈饰，一个治理良好的社会，民众应该保持纯洁朴实的本性，减少私欲杂念，杜绝世俗之学，才能免于忧患。

同样的思想也出现在《老子·三十八章》中，其云："夫礼者，忠信之薄，而乱之首。前识者，道之华，而愚之始。是以大丈夫处其厚不居其薄；处其实，不居其华。故去彼取此。"世间无忠、信，才会出现"礼"，而有了"礼"却又正好开启社会的祸乱之门。所谓"前知者"，不过是虚构"道"的内容，自愚、愚人而不自知，所以"大丈夫"一定要舍弃浇薄虚华而采取朴实敦厚的态度。

正是如此，老子不主张儒家所反复强调的"学"，因为"学"只能是增加文饰，而有损于"道"。他强调应该求"道"，对"道"的体会越深入，就越接近"无为"的境地。如果政治以清静无事为本，不实行苛政，天下就会治理

---

① 《老子·七十五章》。
② 《老子·五十一章》。
③ 《老子·十九章》。

好。如他所言："为学日益，为道日损。损之又损，以至于无为。无为而无不为。取天下常以无事，及其有事，不足以取天下。"①

二、主政者的"无为"

基于以上两个前提的考虑，老子认为，"无为政治"首先是主政者的"无为"。他说："圣人处无为之事，行不言之教；万物作而不为始，生而不有，为而不恃，功成而弗居。夫唯弗居，是以不去。"②主政者要用无为的态度对待世事，用不言的方式施行教化：万物自然兴起而不加干涉，生养万物而不占有，作育万物而不自恃，有功绩而不自居。不妄自夸耀，功劳就不会泯没。所以，老子主张治国要"静"，"躁胜寒，静胜热。清静为天下正"。③ 清静无为才能统治天下。这也是就所谓的"以正治国"。《老子·五十七章》云："以正治国，以奇用兵，以无事取天下。吾何以知其然哉？以此：天下多忌讳，而民弥贫；民多利器，国家滋昏；人多伎巧，奇物滋起；法令滋彰，盗贼多有。故圣人云：'我无为，而民自化；我好静，而民自正；我无事，而民自富；我无欲，而民自朴。'"以"正道"——即无为、清静之道去治理国家，不扰害民众，社会就会变好。主政者无为，民众就自我化育；主政者好静，民众就自然富足；主政者无欲，民众就会自然淳朴。

这样做，是最符合"自然"之理的。④《老子·二十三章》云："希言自然。故飘风不终朝，骤雨不终日。孰为此者？天地。天地尚不能久，而况于人乎？故从事于道者，同于道；德者，同于德；失者，同于失。同于德者，道亦德之；同于失者，道亦失之。"真正的"道"是无须用言语来表达的，政治要符合"道"的要求，那就是不施加政令于民。"从事于道者"，就合于道，"从事于德者"，就合于德，而且他们也会得到"道"的护佑。得"道"的人，"不出

---

① 《老子·四十八章》。

② 《老子·二章》。

③ 《老子·四十五章》。

④ 有论者说，"无为而治"的实质是使人民的生活更和平、幸福、安宁，它集中体现了老子对民生问题的强烈关注和深入思考，对民生问题的关注贯穿老子政治哲学的始终，"民生"是老子政治哲学的内核。见方同义、黄瑞瑞：《民生之维：老子政治哲学的内核》，《广西社会科学》2008 年第 10 期。而此论恰恰忽视了老子思想最根本的东西，即守道。

户,知天下;不窥牖,见天道。其出弥远,其知弥少。是以圣人不行而知,不见而明,不为而成。"①不亲历也能知情,不眼见也能明理,不作为也能成功。

"无为政治"乃"道"的延伸,原理如此,具体到实际的政治活动中,总结下来,可体现于以下若干方面。

第一,是政令精减。

老子主张政令甚至减少到民众不知道有主政者存在的地步,《老子·十七章》云:"太上,不知有之;其次,亲而誉之;其次,畏之;其次,侮之……悠兮其贵言。功成事遂,百姓皆谓:'我自然'。"让民众忽略掉他的才是最好的主政者,而主政者虽然悠兮少言,但政事不废;同时,也却也能让民众感觉到他们是在自己管理自己,这是最佳的度。

当然,在治国的过程中,毫无作为是不现实的,也是不可能的。既然如此,在施政时一定要持谨慎的态度,所谓"治大国,若烹小鲜"。② 老子告诫主政者:"为无为,事无事,味无味。大小多少,图难于其易,为大于其细;天下难事,必作于易,天下大事,必作于细。是以圣人终不为大,故能成其大。"③也就是说,以无为的态度去有所作为,以不多事的方法去处理事物;处理问题先易后难,从细微、从易做之处入手,这样就容易取得成功。

因此,老子反对主政者用强力进行统治,"将欲取天下而为之,吾见其不得已。天下神器,不可为也,不可执也。为者败之,执者失之。故物或行或随;或嘘或吹;或强或羸;或培或堕。是以圣人去甚,去奢,去泰。"④他认为,用强制的办法治理天下,是达不到目的的,注定会失败,而"圣人"对于天下不妄为、不把持,是以有天下,他们能做的就是祛除极端、奢侈和过分。

老子尤其反对压迫民众,因为压迫会激起反抗。他说:"民不畏威,则大威至。无狎其所居,无厌其所生。夫唯不厌,是以不厌。"⑤当人民不畏惧主政者的暴虐时,就会反抗,那么统治将会危殆,所以要让民众有安居之所、

---

① 《老子·四十七章》。
② 《老子·六十章》。
③ 《老子·六十三章》。
④ 《老子·二十九章》。
⑤ 《老子·七十二章》。

谋生之路；没有压迫，就会得到民众的拥护。他还反问主政者，"民不惧死，奈何以死惧之"！① 所以，主政者应行"天之道"，做"有道者"。"天之道，损有余而补不足。人之道，则不然，损不足以奉有余。孰能有余以奉天下，唯有道者。"②减少有余的，补给不足的，这是"道"的要求，而能做到这一点的，也只有"有道者"。在这里，老子批判了当时主政者的暴敛。

老子对民众困苦生活的同情和对主政者的批判，让一部分学者认为老子政治哲学的价值首先在于它的人民性。③ 老子的政治价值观里未必有所谓的"人民性"，但他对社会现实的批判，至少在客观上有利于民众生活的改善。对民生的关注，是对当时社会现实的观照，儒家、墨家自不待言，连道家和法家都不能回避这个问题。《尚书·大禹谟》云："正德、利用、厚生，惟和。"这可以说是中国思想中的优良传统。

第二，为政须有一定的"行政伦理"。

老子主张治国应该以持重的态度。他说："重为轻根，静为躁君。是以君子终日行不离辎重。虽有荣观，燕处超然。奈何万乘之主，而以身轻天下？轻则失根，躁则失君。"④为政要持重、静定，大国的君主不可以轻率、急躁；轻率就会失去根本，急躁就会丧失主宰。他进而认为，只有主政者以贵身、爱身的态度治理社会，民众才会把天下寄托给他。《老子·十三章》即云："宠辱若惊，贵大患若身。何谓宠辱若惊？宠为下，得之若惊，失之若惊，是谓宠辱若惊。何谓贵大患若身？吾所以有大患者，为吾有身，及吾无身，吾有何患？故贵以身为天下，若可寄天下；爱以身为天下，若可托天下。"

主政者对政治持"重"的态度，而对自己就应该"轻"，放低身段，《老子·七十二章》云："圣人自知不自见；自爱不自贵。故去彼取此。"圣人不但有自知之明，而且也不自我表现；有自爱之心也不自显高贵。他要求主政者舍弃"自见"、"自贵"的想法，而改以"自知"、"自爱"的态度。《老子·七

---

① 《老子·七十四章》。
② 《老子·七十七章》。
③ 罗予超：《论老子政治哲学》，《湖南师范大学社会科学学报》1992 年第 5 期。
④ 《老子·二十六章》。

十七章》亦云："圣人为而不恃，功成而不处，其不欲见贤。"老子要求"圣人"不恃权、不居功、不揽贤名。这样做的目的，就在于要主政者时刻要处于"无为"的状态。

老子还主张为政应该有无私、宽厚之心。他说："圣人常无心，以百姓心为心。善者，吾善之；不善者，吾亦善之；德善。信者，吾信之；不信者，吾亦信之；德信。圣人在天下，歙歙焉，为天下浑其心，百姓皆注其耳目，圣人皆孩之。"①"圣人"没有自己的私心，他是以百姓之心为自己之心。一个人，无论善良还是不善良的人，都善待他；无论守信还是不守信的人，都信任他，这样可以使人人向善、人人守信。他进一步指出，"圣人"应收敛自己的欲念，促使民众的心思归于浑朴，回归婴孩般纯朴的状态，亦即回归到"自然"的状态。

政治宽厚，民众就会淳朴，而政治严苛，将使民众变得狡诈。"其政闷闷，其民淳淳；其政察察，其民缺缺……是以圣人方而不割，廉而不刿，直而不肆，光而不耀。"②因此，为了获得良好的治理效果，"圣人"应该虽方正、刚强而不伤人，直率而不放肆，光鲜而不炫耀。这也是主政者之"德"，或者说是主政者的行政伦理。

主政者治国，需要不断地积累"德"，身上的"德"多了，就没有什么不能胜任的了，当然也就可以担负治理国家的重任。《老子·五十九章》即云："治人事天，莫若啬。夫唯啬，是谓早服；早服谓之重积德；重积德则无不克；无不克则莫知其极；莫知其极，可以有国；有国之母，可以长久；是谓深根固柢，长生久视之道。"掌握了治理国家的原则和道理，并使之运用于治理实践，国家就会稳固，就可以长久。

主政者如果是有道者、有德者，能行宽容之心，"天"也会帮助他。"和大怨，必有余怨；报怨以德，安可以为善？是以圣人执左契，而不责于人。有德司契，无德司彻。天道无亲，常与善人。"③

宽容的理念必然有"和"的基因蕴含其中。老子并没有过多地提及

① 《老子·四十九章》。
② 《老子·五十八章》。
③ 《老子·七十九章》。

"和",但他屡屡提倡"不争",这就为"和"开辟了道路。黄瑾宏对老子的宽容观进行了专题的研究,认为老子的宽容观包括"若谷之德"的道德宽容和"无为而治"的政治宽容,目的是达到人的身心和谐、社会和谐和国际和平。① 当然,老子主张形神合一,这是一种内在的人格修炼,心身内外双修由此开端。老子讲"不争",肯定也会导致社会的稳定与国与国之间的和平;但也须指出,老子循"道"、求"道"的要求,也是人与自然界关系和谐的要求,这乃是一个"和谐生态政治社会"理念。② 不过,老子更多的是讲究回归人与社会的原初本性,生态的和谐思想仍有待于后世思想家的进一步发明。

第三,以柔弱、卑下治国。

老子特别重视万物的对立统一关系,在治国的问题上,他尤其关注柔、弱与刚、强的转化,并认为柔、弱是最有生命力的,最终将克服刚、强。即所谓"人之生也柔弱,其死也坚强。草木之生也柔脆,其死也枯槁。故坚强者死之徒,柔弱者生之徒。是以兵强则灭,木强则折。强大处下,柔弱处上"。③ 他在《老子·三十六章》则更明确地提出了"柔弱胜刚强"。

"弱者道之用。"④柔弱,正是"道"的运用特征,而以柔克刚,也正是"无为"的结果。《老子·四十三章》云:"天下之至柔,驰骋天下之至坚。无有入无间,吾是以知无为之有益。不言之教,无为之益,天下希及之。"而这"不言"的教导,"无为"的益处,普天之下竟然少有人做得到。

老子认为,如果弱用之道被主政者实施,就能成为天下的君主,他说:"天下莫柔弱于水,而攻坚强者莫之能胜,以其无以易之。弱之胜强,柔之胜刚,天下莫不知,莫能行。是以圣人云:'受国之垢,是谓社稷主;受国不祥,是为天下王。'正言若反。"⑤他还借人之言:能承受国家的屈辱,就能成为国家的君主;能承受国家的祸灾,就能成为天下的君王。这是老子对立统

---

① 黄瑾宏:《论〈道德经〉的宽容观及其现代价值》,《青海社会科学》2010 年第 2 期。

② 李承、宋新夫:《生态政治:老子生生和谐的政治价值情怀》,《政治学研究》2006 年第 1 期。

③ 《老子·七十六章》。

④ 《老子·四十章》。

⑤ 《老子·七十八章》。

一关系理论在国家治理中的运用。

与此相应的,还有老子谦下、卑下的治理理念。

勇于坚强则死,甘于柔弱则活,这是老子的一贯主张,而且他还指出,不争而取胜,这是自然的普遍规律。"勇于敢则杀,勇于不敢则活。此两者,或利或害。天之所恶,孰知其故? 天之道,不争而善胜,不言而善应,不召而自来,繟然而善谋。天网恢恢,疏而不失。"①这里的"不争",尤其是指不争于民,是主政者一种"善下"的态度。老子比喻说,江海之所以能够成为百谷王,是因为他处于低下的位置,同样,主政者要统治民众,必须对民谦恭,必须把自己的利益置于民众之后。所以圣人当政,民众并不会感到负担沉重,也不会感到受到压迫,这样的主政者,民众当然乐于拥戴他。老子强调,主政者不与人民相争,天下就没有人能够和他相争。即所谓"江海之所以能为百谷王者,以其善下之,故能为百谷王。是以圣人欲上民,必以言下之;欲先民,必以身后之。是以圣人处上而民不重,处前而民不害。是以天下乐推而不厌。以其不争,故天下莫能与之争"。② 这也充分说明了老子注意到了政治治理中的贵、贱与上、下的对立统一关系。《老子·三十九章》说:"贵以贱为本,高以下为基。是以侯王自称孤、寡、不谷。此非以贱为本邪?非乎? 故致誉无誉。是故不欲琭琭如玉,珞珞如石。"

老子的这种治理理念,被当成是一种"治术"。因为虽然老子屡讲"无为",他还说:"道常无为而无不为。"③可见这并不意味着老子不讲统治术,"无为",有时正是为了"无不为"。因此,很多学者认为老子是人君南面之术的倡导者,颜世安认为,《老子》书中存在着一种政治功利主义,以自然之道指导制胜策略的政治谋略是其重要的一方面。④ 而李泽厚干脆说,《老子》一书与兵家有密切关系。⑤ 刘泽华更是总结出老子的一系列的"弱用之

---

① 《老子·七十三章》。

② 《老子·六十六章》。

③ 《老子·三十七章》。

④ 颜世安:《论老子道论的政治谋略意义:兼论老子道论两种意义的矛盾》,《南京大学学报》1997 年第 4 期。

⑤ 李泽厚:《中国思想史论》上,合肥:安徽文艺出版社 1999 年版,第 82 页。

术"，如静观待变、以曲求全、深藏不露等九方面的权术。①

基于他所主张的"弱用之术"，如果不能"无为"，那统治的次好办法则是"治于未乱"，通俗地说，即是把统治的危险扼杀在摇篮里。《老子·六十四章》云："其安易持，其未兆易谋。其脆易泮，其微易散。为之于未有，治之于未乱……民之从事，常于几成而败之。慎终如始，则无败事。"社会形势安定，政局就容易把握；事变还没有出现迹象，就容易着手处理。所以，要在矛盾尚未发生时就早做准备；治国理政，要在祸乱没有出现以前就要处理妥当。如果像慎重对待开始一样对待结局，就不会失败。这样看来，老子的以柔弱、卑下治国，的确是某种统治策略甚至权术，但是，这些行政措施仍是顺"道"而为的。

第四，慎兵。

老子讲养生，全身养性是道家的核心价值观之一，因此，老子极力反对战争，他说："夫兵者，不祥之器，物或恶之，故有道者不处。君子居则贵左，用兵则贵右。兵者不祥之器，非君子之器，不得已而用之，恬淡为上。胜而不美，而美之者，是乐杀人。夫乐杀人者，则不可得志于天下矣。吉事尚左，凶事尚右。偏将军居左，上将军居右，言以丧礼处之。杀人之众，以悲哀泣之，战胜以丧礼处之。"②"兵"是不祥的东西，有"道"者不可轻启兵端，即便开战，也最好谨慎、淡化处理，得胜了也不要自鸣得意，否则即是嗜杀。嗜杀者，就不可能得志于天下。战争伤亡众多，军礼宜以丧礼，以哀痛之心待之。老子说："抗兵相若，哀者胜矣。"③"哀兵必胜"，反映了老子思想中的人道主义倾向，体现了对民众的哀矜、同情之心。

不仅仅是个体生命的问题，战争还会造成更严重的后果，大军所到，肯定会破坏生产，来年肯定会有灾荒，因此，一定是要用"道"来辅助君主，不能武力逞强。"以道佐人主者，不以兵强天下。其事好还。师之所处，荆棘生焉。善有果而已，不敢以取强。果而勿矜，果而勿伐，果而勿骄。果而不

---

① 刘泽华：《中国古代政治思想史》，天津：南开大学出版社 2001 年版，第 117—121 页。
② 《老子·三十一章》。
③ 《老子·六十九章》。

得已，果而勿强。物壮则老，是谓不道，不道早已。"①如果非要用兵，那一定是迫不得已，而且达到作战目的即适可而止，不可夸耀骄傲，因为那不符合"道"，不符合"道"，就会失败。

老子引用兵家之言："吾不敢为主，而为客；不敢进寸，而退尺。"有战事，不敢主动进攻，而是采取守势；作战中，不敢前进一寸，宁可后退一尺。"是谓行无行；攘无臂；扔无敌；执无兵。"②以退为进，军事行动极其谨慎。"善为士者，不武；善战者，不怒；善胜敌者，不与；善用人者，为之下。是谓不争之德，是谓用人，是谓配天，古之极也。"③善做将帅者，不逞其勇武；善于作战者，不轻易发怒；善于胜敌者，不与敌人正面冲突；善于用人者，待人谦下。这种不与人争的品德，是合于"道"的。

去兵和慎战，是老子"弱用"、"卑下"、"不争"思想的延伸，因此，也是"无为政治"的表现，包括当时国与国之间的关系，也适用于此原则。老子特别主张各国之间的忍让，尤其是大国的谦下、忍让。《老子·六十一章》云："大邦者下流，天下之牝，天下之交也。牝常以静胜牡，以静为下。故大邦以下小邦，则取小邦；小邦以下大邦，则取大邦。故或下以取，或下而取。大邦不过欲兼畜人，小邦不过欲入事人。夫两者各得所欲，大者宜为下。"老子认为，大国要向江河一样处于下游，只要对小国忍让，不要总想着统治小国，就可以取得小国的信任；而同时，如果小国对大国忍让，也可以见容于大国。由此可见，去兵、慎战思想，不仅是一种人道主义，也可以引申出和平主义。如果说，以孔孟为代表儒家，还区分战争的正义性与非正义性，主张正义战争的必要性，而老子是全面的反对战争，他要求无论大国、小国，其意志、愿望都应该得到伸张，其利益都应该得到满足。这样一种国与国之间的"平等"关系，同样是合乎"道"的。

以上四个方面，是老子"无为政治"的主要内容，也是老子社会治理思想的核心。对于此，老子也曾经做过部分总结。他认为，治理国家有三件法

---

① 《老子·三十章》。
② 《老子·六十九章》。
③ 《老子·六十八章》。

宝,始终执守而且保全它们,统治庶几无虞。《老子·六十七章》云:"我有三宝,持而保之。一曰慈,二曰俭,三曰不敢为天下先。慈故能勇;俭故能广;不敢为天下先,故能成器长。今舍慈且勇;舍俭且广;舍后且先;死矣!夫慈,以战则胜,以守则固。天将救之,以慈卫之。"由上可知,这三件法宝分别是:慈爱、俭啬和不敢为天下先。根据老子对立统一的思想方法,有柔慈就能勇武;有俭啬,就能宽裕;不敢居于天下人之先,所以能成为万物之长。相反地,如果丢弃了柔慈而追求勇武;丢弃了啬俭而追求宽裕;舍弃退让而求争先,只能是死路一条。三者之中,老子特别看重"慈",他认为,怀慈爱之心征战就能取胜,怀慈爱之心守卫就能巩固。上天要拯救谁,就赋予他慈爱之心,以此来保护他。①

而此"慈、俭、不敢为天下先"三宝,已为前文所反复证明。

不得不提的是,不少学者把老子的"无为政治"理念看成是一种"有限政府"思想,②然而,老子的思想与西方政治思想史上的有限政府思想却有着根本的不同。西方有限政府理论主张以宪政和法律来规定政府权力的作用范围和具体运作程序,从而保证政治权力之合法性及其与社会的合理互动。但老子的"无为政治"只是削减主政者的行政行为而已,甚至反对一切的社会文化机制的建构,似难以谈得上真正的有限政府。更有学者提出,无为之治本质上乃民意政治,其中蕴含着权力制约的精神,似为无稽之谈。③

---

① 谢清果、曹艳辉认为,"三宝"是老子政治哲学的核心理念,进而认为自由、民主、平等是老子政治哲学超越时代的价值。见谢清果、曹艳辉:《老子"三宝思想"是其政治哲学的核心理念》,《成都大学学报》2012 年第 5 期。余意以为,此论似有拔高之嫌。

② 比如周生春、戴治勇对此做了专题的研究,见周生春、戴治勇:《老子有限政府思想试探》,《浙江大学学报》2006 年第 3 期。同时,王博认为,老子思想存在着权力自我节制的内容,见王博:《权力的自我节制:对老子哲学的一种解读》,《哲学研究》2010 年第 6 期。朱晓鹏注意到老子思想中的"反权威与不合作"倾向,它否定了社会现实及其政治的合法性基础,消解了全能主义的政治权威,创立了独立的社会批判系统,从而为现代民主政府开了源。见朱晓鹏:《权威的消解与民主的构建:论老子政治哲学中的社会批判思想》,《杭州师范学院学报》2004 年第 2 期。李师胜更认为,老子还有"自治"的思想。见李师胜:《魏晋前道家无为思想的政治价值研究》(山东大学 2013 年硕士论文)。而此论恐实难成立。

③ 李进:《民"自然"君"无为":〈老子〉政治哲学发微》,《江西社会科学》2006 年第 9 期。

三、民众的"无为"

主政者的"无为"，是在保道、循道的前提下，实行无为政治。而民众的"无为"，则同样是在"道"的支配下，在"小国寡民"的环境中，自作自息。这也是老子道论的基本点："道生之，德畜之；长之育之；亭之毒之；养之覆之。生而不有，为而不恃，长而不宰。是谓玄德。"①道生万物，德养万物，但不占有，不自恃，不主宰，一切顺应自然。"天地不仁，以万物为刍狗；圣人不仁，以百姓为刍狗。天地之间，其犹橐籥乎！虚而不屈，动而愈出。多言数穷，不如守中。"②天地无所偏爱，任凭万物自然生长；圣人也无所偏爱，任凭民众自己发展。天地之间，生生不息。政令繁多反而加速败亡，不如保持虚静。

在"自然"的环境下，实现人尽其才，物尽其用。"善行无辙迹；善言无瑕谪；善数不用筹策；善闭无关楗而不可开；善结无绳约而不可解。是以圣人常善救人，故无弃人；常善救物，故无弃物。是谓袭明。故善人者，不善人之师；不善人者，善人之资。不贵其师，不爱其资，虽智大迷。是谓要妙。"③同时，老子还提出应该以善人为师，对于恶人，也不能因其不善而鄙弃之，应该给予引导，这体现出老子无弃人无弃物的思想。在这里，是老子思想离现代社会"自治"政治理论最近的地方，它展现了民众自我决定和自我发展的能力。但是老子并没有把民众作为政治主体，而更多的是让民众接受既定的境遇，被动地适应自然，因而内在地具有抑制主体发挥主观能动性的消极意义，这又使民众的政治主体性只停留在理论上，很难在现实中实现。④

以上所言民众的"无为"，正是符合老子理想社会所设想的。但是，老子更进了一步；他认为民众的"无为"是主政者统治安全的保证。因此，民众的"无为"就不能仅限于自作自息，而是主政者安排下的"无为"。这就为

---

①　《老子·五十一章》。
②　《老子·五章》。
③　《老子·二十七章》。
④　赵玉强:《"无为而治"的多面向理论内涵与一元化价值追索》,《中州学刊》2008 年第1 期。

政治对民众的人身控制和专制政治开辟了道路,事实上,也是走上了"道"、"自然"的反面。

主政者对民众的"无为",就是使民众处于无知无欲的状态:"不尚贤,使民不争;不贵难得之货,使民不为盗;不见可欲,使民心不乱。是以圣人之治,虚其心,实其腹,弱其志,强其骨。常使民无知无欲。使夫智者不敢为也。为无为,则无不治。"①不尚贤,民众就没有争心,不贵财货,民众就没有盗心,不炫贪欲,民众就没有乱心。"有道者"行政,就是先要满足民众生存、全身养性的生理需求,然后空虚其心灵,削弱其意志,使民众没有诈伪和欲念,同时又使那些有才智的人也不敢妄为。主政者按照"无为"的方式处理政事,一切顺应自然,天下就会大治。

这种治理思想的延展,势必导致"愚民"思想发生,进而形成"反智主义"的倾向。②《老子·六十五章》指出:"古之善为道者,非以明民,将以愚之。民之难治,以其智多。故以智治国,国之贼;不以智治国,国之福。知此两者亦稽式。常知稽式,是谓'玄德'。'玄德'深矣,远矣,与物反矣,然后乃至大顺。"善于行道的人,不是教导人民聪明智巧,而是教导人民淳厚朴质。民众之所以难于统治,就是因为他们有太多的心机。因此,以智治国,国家就会陷入灾祸;反之,则是国家之福。认识两者之间的差别,就是治国的法则,主政者要了解这个法则,与万物复归到真朴,顺应自然的规律。而对于那些不听从主政者指挥、为非作歹的人,就坚决消灭。"若使民常畏死,而为奇者,吾得得而杀之,孰敢?"③

总之,老子希望主政者在政治中通过"无为"来保持社会中的"道",使社会尽量回归素朴纯真的初始状态,最终的目的是"大制不割",即形成完美的制度。《老子·二十八章》云:"知其雄,守其雌,为天下溪。为天下溪,常德不离,复归于婴儿……朴散则为器,圣人用之,则为官长,故大制不割。"

---

① 《老子·三章》。
② 任继愈认为,《老子》并未标明他的政治措施是愚民政策,但后来的统治者却从这里得到启发。见《中国哲学发展史》(先秦),北京:人民出版社1983年版,第249页。
③ 《老子·七十四章》。

四、修身体道

老子的"无为政治"，就是对"道"的遵循，也是"道"的基本原理在政治实践中的运用。人只有掌握了"道"，才能把"道"运用到人生或政治层面。因此，对"道"的体认显得尤为重要；而修身，是"体道"的最根本的途径。"天下有始，以为天下母。既得其母，以知其子；既可其子，复守其母，没身不殆。"①天地万物本身都有起始，如果知道这个根源，就能认识万物，如果认识了万物，又把握了万物的根本，那么终身都不会有危险。

老子首先认为人应该"贵身"，重视和珍惜自己身体和生命，《老子·十三章》云："宠辱若惊，贵大患若身。"要做到这一点，人生就应该取法于"道"，"众人熙熙，如享太牢，如春登台。我独泊兮，其未兆，如婴儿之未孩；儽儽兮，若无所归。众人皆有余，而我独若遗。我愚人之心也哉！沌沌兮！俗人昭昭，我独昏昏。俗人察察，我独闷闷。澹兮其若海，飂兮若无止。众人皆有以，而我独顽且鄙。我独异于人，而贵食母。"②行"道"的人独与世人不同，正是重视取法于"道"的结果。

一个人"致虚、守静"达到极笃的境地，就可以"知常"，即认识自然规律。不"知常"就会有凶灾，而"知常"就能遵循自然之理，终身可免于危殆。《老子·十六章》云："致虚极；守静笃。万物并作，吾以观复。夫物芸芸，各复归其根。归根曰静，静曰复命。复命曰常，知常曰明。不知常，妄作凶。知常容，容乃公，公乃全，全乃天，天乃道，道乃久，殁身不殆。"

修"道"之时，能做到不嗜欲，不露锋芒，消解纷争，收敛光鲜，混同于尘世，就可以达到"玄同"境界，如此，则超脱亲疏、利害、贵贱，为天下人所尊重。即所谓"塞其兑，闭其门，挫其锐，解其纷，和其光，同其尘，是谓'玄同'。故不可得而亲，不可得而疏；不可得而利，不可得而害；不可得而贵，不可得而贱。故为天下贵"。③

若得"道"，就会变得修养深厚，精神饱满，心灵和谐；而不守"道"，则很

---

① 《老子·五十二章》。
② 《老子·二十章》。
③ 《老子·五十六章》。

快就会死亡。《老子·五十五章》云："含德之厚,比于赤子。蜂虿虺蛇不螫,攫鸟猛兽不搏。骨弱筋柔而握固。未知牝牡之合而朘作,精之至也。终日号而不嗄,和之至也。知和曰常,知常曰明。益生曰祥。心使气曰强。物壮则老,谓之不道,不道早已。"

老子认为,一个"善为道者",一定会变得谨慎、警觉、郑重、亲和、敦厚、豁达、淳朴;保"道"的人,因为不自满,也就能去故更新。"古之善为士者,微妙玄通,深不可识。夫唯不可识,故强为之容:豫兮若冬涉川;犹兮若畏四邻;俨兮其若客;涣兮其若释;敦兮其若朴;旷兮其若谷;混兮其若浊。孰能浊而静之徐清;孰能安以动之徐生。保此道者,不欲盈。夫唯不盈,故能蔽而新成。"①另外,也一定是形神合一、心无杂念、柔和温顺、静待外物、了无心机、治国无为的。"载营魄抱一,能无离乎? 专气致柔,能如婴儿乎? 涤除玄览,能无疵乎? 爱民治国,能无为乎? 天门开阖,能为雌乎? 明白四达,能无知乎?"②

如何才能达到这样的"有道"境界呢?

老子认为,首先是通过自身的修养而体"道"。这是强调通过人的智力活动"发明"出"道"的内涵的工夫,看上去有违老子"道"的精神,因为只要是人的"发明",就不"自然",就有悖于"道"。但是,老子却将此看作是顺"道"的结果,即不赞成外力对自己发展的引导。而且,就理论的内蕴讲,"无为而治"潜在的逻辑起点是确认万物民众皆有禀"一"得"道"而"自化"的能力,③因此,他强调自知、自胜、知足和顽强不懈。《老子·三十三章》云:"知人者智,自知者明。胜人者有力,自胜者强。知足者富。强行者有志。不失其所者久。死而不亡者寿。"不失根本即不失道,身虽死而"道"仍存的,才是长寿。

老子还说:"知不知,尚矣;不知知,病也。圣人不病,以其病病。夫唯

---

① 《老子·十五章》。
② 《老子·十章》。
③ 赵玉强:《"无为而治"的多面向理论内涵与一元化价值追索》,《中州学刊》2008 年第1 期。

病病,是以不病。"①知道自己还有所不知,这是很高明的;不知却自以为知,这就很糟了。所谓"见小曰明,守柔曰强。用其光,复归其明,无遗身殃;是为袭常。"②能够察见到细微的,是谓"明";能够持守柔弱的,是谓"强"。用其光,返照内在的"明",自己就不会再有灾难,这就是万世不绝的"常道"。

同时,老子还强调,一定不能自逞己见、自以为是、自我夸耀和自高自大,即不"自见"、"自是"、"自伐"和"自矜",这些行为都是违反"道"的精神的,为有道者所不为。《老子·二十四章》即云:"企者不立;跨者不行;自见者不明;自是者不彰;自伐者无功;自矜者不长。其在道也,曰:余食赘形。物或恶之,故有道者不处。"内敛和低调的行为,才是合于道的,老子形象地将其比喻为"被褐怀玉"。《老子·七十章》云:"吾言甚易知,甚易行。天下莫能知,莫能行。言有宗,事有君。夫唯无知,是以不我知。知我者希,则我者贵。是以圣人被褐怀玉。"

另外一条途径是"不争"的理念。老子把"不争"作为做人的基本准则,也把它看做是人的美德;而最重要的,"不争"不仅能"全生",更是接近"道"的手段和方式。

不争,就要知足,知道满足才会永远满足。"无欲"是人类生存的原初状态,人类的生活是应当返"朴"归真,最后又回复到其初始状态的。而且"咎莫大于欲得;祸莫大于不知足。故知足之足,常足矣"。③ 因此,人必须塞闭欲念。"塞其兑,闭其门,终身不勤。开其兑,济其事,终身不救。"④无贪欲,终身都不会有烦扰之事。而一旦有了欲念,就不可救治了。"夫虽无以生为者,是贤于贵生。"⑤生活淡泊清静的人,要比奢华的人高明。

不争,就要卑下。老子举例说,水可以称得上至善,水滋润万物而不与

---

① 《老子·七十一章》。
② 《老子·五十二章》。
③ 《老子·四十六章》。
④ 《老子·五十二章》。
⑤ 《老子·七十五章》。

万物相争,且乐居于恶地,正因为这样,才最接近于"道"。"上善若水。水善利万物而不争,处众人之所恶,故几于道。居善地,心善渊,与善仁,言善信,政善治,事善能,动善时。夫唯不争,故无尤。"①人也一样。要善于做到以下几点:居所善处,心灵沉静,待人真诚,言行守信,为政精简,治国有方,理事有能,行动机敏。因为有不争的美德,所以没有过失,也就没有怨咎。这样的人,才是最"善"的人。

不争,就要"曲而全"。老子认为,委曲反而能保全,屈就反而能伸展,低洼反而能充盈,陈旧反而能更新,少取反而能多得,贪多反而会迷惑。不自见、自是、自伐、自矜,这样反而能显明、彰显、有功、长久。《老子·二十二章》云:"曲则全,枉则直,洼则盈,敝则新,少则得,多则惑。是以圣人持一为天下式。不自见,故明;不自是,故彰;不自伐,故有功;不自矜,故能长。夫唯不争,故天下莫能与之争。古之所谓'曲则全'者,岂虚言哉!诚全而归之。"正因为不与人争,所以遍天下没有人能与他争。坚守这一原则作为处世的范式,就没有不成功的。

不争,就要无私。老子认为天地所以能长久存在,是因为它们不为了自己的生存而自然地运行着。《老子·七章》云:"天长地久。天地所以能长且久者,以其不自生,故能长生。是以圣人后其身而身先;外其身而身存。非以其无私邪?故能成其私。"因此,"有道者"遇事谦退无争,反而能赢得爱戴;将自己置之度外,反而能保全生存。这正是因为无私而成就自己。老子还说:"圣人不积,既以为人己愈有,既以与人己愈多。天之道,利而不害;人之道,为而不争。"②圣人是不存占有之心的。尽力照顾别人,自己就更为充足;尽力给予别人,自己反而更丰富。自然的规律是让万事万物都得到好处,而不伤害它们。"圣人"的行为准则是,做什么事都不跟别人争夺。

总之,老子主张以"道"来修养人的自身,如此,这个人的"德"就会变得纯真。"善建者不拔,善抱者不脱,子孙以祭祀不辍。修之于身,其德乃真;

---

① 《老子·八章》。
② 《老子·八十一章》。

修之于家,其德乃余;修之于乡,其德乃长;修之于邦,其德乃丰;修之于天下,其德乃普。故以身观身,以家观家,以乡观乡,以邦观邦,以天下观天下。吾何以知天下然哉? 以此。"①即是说,善于建树的就不可能拔除,善于抱持的就不可以脱落。如果后世子孙能够遵循、守持这个道理,那么世世代代的祭祀就不会断绝。如果从自身出发,将"以道养德"的原则扩展于家、乡、国和天下,那么"德"就会在社会上扩展开来。

由此,我们看到老子思想中关于人的个体修养问题,其实是与儒家的思想有着相似之处的。可以说,对人自身的观照是先秦思想家共同关注的问题。强昱认为,"自我存在"问题是老子哲学探索的核心对象,老子对此的把握是在同社会群体以及客观世界相互关系的揭示中展开的。②儒家与此不同,尤其是孔孟,他们只是更多地强调人与社会的关系,虽然,孟子得出"仁民而爱物",但儒家之"仁"扩展至于"物";荀子虽然考察了"天人关系",提出"天人相分"的思想,而这只是考虑人在社会中的生存处境。老子则不同,老子在关注人与社会关系的同时,也关注人与自然的关系,强调人在整个生存环境中的生存处境,这当然可以成为老子生态思想的开端,但更是老子对于人个体自我价值的发扬。

老子的"自然"政治观,是试图恢复人类社会的素朴简易,以避免人间的乱争。老子把自然的原则抽象成为"道",主张人类的一切活动无不遵循"道",同时又必须护持"道",社会因此才能得以完善。老子的政治价值观,一方面是对主政者的权力制约,但同时对民众的思想和精神也形成一定的钳制。也许,人的愚朴是"自然"的,但绝非是进步的和文明的。另一方面,老子修道、体道以参与政治的思想,开启了将个体人的内在修炼与政治的完善相联结的政治思维模式,这在儒家尤其是思孟学派那里得到了极大的发扬。

---

① 《老子·五十四章》。
② 强昱:《小国寡民与治大国若烹小鲜:老子的社会价值关怀》,《中国哲学史》2006 年第 1 期。

第二节　归本于自然:庄子的政治价值观

一、庄子哲学是人生哲学

与先秦时期其他的思想家不同,庄子的思想在很大程度上表现为一种人生哲学,[1]他更多的是探讨人如何在世间生存,人如何存在才能符合自然之理。战国之世,"争城以战,杀人盈城;争野以战,杀人盈野",不仅百姓民不堪命,就连国君、各级官员也有朝不保夕之虞,庄子感叹:"方今之时,仅免刑焉。"[2]残酷的政治斗争和激烈的社会矛盾不能不让人们重新考虑人生的方式和意义。一反其他思想家的宏大叙事,庄子认为人生就是为了保全自己的生命,他提出人要养生、养性、养神,最终目的是尽享天年。"为善无近名,为恶无近刑。缘督以为经,可以保身,可以全生,可以养亲,可以尽年。"[3]

在《庄子·养生主》中,庄子讲述了养生的要领,他以"庖丁解牛"为例,因其自然,循乎天理,行于中虚,整个解牛过程一气呵成。文惠君不由得赞叹:"善哉! 吾闻庖丁之言,得养生焉。"

庄子所主张的养生,不仅仅是养形,还包括养神,他把保养精神看做是入道的一种体现。只有因其自然,循乎天理,使精神不被外物所伤害,才能达到尽享天年的目的。

《庄子》"外篇"的《刻意》、《缮性》、《达生》诸篇,就进一步发挥了这种思想。"刻意",即磨砺心志以提升修养,其中提出"圣人贵精";"精"亦即"神"。该篇认为,"夫恬淡寂漠虚无无为,此天地之本而道德之质也。"因

---

[1]　尹协理即认为,庄子把各种思想有机地结合在一起,组成了一个庞大的体系。这个体系不是哲学体系,而是一种处世学说体系,其核心是保身以尽天年,但它的哲学思想又是这个处世学说体系的理论支柱。见《论〈庄子〉学说的核心和体系》,《社会科学》1983 年第 2 期。

[2]　《庄子·人间世》(陈鼓应《庄子今注今译》本),北京:商务印书馆 2007 年版。下只注篇名。

[3]　《庄子·养生主》。

此,养精即养神,其具体办法就是,"纯粹而不杂,静一而不变,惔而无为,动而天行,此养神之道也"。能完成这个过程,就可以成为"真人"。"素也者,谓其无所与杂也;纯也者,谓其不亏其神也。能体纯素,谓之真人。""素"是没有什么与它混杂,"纯"是自然赋予的东西没有亏减;是"真人",就能够体察"素"和"纯"。

"缮性",即修治人之性。其中阐述了以恬养知、以知养性、知与恬交相养的修道方法,同时抨击了追求荣华富贵者的丧己于物,也劝勉了穷困者坚守自己的情操;其曰:"丧己于物,失性于俗者,谓之倒置之民。"

"达生",即通晓生命。该篇提倡养生与养神并重,其云:"夫形全精复,与天为一。天地者,万物之父母也,合则成体,散则成始。形精不亏,是谓能移;精而又精,反以相天。"

庄子进而提到生命的问题,他认为,人生的最大的快乐就是"活身",《至乐》一篇直截了当地提出:"至乐活身。"其中又说:"至乐无乐。"最大的快乐是没有情感的波动激荡,只有内心的恬静愉悦。相反地,"一受其成形,不亡以待尽。与物相刃相靡,其行进如驰,而莫之能止,不亦悲乎!终身役役而不见其成功,苶然疲役而不知其所归,可不哀邪!人谓之不死,奚益!"[1]终身劳作却看不到成功,一生困顿却不知道未来,生而何益!

因此,庄子又提出"轻物重生"的思想,主张不因外物而妨碍人生。《庄子》"杂篇"之《让王》一篇曰:"夫天下至重也,而不以害其生,又况他物乎!"哪怕是给予天下之位,也都不能让生命受损害,"日出而作,日入而息,逍遥于天地之间而心意自得。吾何以天下为哉!"还是人生逍遥自得来得更好。

能达到"至乐"状态的,只有"真人"。庄子曾提出人之分类,有大人、全人、至人、神人、圣人,还有真人。在《大宗师》中,庄子重点讲到了真人:"古之真人,不知说生,不知恶死;其出不䜣,其入不距;翛然而往,翛然而来而已矣。不忘其所始,不求其所终;受而喜之,忘而复之。是之谓不以心捐道,不以人助天,是之谓真人。"又说:"其好之也一,其弗好之也一。其一也一,其

---

① 《庄子·齐物论》。

不一也一。其一与天为徒,其不一与人为徒。天与人不相胜也,是之谓真人。"而《渔父》亦云:"真者,所以受于天也,自然不可易也。"综合看来,所谓"真人",他们具有恬淡而虚静、安时而处顺、无情又无己、逍遥以自适的品格特征,这正是庄子所期望的"理想人格"。① 因此,庄子认为"真人"的状态,才是人们应该追求的生存状态。

正如其他思想家一样,庄子也提出了自己的理想社会模型,而他所设想的那种理想政治环境和社会环境,正是"真人"存在的理想社会状态。

庄子把这个理想社会称之为"至德之世"、"建德之国"或"神农之世";有时也称为"无何有之乡"之类。所谓"至德之世":"同与禽兽居,族与万物并,恶乎知君子小人哉!同乎无知,其德不离;同乎无欲,是谓素朴;素朴而民性得矣……夫赫胥氏之时,民居不知所为,行不知所之,含哺而熙,鼓腹而游,民能以此矣。"②《胠箧》则构想:"民结绳而用之。甘其食,美其服,乐其俗,安其居,邻国相望,鸡狗之音相闻,民至老死而不相往来。若此之时,则至治已。"《天地》又设想:"至德之世,不尚贤,不使能;上如标枝,民如野鹿,端正而不知以为义,相爱而不知以为仁,实而不知以为忠,当而不知以为信,蠢动而相使,不以为赐。是故行而无迹,事而无传。"

而所谓"建德之国",则是"其民愚而朴,少私而寡欲;知作而不知藏,与而不求其报;不知义之所适,不知礼之所将;猖狂妄行,乃蹈乎大方;其生可乐,其死可葬"。③ "神农之世,卧则居居,起则于于,民知其母,不知其父,与麋鹿共处,耕而食,织而衣,无有相害之心,此至德之隆也。"④

在庄子看来,这样的社会才是"善治天下","彼民有常性,织而衣,耕而食,是谓同德;一而不党,命曰天放"。⑤ 人们"与道相辅而行",⑥没有仁义礼乐、欲念技艺扰乱人性,生活自然而自得,从而得以达致"真人"的生存状态。庄子心目中的这些个理想社会,总括起来有三个明显的目标:无政治、

---

① 若水:《庄子"真人"论》,《青海社会科学》1999 年第 2 期。
② 《庄子·马蹄》。
③ 《庄子·山木》。
④ 《庄子·盗跖》。
⑤ 《庄子·马蹄》。
⑥ 《庄子·山木》。

道德规范的约束(自由),无人与人的互相倾轧(平等),无沉重的生活负累(快乐)。①

那么,这种政治理想的理论根基是怎样的呢? 从《庄子》文本入手,揭橥庄子政治哲学的演进和思辨逻辑,我们认为,庄子政治价值观首先是以论"道"作为开端,然后提出在"道"的层面上物我合一,最后到达"真人"境界;即由"大宗师"到"齐物论",最后到达"逍遥游"。

二、"大宗师"

"道",是道家理论体系的最高范畴,于庄子也不例外。《庄子》有《大宗师》篇,所谓"大宗师"即宗大道为师。他认为宇宙为一生生不息的大生命;宇宙整体就是道,道亦是宇宙大生命所散发的万物之生命。②

在对"道"的认识上,庄子与老子极为接近。首先,他认为"道"是万物的本源。"道"是"自本自根,未有天地,自古以固存;神鬼神帝,生天生地;在太极之上而不为高,在六极之下而不为深,先天地生而不为久,长于上古而不为老。"③而且"道"也是万物运行的规律;所谓"天道运而无所积,故万物成"。④ 同时它还普遍存在于自然界之中,无所而不在。《天地》曰:"夫道,覆载万物者也,洋洋乎大哉!";"通于天者,道也"。《天道》亦曰:"夫道,于大不终,于小不遗,故万物备。广广乎其无不容也,渊渊乎其不可测也。"

但虽是如此,"道"却是那么幽深渺远、晦暗沉寂。《在宥》曰:"至道之精,窈窈冥冥;至道之极,昏昏默默。"《天地》亦云:"夫道,渊乎其居也,漻乎其清也……视乎冥冥! 听乎无声。冥冥之中,独见晓焉;无声之中,独闻和焉。故深之又深而能物焉,神之又神而能精焉;故其与万物接也,至无而供其求,时骋而要其宿。"

虽然看上去,"道"具有一定的神秘性,但它又确确实实地存在着。"夫

---

① 崔大华:《庄学研究》,北京:人民出版社1992年版,第250—251页。
② 陈鼓应:《庄子今注今译》,北京:中华书局1983年版,第167页。
③ 《庄子·大宗师》。
④ 《庄子·天道》。

道,有情有信,无为无形;可传而不可受,可得而不可见;自本自根,未有天地,自古以固存"。①

既然如此,人的活动不可能不遵循"道"的安排。"得吾道者,上为皇而下为王;失吾道者,上见光而下为土";②"其为物,无不将也,无不迎也;无不毁也,无不成也。其名为撄宁。撄宁也者,撄而后成者也。"③尊"道",就会不受外界事物的纷扰,一直保持心境的宁静。

庄子还说:"死生,命也,其有夜旦之常,天也。人之有所不得与,皆物之情也。彼特以天为父,而身犹爱之,而况其卓乎!人特以有君为愈乎己,而身犹死之,而况其真乎!"④人们对"天"终生爱戴,对国君愿以死效劳,更何况天呢!因此,"君子不可以不刳心焉。无为为之之谓天,无为言之之谓德,爱人利物之谓仁,不同同之之谓大,行不崖异之谓宽,有万不同之谓富。故执德之谓纪,德成之谓立,循于道之谓备,不以物挫志之谓完。君子明于此十者,则韬乎其事心之大也,沛乎其为万物逝也。"⑤人们应该敞开心胸排除一切"有为"的杂念,遵循"道"的指引,如此,才会心地宽广包容万物,为万物所归往。《天地》又曰:"形非道不生,生非德不明。存形穷生,立德明道,非王德者邪!荡荡乎!"如果能保全形体维系生命,建树盛德彰明大道,就是伟大的王者!

那么,通过什么样的途径才能完成这一目标呢?亦即如何护持大"道"呢?《在宥》云:"无视无听,抱神以静,形将自正。必静必清,无劳汝形,无摇汝精,乃可以长生。目无所见,耳无所闻,心无所知,汝神将守形,形乃长生。慎汝内,闭汝外,多知为败。我为汝遂于大明之上矣,至彼至阳之原也;为汝入于窈冥之门矣,至彼至阴之原也。天地有官,阴阳有藏。慎守汝身,物将自壮。我守其一以处其和。"就是说,人们应该保持精神的宁寂和清静,摒除一切思虑,入"道"幽远之门,抵其光明之境,持守浑一的大道,调谐

---

① 《庄子·大宗师》。
② 《庄子·在宥》。
③ 《庄子·大宗师》。
④ 《庄子·大宗师》。
⑤ 《庄子·天地》。

阴阳二气,自生自长,以至于长久。

庄子希望人们能达到"坐忘"的境界。"堕肢体,黜聪明,离形去知,同于大通,此谓'坐忘'。""坐忘"就是抛弃肉身与智慧,与大道浑同相通为一体。然后"同则无好也,化则无常也"。① 与万物同一就没有偏好,顺应变化就不执滞于常理。

人们掌握了"道",最终会达到修养的最高境界以及"天乐"的状态。所谓最高的修养境界,乃是"虚静恬淡寂漠无为"。《天道》曰:"夫虚静恬淡寂漠无为者,天地之本,而道德之至,故帝王圣人休焉。休则虚,虚则实,实则备矣。虚则静,静则动,动则得矣。静则无为,无为也则任事者责矣。无为则俞俞,俞俞者忧患不能处,年寿长矣。夫虚静恬淡寂漠无为者,万物之本也。"这是一种心境虚空宁寂、从容自得的心灵状态,是万物的根本,更是生命长存之方。

《天道》又曰:"静而圣,动而王,无为也而尊,朴素而天下莫能与之争美。夫明白于天地之德者,此之谓大本大宗,与天和者也;所以均调天下,与人和者也。与人和者,谓之人乐;与天和者,谓之天乐。"明白了天地清静无为、淳厚素朴的天性,就把握了万物的根本和宗原。如此,与人谐和,即人乐;与自然谐和,即天乐。"以虚静推于天地,通于万物,此之谓天乐。天乐者,圣人之心,以畜天下也。""天乐"就是把虚空宁静推及至天地万物,以圣人之心,养育天下。

三、"齐物论"

世间万物都由"道"而产生,都遵循、护持"道",在"道"的层面上,万物都是平等的。庄子于是作"齐物论",提出"天地与我并生,而万物与我为一"。② "以道观之,物无贵贱。"③

庄子认为,世间万物并没有贵贱高下之分,之所以看来有等级差异,那是人们思想、认识的结果。《齐物论》曰:"圣人不由,而照之于天,亦因是

---

① 《庄子·大宗师》。
② 《庄子·齐物论》。
③ 《庄子·秋水》。

也。是亦彼也,彼亦是也。彼亦一是非。此亦一是非,果且有彼是乎哉?果且无彼是乎哉? 彼是莫得其偶,谓之道枢。枢始得其环中,以应无穷。是亦一无穷,非亦一无穷也。故曰:莫若以明。"每个事物都同时存在着是与非,而是与非也并非完全对立,这是"道枢"决定的;因此,圣人就不按正误是非来观察事物,而是按照"自然"来观察和认识事物。"自其异者视之,肝胆楚越也;自其同者视之,万物皆一也。"①如果从事物都有差异一面去看,邻近的肝、胆虽同处于一体之中也会被认为距离遥远;从事物都有相同的一面去看,万事万物又都是同一的。"物固有所然,物固有所可。无物不然,无物不可。故为是举莛与楹,厉与西施,恢恑憰怪,道通为一。其分也,成也;其成也,毁也。凡物无成与毁,复通为一。"②事物的差别,最终都将相通而浑一。基于这种理念,庄子提出一系列的齐同,即"齐我"、"齐智"、"齐是非"、"齐道"、"齐治"、"齐物"、"齐死生"、"齐同异"、"齐因"、"齐化"。③

在各种齐同的关系中,庄子最看重的是人与物齐的状态。他指出,人不应该傲视于万物,而是世俗和谐齐同地相处。《天下》即曰:"独与天地精神往来,而不敖倪于万物,不谴是非,以与世俗处。"《齐物论》更是说:"圣人和之以是非而休乎天钧,是之谓两行。"他建议把是与非混同起来,优游自得地生活在自然而又均衡的境界里,物与我各得其所、自行发展。只有这样,才能获得人生的大欢乐。"圣人处物不伤物。不伤物者,物亦不能伤也。唯无所伤者,为能与人相将迎。山林与! 皋壤与! 使我欣欣然而乐与!"④人与外物相处却不损伤外物,外物也就不会伤害人,两无相害,岂不是有无限欢乐!

因此,人应该顺应自然,"物物而不物于物","若夫乘道德而浮游则不然。无誉无訾,一龙一蛇,与时俱化,而无肯专为;一上一下,以和为量,浮游

---

① 《庄子·德充符》。

② 《庄子·齐物论》。

③ 陈景元:《庄子注》,转引自蒙文通:《道书辑校十种》,成都:巴蜀书社 2001 年版,第 891—904 页。

④ 《庄子·知北游》。

乎万物之祖；物物而不物于物，则胡可得而累邪！此神农、黄帝之法则也。"①优游自得地生活在万物的初始状态，役使外物，却不被外物所役使，就不会再累于外物了。

庄子甚至赞赏与动物无差别的人生状态。"泰氏，其卧徐徐，其觉于于；一以己为马，一以己为牛；其知情信，其德甚真，而未始入于非人。"②人与马、牛无异，其心才信实，其德才纯真，再也不会陷入物我两分的困境。因此，庄子以"齐物论"否定了人类的自我中心与个人的自我中心。

庄子当然还关注人与人之间的齐同关系。《人间世》曰："内直者，与天为徒，与天为徒者，知天子之与己皆天之所子。"在"道"和"自然"的前提下，天子与民众都是上天养育的子女，因此人与人是平等的。③这与孟子所主张的人与人在"性善"上的平等，在思想方法上如出一辙。

综观看来，庄子的平等观不仅表现在宇宙观和认识论方面，也体现在人格平等和独立意识方面。④冯友兰明确肯定了这一点。他说："庄学中之社会政治哲学，主张绝对的自由，乃可皆顺自然之性而得幸福也。主张绝对的自由者，必主张绝对的平等，盖若承认人与人，物与物间，有若何彼善于此，或此善于彼者，则善者应该改造不善者使归于善，而即亦不能主张凡物应有绝对的自由矣。"⑤

在自然的条件下，万物本来是如此"自然"的，天下的事物都各有它们固有的常态，即"天下有常然"，但是，现世中却不断地有违反自然的事情发生，使万物丧失其本性。比如，"待钩绳规矩而正者，是削其性者也；待绳索

---

①　《庄子·山木》。

②　《庄子·应帝王》。

③　马作武认为，庄子对平等问题的探索已经接近发现人人平等不仅是自然天赋，也是人性的本质要求这一真理。这种从人性出发而形成的平等意识比法家关于法律面前的有限平等论高出了一个层次，也比墨家"兼爱"论中隐含的平等意识更直观、更有理论的完整性。见马作武：《庄子平等、自由观发微》，《中山大学学报》2007年第1期。

④　陈红映：《庄子平等思想解说》，《思想战线》1992年第6期。

⑤　冯友兰：《庄子及道家中的庄学》，载《中国哲学史》，北京：中华书局1961年版，第288页。

胶漆而固者,是侵其德者也;屈折礼乐,呴俞仁义,以慰天下之心者,此失其常然也。"①再比如,"陶者善治埴","匠人善治木","伯乐善治马",等等。②都是违反了这些事物的本性。

政治社会更是如此,"及至圣人,屈折礼乐以匡天下之形,县跂仁义以慰天下之心,而民乃始踶跂好知,争归于利,不可止也。此亦圣人之过也。"③圣人矫造礼乐来匡正天下,以仁义来慰藉民众之心,于是人们便开始去寻求智巧,去竞逐私利。这难道不是圣人的罪过吗?!"上诚好知而无道,则天下大乱矣!"因此《胠箧》提出,"圣人不死,大盗不止。虽重圣人而治天下,则是重利盗跖也……彼窃钩者诛,窃国者为诸侯,诸侯之门而仁义存焉……彼圣人者,天下之利器也,非所以明天下也。"

正是社会的文化建构损害了人的自然本性,"失性有五:一曰五色乱目,使目不明;二曰五声乱耳,使耳不聪;三曰五臭薰鼻,困惾中颡;四曰五味浊口,使口厉爽;五曰趣舍滑心,使性飞扬。此五者,皆生之害也。"④这一切,完全违背了"道"与自然。

故此,《胠箧》提出一系列的针对措施,以期能循道复性。"绝圣弃知,大盗乃止;掷玉毁珠,小盗不起;焚符破玺,而民朴鄙;掊斗折衡,而民不争;殚残天下之圣法,而民始可与论议;擢乱六律,铄绝竽瑟,塞师旷之耳,而天下始人含其聪矣;灭文章,散五采,胶离朱之目,而天下始人含其明矣。毁绝钩绳而弃规矩,攦工倕之指,而天下始人有其巧矣。削曾、史之行,钳杨、墨之口,攘弃仁义,而天下之德始玄同矣。彼人含其明,则天下不铄矣;人含其聪,则天下不累矣;人含其知,则天下不惑矣;人含其德,则天下不僻矣。彼曾、史、杨、墨、师旷、工倕、离朱,皆外立其德而爚乱天下者也,法之所无用也。"

由此可见,庄子对有为政治、心计、知识和智慧,名利、欲望以及忠孝、仁义等道德规范进行了一系列的批判。"自三代以下者,天下莫不以物易其

① 《庄子·骈拇》。
② 《庄子·马蹄》。
③ 《庄子·马蹄》。
④ 《庄子·天地》。

性矣。小人则以身殉利，士则以身殉名，大夫则以身殉家，圣人则以身殉天下。故此数子者，事业不同，名声异号，其于伤性以身为殉，一也。"①他的目的就在于使人能够"反真"。"牛马四足，是谓天；落马首，穿牛鼻，是谓人。故曰：无以人灭天，无以故灭命，无以得殉名。谨守而勿失，是谓反其真。"②庄子告诫人们，不要用人为去毁灭天然，不要用有意的作为去毁灭自然的禀性，不要为获取虚名而不遗余力。谨慎地持守自然的禀性而不丧失，从"殉名""殉利""殉天下"的自我异化中解放出来，返归本真。

四、"逍遥游"

遵循"大宗师"，通过"齐物论"，最终到达"逍遥游"。这正是庄子思想逻辑发展的进路。"逍遥游"是其终端，是庄子思想的主要核心。庄子追求的是抛开外物的束缚，实现绝对的精神自由。《应帝王》曰："无为名尸，无为谋府；无为事任，无为知主。体尽无穷，而游无朕；尽其所受乎天，而无见得，亦虚而已。至人之用心若镜，不将不迎，应而不藏，故能胜物而不伤。"遵循宇宙万物的规律，放弃名誉、计谋、智慧、世事，体验本真，追求心境的清虚淡泊，就能杜绝损心劳神，从而达到心灵的自由无碍，即"乘天地之正，而御六气之辩，以游无穷者，彼且恶乎待哉！故曰：至人无己，神人无功，圣人无名"。③

这样，就超越了一切外物的羁绊，超脱一切欲念，甚至超脱生死，跳出对死亡的恐惧，而是以平常、欣喜的心态面对生命的终结。《天地》认为，"万物一府，死生同状"；万物最终归结于同一，死与生并不存在区别。生是好事，而死未必就是坏事。生死只不过是自然演化的一个过程，"人之生，气之聚也；聚则为生，散则为死"，④又有什么可以担心害怕的呢？"彼方且与造物者为人，而游乎大地之一气。彼以生为附赘县疣，以死为决疣溃痈。夫

---

① 《庄子·骈拇》。
② 《庄子·秋水》。
③ 《庄子·逍遥游》。
④ 《庄子·知北游》。

若然者,又恶知死生先后之所在!"①只要得"道",人的生命就像赘瘤一样多余,死亡不过是毒痈化脓后的溃破罢了。所以,庄子的妻子去世,他"箕踞鼓盆而歌"。② 而自己将死,则要求薄葬,说"吾以天地为棺椁,以日月为连璧,星辰为珠玑,万物为赍送"。③ 生死且不惧,显示了庄子人生追求中的达观和洒脱。

庄子的自由之境,他称之为是一种"天放"的状态,这是一种完全顺应天性的状态。《马蹄》曰:"吾意善治天下者不然。彼民有常性,织而衣,耕而食,是谓同德。一而不党,命曰天放。"像理想社会模型一样,庄子对人自由的生存状态也进行过多次描述,比如,"乘夫莽眇之鸟,以出六极之外,而游无何有之乡,以处圹埌之野";④比如"浮游,不知所求;猖狂,不知所往;游者鞅掌,以观无妄","与日月参光","与天地为常"。⑤ 在《逍遥游》中,他还以大树为喻:"今子有大树,患其无用,何不树之于无何有之乡,广莫之野,彷徨乎无为其侧,逍遥乎寝卧其下。不夭斤斧,物无害者,无所可用,安所困苦哉。"如此等等。

而身处自由之境的人,也会得到精神的升华,"出入六合,游乎九州,独往独来,是谓独有。独有之人,是谓至贵";⑥"有大物者,不可以物;物而不物,故能物物。明乎物物者之非物也,岂独治天下百姓而已哉!"⑦"之人也,物莫之伤,大浸稽天而不溺,大旱金石流、土山焦而不热";⑧"若然者,登高不慄,入水不濡,入火不热"。⑨

冯友兰曾提出,人的生存约有四种境界,即自然境界、功利境界、道德境界和天地境界。庄子的自由之境即是其中的最高境界——天地境界。他

---

① 《庄子·大宗师》。
② 《庄子·至乐》。
③ 《庄子·列御寇》。
④ 《庄子·应帝王》。
⑤ 《庄子·在宥》。
⑥ 《庄子·在宥》。
⑦ 《庄子·在宥》。
⑧ 《庄子·逍遥游》。
⑨ 《庄子·大宗师》。

说："我们所谓天地境界，用道家的话，应称为道德境界。《庄子·山木》篇说'乘道德而浮游'，'浮游乎万物之祖，物物而不物于物'。此是'道德之乡'。此所谓道德之乡，正是我们所谓天地境界。"①

当然，除了从个体人自我修养的角度，②庄子也从政治的角度讨论了如何才能实现这种自由之境，那就是："无为而治。"这与他的理想社会模型紧密相关。"玄古之君天下，无为也，天德而已矣……古之畜天下者，无欲而天下足，无为而万物化，渊静而百姓定。《记》曰：通于一而万事毕，无心得而鬼神服。"③

《在宥》亦曰："闻在宥天下，不闻治天下也。在之也者，恐天下之淫其性也；宥之也者，恐天下之迁其德也。天下不淫其性，不迁其德，有治天下者哉！昔尧之治天下也，使天下欣欣焉人乐其性，是不恬也；桀之治天下也，使天下瘁瘁焉人苦其性，是不愉也。夫不恬不愉。非德也。非德也而可长久者，天下无之。"只听说听任天下安然自在地发展，没有听说要对天下进行治理。听任天下自在地发展，是因为担忧人们超越了原本的真性；宽容不迫各得其所，是因为担忧人们改变了自然的常态。天下人不超越原本的真性，不改变自然的常态，哪里用得着治理天下呢！安宁与欢快，才是人们生活和处世的常态。不合于自然的常态而可以长久存在，天下是没有的。

在《应帝王》中，借接舆之口说，"圣人之治……正而后行，确乎能其事者而已矣"，并不是什么"君人者以己出经式义度，人孰敢不听而化诸"。这里强调的是顺应本性而后感化他人，听任人们之所能。

又借无名人之口："游心于淡，合气于漠，顺物自然而无容私焉，而天下治矣。"这里强调主政者应处于保持本性、无所修饰的心境，交合形气于清静无为的方域，顺应事物的自然而没有半点儿个人的偏私，天下也就得到了治理。

---

① 冯友兰：《新原人》，载《贞元六书》，上海：华东师范大学出版社1996年版，第554—557页。

② 刘兴邦指出，实现的途径有两条：一个途径就是摆脱现实社会各种政治制度、伦理规范的约束，打破一切外在的桎梏；另一个途径就是加强个体自身的内在修养，无情，无知，无欲。见刘兴邦：《试论庄子的价值哲学》，《中华文化论坛》1994年第2期。

③ 《庄子·天地》。

还借老聃之口："明王之治:功盖天下而似不自己,化贷万物而民弗恃;有莫举名,使物自喜;立乎不测,而游于无有者也。"圣王治理天下,功绩普盖天下却又像什么也不是出自自己的努力,教化施及万物而百姓却不觉得有所依赖;功德无量却没有什么办法称述赞美,使万事万物各居其所而欣然自得;立足于高深莫测的神妙之境,而生活在什么也不存在的世界里。

在《在宥》中,又借鸿蒙曰:"徒处无为,而物自化。堕尔形体,黜尔聪明,伦与物忘;大同乎涬溟,解心释神,莫然无魂。万物云云,各复其根,各复其根而不知;浑浑沌沌,终身不离;若彼知之,乃是离之。无问其名,无窥其情,物固自生。"

正是基于此,庄子的政治思想指向就很明显了。就表达庄子政治思想比较集中的《应帝王》来看,该篇表达的政治理想,根本上就是不要政治的政治主张。① 这是一种彻底的无为而治。而这种政治观,正是为了保障民众的自由。只不过,这种自由不是政治自由,而是意念自由和精神自由。"庄子哲学的根本目的,是实现心理的自由境界。"②有论者称之为"整全性自由主义",而这种"庄子哲学"容易使人仅仅获得精神世界的自由,而在现实世界中却处于压迫之中。这两种状态甚至是有机统一的:正是现实世界中的压迫和无奈,使得主体局限于追求精神的自由。而自由主义恰恰要对现实世界的权利关系作出积极的规定和调整。从这个角度看,如果忽略了政治自由主义,而让道家整全性的自由主义独大,难免出现犬儒主义的倾向。③

有论者以为,庄子理想的政治是无为的,以能守持人的浑朴天性为表征;而维护人的天性也应包含对个体人个性的尊重。④ 然而正如荀子所批评的,庄子思想中有严重的"蔽于天而不知人"的倾向,这种"天而不人"的思想已然泯灭了人的主体性。从这个角度上看,庄子对政治的批判,只有精

① 刘思禾:《断裂的世界:庄子政治思想研究》,《古籍整理研究学刊》2009 年第 6 期。
② 蒙培元:《心灵超越与境界》,北京:人民出版社1998 年版,第 208 页。
③ 蔡志栋:《论"道家自由主义"三相》,《华东师范大学学报》2013 年第 3 期。
④ 涂光社:《〈庄子〉寓言的政治批判:警示人类的异化与引导精英的人生去就》,《浙江工商大学学报》2013 年第 2 期。

神上的意义,而无现实意义;所体现的正是政治意识上的极端"消极"。当然,不能否定庄子思想对人生存意识的引领,而这种意识,只有与政治、社会现实相对接,才可能具有革命性的意义。

虽然如此,庄子将"人"降至与"物"齐的地步,这种纯粹的、极端的"自然主义"对当时政治思想具有革命的颠覆性,它否定了一切的政治合法性,而认为真正的唯一的合法性,则是人的"自然"状态,这无疑是一种相对于当时残酷政治现实的"自由",而正是这种"自由"的理念,对现实政治具有极强的批判力,成为中国历史上仅有的对政治、对权力的反思力量和疏离力量。从这个角度看,庄子的政治价值观具有极高的思想和精神价值。

第四章　爱利百姓:墨子的政治价值观

　　《墨子》一书的特点是讲逻辑,论证直截了当。作者直接把墨子思想的十大主张列为篇名,即尚贤、尚同、兼爱、非攻、节用、节葬、天志、明鬼、非乐和非命。而在事实上,墨子到各国游说,都是根据该国的实际情况有所重点地宣传墨家的主张,这些主张,同样也是以此十大主张为核心的。《墨子·鲁问》记墨子"凡入国,必择务而从事焉。国家昏乱,则语之尚贤尚同;国家贫,则语之节用节葬;国家憙音湛湎,则语之非乐非命;国家淫僻无礼,则语之尊天事鬼;国家务夺侵凌,即语之兼爱非攻"。

　　据《淮南子·要略》,墨子最早是师从儒家后学的,但是"墨子学儒者之业,受孔子之术,以为其礼烦扰而不说,厚葬靡财而贫民,久服伤生而害事,故背周道而用夏政"。因此,墨子思想基本是对儒家学说的反动。另有论者认为,墨子出身于小生产者阶层,故代表了社会底层平民的利益和立场。① 毫无疑问,墨子思想带有平民性的色彩,但墨子或许只是为平民立言,或者是用平民听得懂的语言和论述方式来传播自己思想;并不一定非要将他归划到某一阶级。不过,也正因如此,墨子思想的出发点与同时代的其他思想家有着很大的不同,其中最明显的一点即是,在中国思想越来越走向"人文化"道路时,墨子仍然把天尤其是鬼神的观念作为立论的依据。可以肯定,这是民间社会文化中的"小传统"使然。

----

　　① 李泽厚指出,"中国小生产者劳动阶级的某些思想特征,可以说,是空前绝后地以系统的理论形态呈现在墨子此人或此书中(不包括墨辩)"。见李泽厚:《中国古代思想史论》,天津:天津社会科学院出版社2003年版。

一、"尊天事鬼":对上天、鬼神的敬畏

墨子认为,治理国家和社会必须有一定的法度和准则。"天下从事者,不可以无法仪。无法仪而其事能成者,无有。虽至士之为将相者皆有法,虽至百工从事者亦皆有法"。如果主政者不制定一定的规则,那甚至还不如工匠们明辨事理。"今大者治天下,其次治大国,而无法所度,此不若百工辩也。"然而,法度从哪里来呢?墨子认为,父母、教育者、君主三者,"莫可以为治法"。既然如此,什么才是治理国家规则的终极来源?墨子说:"莫若法天。天之行广而无私,其施厚而不德,其明久而不衰,故圣王法之。"另外,"今天下无小大国,皆天之邑也;人无幼长贵贱,皆天之臣也。"因此,上天的意志才是国家和社会治理规则的终极来源。"既以天为法,动作有为,必度于天;天之所欲则为之,天所不欲则止。"①

墨子认为,上天对人世间的指导是有原则的,总的原则即是"欲人之相爱相利"、"欲义而恶不义"。《墨子·法仪》云:"然而天何欲何恶者也? 天必欲人之相爱相利,而不欲人之相恶相贼也。奚以知天之欲人之相爱相利,而不欲人之相恶相贼也? 以其兼而爱之,兼而利之也。奚以知天兼而爱之,兼而利之也? 以其兼而有之,兼而食之也。"同时,《天志上》亦云:"然则天亦何欲何恶? 天欲义而恶不义。"

不仅如此,上天的意志还可以延伸到人间,行使赏罚的权力,顺天则得福,逆天则获罪。《墨子·法仪》即云:"爱人利人者,天必福之;恶人贼人者,天必祸之。"《天志上》亦云:"天下有义则生,无义则死;有义则富,无义则贫;有义则治,无义则乱。然则天欲其生而恶其死,欲其富而恶其贫,欲其治而恶其乱。"又云:"欲富且贵者,当天意而不可不顺。顺天意者,兼相爱、交相利,必得赏;反天意者,别相恶、交相贼,必得罚。"并举历史的经验反复申明之:"昔三代圣王禹汤文武,此顺天意而得赏也;昔三代之暴王桀纣幽厉,此反天意而得罚者也。"

墨子还强调,"天"的意志无处不在,人是无逃于其掌控之中的,"夫天

① 《墨子·法仪》(吴毓江《墨子校注》本),北京:中华书局1993年版。下只注篇名。

不可为林谷幽间无人,明必见之"。因此,人必须与天合作。"天欲义而恶不义。然则率天下之百姓以从事于义,则我乃为天之所欲也。我为天之所欲,天亦为我所欲。然则我何欲何恶? 我欲福禄而恶祸祟。然则率天下之百姓以从事于不义,则我乃为天之所不欲也。我为天之所不欲,天亦为我之所不欲,则是我率天下之百姓以从事于祸祟中也。"①

墨子认为,主政者只要掌握了"天志",对于社会治理则游刃有余。《墨子·天志上》记墨子言曰:"我有天志,譬若轮人之有规,匠人之有矩。轮匠执其规矩,以度天下之方圆,曰中者是也,不中者非也。今天下之士君子之书不可胜载,言语不可尽计,上说诸侯,下说列士,其于仁义则大相远也。何以知之? 曰:我得天下之明法以度之。"又说:"顺天意者,义政也。反天意者,力政也。然义政将奈何哉? 子墨子言曰:处大国不攻小国,处大家不篡小家,强者不劫弱,贵者不傲贱,多诈者不欺愚。此必上利于天,中利于鬼,下利于人。三利无所不利,故举天下美名加之,谓之'圣王'。"

与"天志"相一致的,还有墨子的"鬼神"观念。墨子在《明鬼》中力证"鬼神"的存在。他认为,之所以出现"天下失义,诸侯力正"之类"天下乱"的情况,就是因为"皆以疑惑鬼神之有与无之别,不明乎鬼神之能赏贤而罚暴也"。他进一步指出,"今若使天下之人偕若信鬼神之能赏贤而罚暴也,则夫天下岂乱哉!"墨子甚至认为,鬼神强于圣人。在《耕柱》中,巫马子问墨子:"鬼神孰与圣人明智?"墨子回答:"鬼神之明智于圣人,犹聪耳明目之与聋瞽也。"圣人是不如鬼神明智的,因此所谓的圣人应该听从鬼神的号令。

而且鬼神跟"天"一样,无所而不在,对人间的善恶有予以赏罚的权力。墨子说:"虽有深溪博林、幽涧无人之所,施行不可以不董,见有鬼神视之。"又说:"鬼神之明,不可为幽间广泽、山林深谷,鬼神之明必知之。鬼神之罚,不可为富贵众强、勇力强武、坚甲利兵,鬼神之罚必胜之。"因此,"古圣王治天下也,故必先鬼神而后人者"。② 在这里,墨子又举出先王的历史经

---

① 《墨子·天志上》。
② 《墨子·明鬼下》。

验教训来论证自己的观点,他说:"圣王皆以鬼神为神明,而为祸福,执有祥不祥,是以政治而国安也。自桀纣以下,皆以鬼神为不神明,不能为祸福,执无祥不祥,是以政乱而国危也。"①

所以,"圣王之为政",应该:"官府选效必先(鬼神),祭器祭服毕藏于府,祝宗有司毕立于朝,牺牲不与昔聚群。"②之所以如此,是因为古圣王相信鬼神的存在,所以才如此的重视。"古者圣王必以鬼神为其务,其务鬼神厚矣。"③

墨子进而指出,只要相信鬼神能够赏贤和罚暴,并施之于社会治理,那将是治理国家、谋利万民的好办法。他在《明鬼下》中说:"尝若鬼神之能赏贤如罚暴也,盖本施之国家,施之万民,实所以治国家、利万民之道也。若以为不然,是以吏治官府之不絜廉,男女之为无别者,鬼神见之。民之为淫暴寇乱盗贼,以兵刃毒药水火退无罪人乎道路,夺人车马衣裘以自利者,有鬼神见之。是以吏治官府不敢不絜廉,见善不敢不赏,见暴不敢不罪。民之为淫暴寇乱盗贼,以兵刃毒药水火退无罪人乎道路,夺车马衣裘以自利者,由此止,是以莫放。幽间,拟乎鬼神之明;显明有一人,畏上诛罚,是以天下治。"

因此,墨子认为,"尊天事鬼"是治理的前提。在《鲁问》中,鲁君问墨子:"吾恐齐之攻我也,可救乎?"墨子即指出:"吾愿主君之上者尊天事鬼,下者爱利百姓……患可救也,非愿无可为者。"在《公孟》中,他同样指出:"夫知者,必尊天事鬼,爱人节用,合焉为知矣。"

而且,墨子一直认为,这是上古圣王的治理之道:"昔之圣王禹汤文武,兼爱天下之百姓,率以尊天事鬼,其利人多,故天福之,使立为天子,天下诸侯皆宾事之。"④禹、汤、文王、武王之所以能得到"上天"的眷顾,在他看来,乃是"其事上尊天,中事鬼神,下爱人。故天意曰:'此之我所爱、兼而爱之,我所利、兼而利之。爱人者此为博焉,利人者此为厚焉。'故使贵为天子,富

① 《墨子·公孟》。
② 《墨子·明鬼下》。
③ 《墨子·明鬼下》。
④ 《墨子·法仪》。

有天下,业万世子孙。传称其善,方施天下,至今称之,谓之'圣王'。"①不如,则是"暴王",如夏桀、纣王诸人,是必定要失败的。

墨子的"天志"、"明鬼"思想,说到底是为人间的社会、政治秩序做论证。但事实上,他只是解释了权力的合法性来源以及权力的权威性,而在其他方面,墨子则十分贴近社会现实。从现实的角度考虑问题,也是墨子思想方面的一个特色。

二、"必兴天下之利":对民众利益的维护

上文提及,墨子认为,"天必欲人之相爱相利","民相爱"是上天的意志,即"天志"。在谈及国家治理时他又反复提及"下者爱利百姓"、"下爱人"等理念,这些都是墨子"兼爱"思想的集中体现。

墨子认为:"仁人之所以为事者,必兴天下之利,除去天下之害,以此为事者也。"兴天之下利、除天下之害,是主政者的责任。但是社会中却广泛存在着"若国之与国之相攻,家之与家之相篡,人之与人之相贼,君臣不惠忠,父子不慈孝,兄弟不和调"这样的"天下之害"。而这些"天下之害"正是由于"以不相爱生",他进一步推论,"凡天下祸篡怨恨,其所以起者,以不相爱生也。"②

为此,墨子提出了自己的解决之道:"以兼相爱、交相利之法易之。"具体则是:"视人之国,若视其国;视人之家,若视其家;视人之身,若视其身。"如果此原则能够施行,"诸侯相爱则不野战;家主相爱则不相篡;人与人相爱则不相贼;君臣相爱则惠忠;父子相爱则慈孝;兄弟相爱则和调。天下之人皆相爱,强不执弱,众不劫寡,富不侮贫,贵不敖贱,诈不欺愚。"③

这样的"理想"措施,当然会有人质疑"兼爱"是否可具操作性,为此,墨子反驳说,之所以"兼爱"难行,"特上弗以为政,士不以为行故也"。他又指出,"古者圣王行之",古人可以,当代人为什么不可以呢! 所以,墨子说:

---

① 《墨子·天志上》。
② 《墨子·兼爱中》。
③ 《墨子·兼爱中》。

"今天下之士君子,忠实欲天下之富,而恶其贫;欲天下之治,而恶其乱,当兼相爱,交相利。此圣王之法,天下之治道也,不可不务为也。"①

围绕"兼爱"这一命题,墨子还提出一系列的行政主张。首先是"非攻",呼吁社会的和平。他认为,战争已经造成民不聊生的社会局面,"国家发政,夺民之用,废民之利",但为什么主政者还要发动战争呢?其一是"我贪伐胜之名,及得之利,故为之"。② 其二则是不"知义",他说:"今小为非,则知而非之。大为非攻国,则不知而非,从而誉之,谓之'义'。此可谓知义与不义之辩乎? 是以知天下之君子也,辩义与不义之乱也。"③

墨子警告主政者,国与国之间应该避免使用武力,"大国之攻小国也,是交相贼也,过必反于国"。④ 轻易发动战争,必将危害自身;而维持和平则不同,"人劳我逸,则我甲兵强。宽以惠,缓易急,民必移。易攻伐以治我国,攻必倍。量我师举之费,以诤诸侯之毙,则必可得而享利焉。督以正,义其名,必务宽吾众,信吾师,以此授诸侯之师,则天下无敌矣,其为下不可胜数也。此天下之利,而王公大人不知而用,则此可谓不知利天下之巨务矣。"所以,"欲为仁义,求为上士,尚欲中圣王之道,下欲中国家百姓之利,故当若非攻之为说,而将不可不察者此也!"⑤

当然,墨子也不是一味地反对战争,他支持正义的战争,比如禹征有苗,汤伐桀,武王伐纣,等等,都是因为对方"不德"而受到民众的反对,在这种情况下,发动战争,解民于倒悬,"非所谓攻也,所谓诛也"。⑥ 这种正义的战争,是"诛",而不是"攻"。

另外,墨子也强调自卫防御,使敌人有所忌惮,《公输》篇中记墨子与公输般模拟攻城实战,最终墨子得胜,可见其力。因此,他更强调备战的重要性。他说:"备者,国之重也。""仓无备粟,不可以待凶饥;库无备兵,虽有义,不能征无义;城郭不备完,不可以自守;心无备虑,不可以应卒。""民苦

① 《墨子·兼爱中》。
② 《墨子·非攻中》。
③ 《墨子·非攻上》。
④ 《墨子·鲁问》。
⑤ 《墨子·非攻下》。
⑥ 《墨子·非攻下》。

于外,府库单于内,上不厌其乐,下不堪其苦。故国离寇敌则伤,民见凶饥则亡,此皆备不具之罪也。"①积极备战更是"非攻"的一种手段。

实施"兼爱"的第二个行政主张是节约。

墨子认为,上层社会的奢侈是造成民众负担沉重的原因之一。他尤其批评主政者"好聚珠玉鸟兽犬马,以益衣裳宫室甲盾五兵舟车之数";②又指责"当今之主……必厚作敛于百姓,暴夺民衣食之财,以为宫室台榭曲直之望,青黄刻镂之饰。为宫室若此,故左右皆法象之,是以其财不足以待凶饥,赈孤寡,故国贫而民难治也。"因此,"君实欲天下之治而恶其乱也,当为宫室不可不节"。不仅宫室,衣服、食饮、舟车、蓄私也都不可不节,"凡此五者,圣人之所俭节也,小人之所淫佚也。俭节则昌,淫佚则亡,此五者不可不节,夫妇节而天地和,风雨节而五谷孰,衣服节而肌肤和"。③

同时,墨子还认为"厚葬"也是一种浪费,"衣食者,人之生利也,然且犹尚有节;葬埋者,人之死利也,夫何独无节于此乎"。因此他提出"节葬"的主张,"厚葬久丧,其非圣王之道也","厚葬久丧"有可能导致亡国,"今惟毋以厚葬久丧者为政,国家必贫,人民必寡,刑政必乱。若苟贫,是无以为积委也;若苟寡,是修城郭沟渠者寡也;若苟乱,是出战不克,入守不固。"④

在墨子看来,主政者应该做的是:"凡费财劳力不加利者,不为也。是故圣王作为宫室,便于生,不以为观乐也;作为衣服带履,便于身,不以为辟怪也。故节于身,诲于民,是以天下之民可得而治,财用可得而足。"⑤凡属劳民伤财而不增加益处的事,都不去做。民众之困,是主政者对老百姓横征暴敛,只有自身节俭,以身作则地教导百姓,天下即可大治,财用即可充裕。

因为节俭,将会使国家财力大增,"圣人为政一国,一国可倍也。大之为政天下,天下可倍也。其倍之,非外取地也,因其国家,去其无用,足以倍之。圣王为政,其发令兴事、使民用财也,无不加用而为者。是故用财不费,

---

① 《墨子·七患》。
② 《墨子·节用上》。
③ 《墨子·辞过》。
④ 《墨子·节葬下》。
⑤ 《墨子·辞过》。

民德不劳,其兴利多矣。"①而这种财力的加倍,并不是向外掠夺土地;而是省去无用之费得来的,因此主政者施政,无益的、不实用的不能去做;财物不浪费,民众不劳苦,兴利则多。

因此,墨子说:"今天下之士君子,中请将欲为仁义,求为上士,上欲中圣王之道,下欲中国家百姓之利,故当若节丧之为政,而不可不察者此也。"②"去无用之务,行圣王之道,天下之大利也。"③

墨子所言之"利",主要是个人之利、他人之利和天下之利,他在兼顾个人利益的同时,更强调的天下之公利,他的主张是"利人"、"兼利"、"交相利"。

三、"利人乎即为"：对实用主义的追求

为了节约社会财富,墨子竟然敢于提出"节葬"这样在当时可谓惊世骇俗的主张,而这正是基于他实用主义的功利价值观。在思想方法上,墨子曾提出"三表法"。《墨子·非命上》有云:"言必有三表。何谓三表? 子墨子言曰:有本之者,有原之者,有用之者。于何本之? 上本之于古者圣王之事。于何原之? 下原察百姓耳目之实。于何用之? 废以为刑政,观其中国家百姓人民之利。此所谓言有三表也。"所谓"三表法",是墨子提出的判断是非的三个标准,即根据前人的经验教训、普通民众的感觉经验和是否符合国家民众的利益来指导、决定人的言行。"三表法"就体现了墨子的实用主义倾向。郭智勇即认为,墨子的分配思想即充满了功利的原则。④

墨子还说:"仁人之事者,必务求兴天下之利,除天下之害。将以为法乎天下,利人乎即为,不利人乎即止。"行事的准则是有利于人的就做,不利于人的就不做。厚葬无益于生人,因此就要废除。也正是从这个角度上,墨子提出"非乐"的主张。"仁者之为天下度也,非为其目之所美,耳之所乐,

---

① 《墨子·节用上》。
② 《墨子·节葬下》。
③ 《墨子·节用上》。
④ 郭智勇:《功利、道义、和谐:墨子分配功利主义的伦理生态》,《天府新论》2012 年第 4 期。

口之所甘,身体之所安,以此亏夺民衣食之财,仁者弗为也。是故子墨子之所以非乐者,非以大钟鸣鼓琴瑟竽笙之声以为不乐也,非以刻镂华文章之色以为不美也,非以犓豢煎灸之味以为不甘也,非以高台厚榭邃野之居以为不安也。虽身知其安也,口知其甘也,目知其美也,耳知其乐也,然上考之不中圣王之事;下度之不中万民之利。"①从中我们可以看出,墨子不是不喜欢声色之美,而是因为它不符合古圣王的做法,更不符合广大民众的利益,所以才要"非乐"。

不仅如此,墨子在《三辩》中也曾经提出:"乐非所以治天下也。"墨子极力反对"乐",是他尤其认为如果作"乐"的话,"将必厚措敛乎万民",而且耗费民力,"使丈夫为之,废丈夫耕稼树艺之时;使妇人为之,废妇人纺绩织纴之事……将必与人,不与君子听之,废君子听治;与贱人听之,废贱人之从事"。② 因此看,作"乐"会严重影响生产,而影响生产的后果则是极其严重的,会有亡国的危险。《墨子·非乐上》指出:"民有三患:饥者不得食,寒者不得衣,劳者不得息。三者,民之巨患也。"而"国有七患":"城郭沟池不可守而,治宫室,一患也。边国至境,四邻莫救,二患也。先尽民力无用之功,赏赐无能之人,民力尽于无用,财宝虚于待客,三患也。仕者持禄,游者忧交,君修法讨臣,臣慑而不敢拂,四患也。君自以为圣智而不问事,自以为安强而无守备,四邻谋之不知戒,五患也。所信不忠,所忠不信,六患也。畜种菽粟不足以食之,大臣不足以事之,赏赐不能喜,诛罚不能威,七患也。"③

而消除这些治理隐患,只有勠力生产一途。墨子说:"凡五谷者,民之所仰也,君之所以为养也。故民无仰则君无养,民无食则不可事。故食不可不务也,地不可不力也,用不可不节也。④ 因此,"赖其力者生,不赖其力者不生。君子不强听治,即刑政乱;贱人不强从事,即财用不足。今天下之士君子以吾言不然;然即姑尝数天下分事,而观乐之害。王公大人蚤朝晏退,

① 《墨子·非乐上》。
② 《墨子·非乐上》。
③ 《墨子·七患》。
④ 《墨子·七患》。

听狱治政,此其分事也。士君子竭股肱之力,亶其思虑之智,内治官府,外收敛关市、山林、泽梁之利,以实仓廪府库,此其分事也。农夫蚤出暮人,耕稼树艺,多聚菽粟,此其分事也。妇人夙兴夜寐,纺绩织纴,多治麻丝葛绪,綑布縿,此其分事也。"①同样,《墨子·七患》也指出,"财不足则反之时,食不足则反之用。故先民以时生财,固本而用财,则财足。"财用不足就注重农时,粮食不足就注意节约。古代先王都是按农时生产,搞好农业生产,节省开支,因此财用充足。

因为墨子强调生产中的自力自为,所以,他在此基础上提出"非命"论,认为人在关于生产的问题上可以掌握自己的命运。在《非命上》中,他批评了"命定论"者,"执有命者之言曰:命富则富,命贫则贫;命众则众,命寡则寡;命治则治,命乱则乱;命寿则寿,命夭则夭;命,虽强劲,何益哉?"又说:"上以说王公大人,下以驵百姓之从事,故执有命者不仁。"墨子认为"命定论"者阻碍生产,是不仁的行为,他们的建议不过是"暴人之道",听从他们的话,将会产生严重的后果。"今用执有命者之言,则上不听治,下不从事。上不听治,则刑政乱;下不从事,则财用不足;上无以供粢盛酒醴,祭祀上帝鬼神;外无以应待诸侯之宾客,降绥天下贤可之士;内无以食饥衣寒,将养老弱。故命上不利于天,中不利于鬼,下不利于人。"因此,墨子警告说:"今天下之士君子,忠实欲天下之富而恶其贫,欲天下之治而恶其乱,执有命者之言不可不非。此天下之大害也。"②

发展生产,于国大为有益,首先是有利于社会的稳定。《墨子·七患》云:"时年岁善,则民仁且良;时年岁凶,则民吝且恶。夫民何常此之有?为者寡,食者众,则岁无丰。"因生产而国家实力增加,有利于国家安全大局;加强战备,则无外患之虞。"备者,国之重也。食者,国之宝也;兵者,国之爪也;城者,所以自守也;此三者,国之具也。"③于此,梁启超早有论及,他认为墨子试图要建设一种劳力本位的互助社会,这是发展生产、维系稳定的根

---

①　《墨子·非乐上》。

②　《墨子·非命上》。

③　《墨子·七患》。

本办法。①

四、"壹同天下之义":对稳定秩序的渴望

基于基层民众的利益,墨子主张有一个稳定的社会秩序和政治秩序。他首先强调的是政治秩序。

一个良好的政治秩序有赖于有效、良好的治理,而良好的治理取决于人才,这就是墨子提出"尚贤"主张的初衷。墨子认为:"夫尚贤者,政之本也。""国有贤良之士众,则国家之治厚;贤良之士寡,则国家之治薄。故大人之务,将在于众贤而已。"②他又说:"入国而不存其士,则亡国矣。见贤而不急,则缓其君矣。非贤无急,非士无与虑国。缓贤忘士而能以其国存者,未曾有也。"因此他提出:"归国宝,不若献贤而进士。"③

为了选拔人才,"虽在农与工肆之人,有能则举之,高予之爵,重予之禄,任之以事,断予之令。""举义不辟贫贱","举义不辟亲疏","举义不辟远近"。这在讲究严格等级的先秦社会,具有振聋发聩的意义。而且"以德就列,以官服事,以劳殿赏,量功而分禄。故官无常贵,而民无终贱。有能则举之,无能则下之"。④ 在《亲士》中,他还说:"虽有贤君,不爱无功之臣;虽有慈父,不爱无益之子。是故不胜其任而处其位,非此位之人也;不胜其爵而处其禄,非此禄之主也。"

墨子尤其指出,对贤良之士,要给予优厚的待遇,因为他们"此固国家之珍,而社稷之佐也。亦必且富之贵之,敬之誉之,然后国之良士亦将可得而众也"。而且,"爵位不高则民弗敬,蓄禄不厚则民不信,政令不断则民不畏"。⑤

对贤良之士的尊重,还体现在要多方听取其意见,为决策提供建议,以备良好的治理。《亲士》即云:"夫恶有同方取不取同而已者乎?盖非兼王之道也!"在《尚贤上》中,墨子说:"得意,贤士不可不举;不得意,贤士不可

---

① 蔡尚思:《十家论墨·梁启超论墨子》,上海:上海人民出版社 2004 年版,第 11—13 页。
② 《墨子·尚贤上》。
③ 《墨子·亲士》。
④ 《墨子·尚贤上》。
⑤ 《墨子·尚贤上》。

不举。尚欲祖述尧舜禹汤之道,将不可以不尚贤。"

另外,为了政治秩序的稳定,必须有一个稳定的统治秩序。于此,墨子设计了一个完整的、自上而下的行政体系,是为"尚同"。

在《尚同上》中,他先是描绘了前国家社会的无序状况:"古者民始生未有刑政之时,盖其语,人异义。是以一人则一义,二人则二义,十人则十义。其人兹众,其所谓义者亦兹众。是以人是其义,以非人之义,故交相非也。是以内者父子兄弟作怨恶,离散不能相和合。天下之百姓,皆以水火毒药相亏害,至有余力不能以相劳,腐朽余财不以相分,隐匿良道不以相教,天下之乱,若禽兽然。"进而指出先民社会之所以乱,是因为没有"政长"的缘故,所以他主张"选天下之贤可者,立以为天子",然后又"选择天下之贤可者,置立之以为三公",依次再设立"诸侯国君"、"正长"、"乡长"、"里长"。

这样,一个自天子至乡里的垂直行政体系就成为墨子政治思想中最独特之处,其目的是强化行政组织,提高行政效率,"天子发政于天下之百姓,言曰:'闻善而不善,皆以告其上。上之所是必皆是之,上之所非必皆非之。上有过则规谏之,下有善则傍荐之。上同而不下比者,此上之所赏而下之所誉也。意若闻善而不善,不以告其上。上之所是弗能是,上之所非弗能非。上有过弗规谏,下有善弗傍荐。下比不能上同者,此上之所罚而百姓所毁也。'上以此为赏罚,甚明察以审信。"

行政系统打通以后,"里长者,里之仁人也"。"乡长唯能壹同乡之义,是以乡治也。乡长者,乡之仁人也"。"国君唯能壹同国之义,是以国治也。国君者,国之仁人也……天子唯能壹同天下之义,是以天下治也。"这样,天子的意志和权力就可以延伸到乡里层次,如臂使指。上前述及,行政要讲法则,这个法则就是"天志"。这个行政体系当然不会忘记"天"的作用。"天下之百姓皆上同于天子,而不上同于天,则灾犹未去也。今若天飘风苦雨,湊湊而至者,此天之所以罚百姓之不上同于天者也。是故子墨子言曰:'古者圣王为五刑,请以治其民。譬若丝缕之有纪,网罟之有纲,所连收天下之百姓不尚同其上者也。'"①

---

① 《墨子·尚同上》。

在《天志上》上,墨子更加论证上天的意志对政治的作用。"义者,政也。无从下之政上,必从上之政下。是故庶人竭力从事,未得次己而为政,有士政之;士竭力从事,未得次己而为政,有将军大夫政之;将军大夫竭力从事,未得次己而为政,有三公诸侯政之;三公诸侯竭力听治,未得次己而为政,有天子政之;天子未得次己而为政,有天政之。天子为政于三公、诸侯、士、庶人,天下之士君子固明知之;天之为政于天子,天下百姓未得之明知也。故昔三代圣王禹汤文武欲以天之为政于天子,明说天下之百姓,故莫不犓牛羊、豢犬彘,洁为粢盛酒醴,以祭祀上帝鬼神,而求祈福于天。我未尝闻天下之所求祈福于天子者也,我所以知天之为政于天子者也。"

因此,所谓"尚同"的政治理念,即是下同于上,直至同于"天",这正是墨子思想被认为是专制主义渊薮的原因。①

墨子其次强调的是道德秩序。

与儒家一样,墨子同样主张修身,只不过他所言的修身,更多地是强调如何才能成为贤才的问题。他说:"君子战虽有陈,而勇为本焉;丧虽有礼,而哀为本焉;士虽有学,而行为本焉。是故置本不安者,无务丰末;近者不亲,无务来远;亲戚不附,无务外交。"②行政应以德行为本,这是墨子从儒家那里承继过来的。然而,墨子之所强调修身,正是因为士人品格的堕落。墨子对当时士风提出严厉的批评,他说:"今士之用身,不若商人之用一布之慎也。商人用一布布,不敢继苟而雠焉,必择良者。今士之用身则不然,意之所欲则为之,厚者入刑罚,薄者被毁丑。则士之用身,不若商人之用一布之慎也。"③

在墨子看来,修身不仅仅是个体自觉的问题,而且还是君主要求的结

---

① 见刘泽华的《中国政治思想史》(浙江人民出版社 1996 年版);孟祥才的《墨子思想与中国传统政治文化》(《山东大学学报》1995 年第 2 期);等等。不过,也有论者指出,墨子的"天、鬼立政"有政治监督的功用,而且其尚贤主张有人民基本政治权利的意味。见任海涛:《〈墨子〉中的宪法思想萌芽》,《法学杂志》2010 年第 5 期。另外,郭智勇认为,墨子是通过尚贤以通上下之情,以这种政治之善的路径选择化解因"尚同"而"一同天下之义"的道德困境,这是一种政治和合。见郭智勇:《"尚同"与"尚贤":墨子政治和合的伦理路径探析》,《东南大学学报》2014 年第 1 期。

② 《墨子·修身》。

③ 《墨子·贵义》。

果,因为道德是为政的基本条件,"先王之治天下也,必察迩来远。君子察迩,修身也;修身,见毁而反之身者也,此以怨省而行修矣。"①主政者还应该把道德标准作为人富贵的阶梯,以鼓励、引导人们走向修身的道德之路,"古者圣王之为政也",言曰:"不义不富,不义不贵,不义不亲,不义不近。"②

当然还有环境的问题。墨子以染丝为喻,揭示良好的社会环境和人际环境对个人的熏陶和积极影响,指出这关涉个人的成败、国家的兴亡。"凡君之所以安者何也,以其行理也。行理性于染当。故善为君者,劳于论人,而佚于治官。不能为君者,伤形费神,愁心劳意,然国逾危,身逾辱……不知要故也。不知要者,所染不当也。"而且,"非独国有染也,士亦有染。其友皆好仁义,淳谨畏令,则家日益、身日安、名日荣,处官得其理矣,则段干木、禽子、傅说之徒是也。其友皆好矜奋,创作比周,则家日损、身日危、名日辱,处官失其理矣,则子西、易牙、竖刀之徒是也。诗曰:'必择所堪,必谨所堪'者,此之谓也。"③

通览《墨子》全书,则发现墨子眼中的道德范畴,还有廉、义、爱、哀。他说:"君子之道也,贫则见廉,富则见义,生则见爱,死则见哀。四行者,不可虚假反之身者也。藏于心者无以竭爱,动于身者无以竭恭,出于口者无以竭驯。畅之四支,接之肌肤,华发隳颠,而犹弗舍者,其唯圣人乎。"④

又有志、智、言、行、分财、守道、辨是非。他说:"志不强者智不达,言不信者行不果。据财不能以分人者,不足与友;守道不笃,偏物不博,辨是非不察者,不足与游。本不固者末必几,雄而不修者其后必惰,原浊者流不清,行不信者名必耗。名不徒生,而誉不自长。功成名遂,名誉不可虚假反之身者也。务言而缓行,虽辩必不听;多力而伐功,虽劳必不图。慧者心辩而不繁说,多力而不伐功,此以名誉扬天下。言无务为多而务为智,无务为文而务为察。故彼智与察在身,而情反其路者也。善无主于心者不留,行莫辩于身

① 《墨子·修身》。
② 《墨子·尚贤上》。
③ 《墨子·所染》。
④ 《墨子·修身》。

者不立。名不可简而成也,誉不可巧而立也,君子以身戴行者也。思利寻焉,忘名忽焉,可以为士于天下者,未尝有也。"①

而在这些道德范畴中,墨子最看重的是"义"。墨子曾说:"万事莫贵于义。"②又说:"夫义,天下之大器也。"③而在《耕柱》中,他也表示:"义,天下之良宝也。"因为"用义为政于国家,国家必富,人民必众,刑政必治,社稷必安。所为贵良宝者,可以利民也,而义可以利人"。因此,墨子主张一切行为都应该符合"义"的要求:"凡言、凡动,利于天鬼百姓者为之;凡言、凡动,害于天鬼百姓者舍之。凡言、凡动,合于三代圣王尧舜禹汤文武者为之;凡言、凡动,合于三代暴王桀纣幽厉者舍之。"而且,尤其强调,"为义而不能,必无排其道。譬若匠人之斩而不能,无排其绳。"④行义而不能胜任之时,一定不可归罪于墨子的学说、主张本身;正好像木匠劈木材不能劈好,不可归罪于墨线一样。

墨子坚持相信,如果坚持修身行义,那么离圣人就不会太远了:"嘿则思,言则诲,动则事。使三者代御,必为圣人。""必去六辟,必去喜、去怒、去乐、去悲、去爱,而用仁义。手足口鼻耳从事于义,必为圣人。"⑤

关键还在于:墨子认为,行义并不什么难事,只需要根据自己的特长去行事就可以,所以当治徒娱、县子硕问墨子"行义什么最重要"的时候,他回答:"譬若筑墙然,能筑者筑,能实壤者实壤,能欣者欣,然后墙成也。为义犹是也,能谈辩者谈辩,能说书者说书,能从事者从事,然后义事成也。"⑥

墨子强调的道德秩序与儒家存在着巨大的差异,在很大程度上,墨子是通过道德来克服他功利主义带来的消极影响,虽然,从思想方法上这与儒家的以义节利是一致的,但是,在墨子这里,道德的实际作用反而被提高了。

在先秦时期,墨家学派的思想堪称独树一帜,这一指向不表现在思想内

---

① 《墨子·修身》。
② 《墨子·贵义》。
③ 《墨子·公孟》。
④ 《墨子·贵义》。
⑤ 《墨子·贵义》。
⑥ 《墨子·耕柱》。

容上,而是指所在立场和角度,如果说儒家是代民立言,道家是代"自然"立言,法家是代"君"立言,那么,墨家则基本上是站在民间的立场上,民众自己为自己立言,完全体现了民间的思想力量。这是中国政治思想史上的光辉一页。在当时的政治环境中,民众作出了自己的思想选择,他们要求生活和生产的权利,因此要求和平安定的社会环境。为了达到这一点,他们让渡了自己的"自由",而选择了"集权"和"专制",拥护了"尚同"的思想。最关键的是,墨家学派身体力行地实践自己的政治理念,他们"皆可使赴火蹈刃,死不还踵",①"手足胼胝,面目黧黑,役身给使,不敢问欲",②表现出了民众自身的政治热情。虽然,这种热情由于缺乏持续的"自组织力量"而被整合至君主的"集权"当中,但是中国民间政治力量的萌发,这是一个开端。事实上,这也为与君主集权相对抗的政治力量和民间社区/宗族的自我治理提供了想象空间。

---

① 《淮南子·泰族训》(刘文典《淮南子集解》本),北京:中华书局1989年版。下只注篇名。

② 《墨子·备梯》。

第五章 会通与一统:秦汉时期 "大一统"政治价值观的 形成

第一节 百虑而一致:周秦之季的学术综合

周自平王东迁,"礼乐征伐自诸侯出","陪臣执国命",学术散于四野,遂有诸子之学,其可观者乃有儒、道、阴阳、法、名、墨、纵横、杂、农九家,其中儒、道、法、墨、阴阳为世之显学。诸子驰说列国,"各引一端,崇其所善",① 皆欲取合诸侯。是故儒墨互绌,儒道相非,儒法互克。然而,诸子"其言虽殊,辟犹水火,相灭亦相生也。仁之与义,敬之与和,相反而皆相成也"。② 诸子思想具有内在的一致性,这与战国中后期逐渐形成的"一"的社会思潮达成了默契。

一、战国秦汉学术之"殊途而同归"

战国中期以降,"一"的思想成为诸子的共识。孟子最早提出了这个命题。他在回答梁襄王"天下恶乎定"的问难时,说"定于一"。③ 这个命题不仅要求思想的"一",还要求政治的"一",即"一"天下。《吕氏春秋·不二篇》曰:"有金鼓所以一耳也;同法令所以一心也;智者不得巧,愚者不得拙,

---

① 班固:《汉书·艺文志》(中华书局标点本),北京:中华书局 1962 年版。下只注篇名。
② 《汉书·艺文志》。
③ 《孟子·梁惠王上》。

所以一众也;勇者不得先,惧者不得后,所以一力也。故一则治,异则乱;一则安,异则危。"①其《执一篇》也说:"王者执一,而为万物正。军必有将,所以一之也;国必有君,所以一之也;天下必有天子,所以一之也;天子必执一,所以抟之也。一则治,两则乱。"在"一"的思潮下,诸子走上了学术综合的道路。这种学术的综合,是以自家学术为体,兼采他家;而且,是在与他家的相非过程中完成这一综合过程的。这一过程,我们从《韩非子·显学篇》、《庄子·天下篇》以及《荀子》、《易传》、《吕氏春秋》的一些篇章中可以窥见。

韩非子融法、术、势于一体,集法家之大成,使法家思想达至极致。"道生法",韩非子"归本于黄老",②以《喻老》、《解老》发扬老子思想,进而吸取了其自然天道观、先王之否定论和仁义无是非论。不仅如此,韩非子于他家亦有采获。《韩非子·显学》称"世之显学,儒墨也",述其学术支流甚详,然亦讥儒墨为"愚诬之学"、"杂学缪行同异之辞",③因而黜儒墨以倡耕战、行赏罚、明法度。其实,就其思想传统而言,其于儒墨,也是相反相成。韩非子为荀子门生,其思想受荀卿影响自不待言。尤其是荀卿之唯物论,承认分、辩、别、养之"礼"论,认识事物之"参验"思想,以及性恶论和积习说,皆深刻地影响了韩非子的思想。而韩非子思想源于墨子者,一在于名理之承继,二在于其强调非命强力、贵贱无常。④ 诸子相灭相生,此可力证不诬。

《庄子·天下篇》盖为庄子后学所作,成书亦在战国之末,距荀韩之时不远。其总结各家思想,亦主张"一"的思路,"天下之治方术多矣,皆以其有为不可加矣……圣有所生,王有所成,皆原于一"。《天下篇》点评墨子、宋尹学派、彭蒙田骈慎到、关尹老聃、庄子、惠施桓圉公孙龙诸派,是是非非,深感"天下之人各为其所欲焉以为方","百家往而不反,必不合矣","道术将为天下裂",以致"内圣外王之道,暗而不明,郁而不发"。而欲发明"内圣

---

① 《吕氏春秋·不二》(陈奇猷《吕氏春秋校释》本),上海:学林出版社1984年版。下只注篇名。

② 《史记·老子韩非列传》。

③ 《韩非子·显学》。

④ 侯外庐等:《中国思想通史》第一卷,北京:人民出版社1957年版,第614—617页。

外王"之道，须"一"于儒学。所以其言君子，乃"以仁为恩，以义为理，以礼为行，以乐为和，薰然慈仁"；其述《六经》，"《诗》以道志，《书》以道事，《礼》以道行，《乐》以道和，《易》以道阴阳，《春秋》以道名分"。① 意在说明体现在儒家经典《六经》中的理论是最高最完美的理论。以故，《天下篇》是在道家的话语体系下，全面阐述了儒家的观点。②

荀子是先秦最后一个大儒。荀子之意，"凡人之患，蔽于一曲而暗于大理"，"墨子蔽于用而不知文，宋子蔽于欲而不知得，慎子蔽于法而不知贤，申子蔽于势而不知知，惠子蔽于辞而不知实，庄子蔽于天而不知人"。③ 所以，荀子非它嚣、魏牟、陈仲、史鰌、墨子、宋鈃、慎到、田骈、惠施、邓析、子思、孟子等十二子，认为其虽"饰邪说，交奸言，以枭乱天下，谲宇嵬琐，使天下混然不知是非治乱之所存"，然而亦皆"持之有故，其言之成理"。④ 是故，荀子对各家也非一概否定，而是加以分析，承认各家也是各有"有见"。"慎子有见于后，无见于先；老子有见于诎，无见于信；墨子有见于齐，无见于畸；宋子有见于少，无见于多。"⑤如此，荀子在儒家基础上，吸取道、墨、名、法特别是道、法的思想，对儒家进行改造和充实，集先秦思想之大成。所以，傅山说，荀子思想实际"近于法家、近于刑名家"，而且在一些观点上，"又有近于墨家者言"。⑥

《易传》亦成于战国之末，作者不专一人，也非一时写就，然其基本思想"大抵和思孟学派——邹衍阴阳五行学派相符合，无疑地多半出于他们后学之手"。⑦ 孔子"晚而喜《易》"，"读《易》，韦编三绝"，⑧《易》很受儒家重视。儒者读《易》，非为占卜，而是重于义理引申发挥，于是始有《易传》。《易传》隆礼、明德、慎罚，援引道家之天道观，"神道设教"以及综合阴阳五

① 《庄子·天下》。

② 任继愈：《中国哲学发展史(先秦)》，北京：人民出版社1983年版，第381页。

③ 《荀子·解蔽》。

④ 《荀子·非十二子》。

⑤ 《荀子·天论》。

⑥ 傅山：《荀子评注》，转引自张岂之：《中国思想史》，西安：西北大学出版社1993年版，第73页。

⑦ 侯外庐等：《中国思想通史》第一卷，北京：人民出版社1957年版，第654页。

⑧ 《史记·孔子世家》。

行、稷下黄老学说以总结各家思想,在学术路径上与荀子一致,在思想特征上亦大有共通之处。

《吕氏春秋》号为杂家之作,恰好说明其欲总结先秦思想的意图。其述先秦诸子,云"老耽(聃)贵柔,孔子贵仁,墨翟贵廉,关尹贵清,子列子贵虚,陈(田)骈贵齐,阳(杨)生贵己,孙膑贵势,王廖贵先,倪良贵后"。①《吕氏春秋》集论成书,杂取诸家之说,对于各家较少批评,而偏重于吸收其可取之处,力图超出门户之见。它在兼收并蓄各家思想时,用儒家思想改造了各家思想。② 其书强调仁政、德治、王道、爱民,强调文化、知识及教育,"无论是在世界观或政治思想方面,都与《荀子》最为接近"。③ 这与《易传》是极为相似的。

综上所述,在战国末的学术综合总结过程中,各家均欲以自家的思想体系整合先秦各家之说,但事实上,儒学渐占上风,而且儒家中的荀学一派风头独健。这必将深刻影响汉初学术流变,预示了其可能成为社会的思想主潮。蒙文通先生讲:"盖周秦之季诸子之学,皆互为采获,以相融合。韩非集法家之成,更取道家言以为南面之术,而非固荀氏之徒也。荀之取于道法二家,事尤至显……六艺经传之事,盖亦类此。汇各家之学,而综其旨要以于儒家。"④也正揭示了这种趋势。

汉初儒学的传播发展亦与荀子有十分密切的关系。荀子后学曾言:"今之学者,得孙卿之遗言余教,足以为天下法式表仪,所存者神,所过者化。"⑤汉初的《诗》、《书》、《礼》、《乐》、《易》、《春秋》流传,均与荀子传授有关。汪中《荀卿子通论》说:"荀卿之学出于孔氏,而尤有功于诸经","汉诸儒未兴……六艺之传赖以不绝者,荀卿也。"⑥荀子于汉初儒学发展,有先开

---

① 《吕氏春秋·不二》。
② 金春峰:《论〈吕氏春秋〉的儒家思想倾向》,《哲学研究》1982 年第 12 期。
③ 刘元彦:《〈吕氏春秋〉泛论》,见《中国哲学》第三辑,北京:三联书店 1980 年版,第86 页。
④ 蒙文通:《儒学五论》,转引自萧萐父:《吹沙集》,成都:巴蜀书社 1991 年版,第 199—200 页。
⑤ 《荀子·尧问》。
⑥ 转引自任继愈:《中国哲学发展史(先秦)》,北京:人民出版社 1983 年版,第 670 页。

风气之功。汉初儒者不仅坚守儒学基本价值,还承继了周秦以来学术走向总结综合的精神和路径,儒学开始在儒者对他家学术扬弃之下,逐渐形成新的思想体系。

二、秦汉诸子之流变:以墨学为例

(一)墨学后派及秦国墨学发展

墨学是战国时代诸子中的显学,受到当时社会的广泛支持和响应。墨学的弘扬,使许多人加入墨学队伍,据《吕氏春秋·当染篇》记载:"(墨学)从属弥众,弟子弥丰,充满天下。"又说:"孔墨之后学显荣于天下者众矣,不可胜数。"墨家与儒家中分天下,成为较有实力的学术团体。

然而,墨子死后,墨家后学分离为三派,"有相里氏之墨,有相夫氏之墨,有邓陵氏之墨"。[①]《庄子·天下篇》也有类似的论述:"相里勤之弟子,五侯之徒,南方之墨者苦获、己齿、邓陵子之属,俱诵墨经,而倍谲不同,相谓别墨。"相里勤即相里氏,据钱宾四先生考证,相里氏祖居今山西汾阳;而五与伍同,古书伍子胥姓多作五,子胥之后又多在齐。[②] 据此,墨学后派如按地域分就很清楚了。相里氏西近于秦,是为西方之墨;五侯当即伍子胥之后,居齐,为东方之墨;邓陵子等无疑都是南方之墨了。

东方之墨的活动区域大致在宋鲁齐地区,是墨学的诞生地,"宋地……其民犹有先王遗风,重厚多君子,好稼穑,恶衣食,以致蓄藏"。[③] 在这种人文地理环境下,加之齐国倡导学术自由,重实践、主节用的墨学自然根深蒂固,从容发展,对东部地区影响至深。东方之墨者直接受承墨子衣钵,其后学活跃于稷下学宫,讲学布道,代表人物有田鸠(亦即田俅子)、五侯,连宋(钘)尹(文)学派也深受其影响。[④]

---

① 《韩非子·显学》。
② 钱穆:《先秦诸子系年·墨子弟子通考》,台北:联经出版事业公司 1998 年版,第 214 页。
③ 《汉书·地理志》。
④ 宋尹学派之师承,历来纷讼不已,梁任公力证其为墨家后学,今从梁说。见《饮冰室合集》第八册之《墨者及墨学后派》,北京:中华书局 1983 年版,第 76 页。其实,纵使宋尹不为墨家,但其言"见侮不辱,救人之斗;禁攻寝兵,救世之战"及"人我之养毕足而已",也是深受墨学影响。

墨子晚年游楚,卒于楚之鲁阳(今河南鲁山),楚是墨子最后的活动中心,南方之墨者由是卒盛,代表人物苦获、己齿、邓陵子都是楚人。从《庄子·天下篇》看,南方之墨者俱诵《墨经》,《墨经》又称《墨辩》,盖多为名辩之士。"辩"是南方之墨的特征,《墨经》是其经典。他们或许就是《墨经》作者的后学。关于《墨经》的成书时间,当在战国后期甚至更晚。侯外庐等著《中国思想通史》以《墨经》体裁尤其是"说在某某"字样同《韩非子》、《吕氏春秋》比较,发现二书也有同样体裁①,这说明《墨经》与《韩非子》、《吕氏春秋》的著作时间是相当的。韩非被害于秦王政十四年(前233年),其书当著于入秦之前。另据《吕氏春秋·序意》:"维秦八年,岁在涒滩,秋甲子朔。"则该书当成于秦王政八年(前239年)。由此推之,至少《墨经》中的部分篇章是成书于秦王政时期。郭沫若更进了一步,他认为《墨经》中《大取篇》中之"爱二世有厚薄,而爱二世相若",其中"二世"或许就是秦二世。②如果这种推测成立的话,则《大取》又当出于秦汉之际。这个论断并非妄自揣测。侯外庐等考定《大取篇》、《小取篇》是墨家就《荀子·正名篇》对墨家诘难的答复。③那么,《大取》、《小取》以及同《大取》体裁相同的《经下篇》应写成于《荀子·正名篇》之后。从文献材料看,荀子至少活到了秦季之世,《盐铁论·毁学篇》说:"李斯之相秦也,始皇任之,人臣无二,然而荀卿为之不食,睹其罹不测之祸也。"三国时,魏明帝诏中也有"荀卿丑秦世之坑儒"等语。④因此,《墨经》的作者最晚可推定于秦亡之时。可见墨学传授著述之盛,其学术倡导绵延之长。

然而,势力最盛的要属西方之墨了。秦惠文王时,墨者钜子腹䵍居秦,此时,墨学中心已转入秦国,代表人物除腹䵍外,还有唐姑果、缠子等。据李学勤先生考证,《墨子》书中城守各篇文字与云梦秦简有许多共同之处,其中或称"公"或称"王",很有可能是惠文王及其以后墨者的著作。⑤另外,

①　侯外庐等:《中国思想通史》第一卷,北京:人民出版社1957年版,第481页。

②　郭沫若:《十批判书·孔墨的批判》,北京:人民出版社1954年版,第259页。

③　侯外庐等:《中国思想通史》第一卷,北京:人民出版社1957年版,第483页。

④　《三国志·魏书·高堂隆传》。

⑤　李学勤:《秦简与〈墨子〉城守各篇》,载《云梦秦简研究》,北京:中华书局1981年版,第334页。

篇中屡称禽滑厘,墨学这一支大约是禽滑厘的徒裔。从文献记载中也可得到佐证,禽滑厘是墨子的嫡传弟子,"事子墨子三年,手足胼胝,面目黧黑,役身给使,不敢问欲"。① 然而,"子夏居西河……田子方、段干木、吴起、禽滑厘之属,皆受业于子夏之伦"。② 这么说来,禽滑厘又曾受教于子夏,可能长期生活在西河地区。从地域上看,相里勤就是禽子的后学,这一支后来传入了秦国。

关于墨学三派,墨子曾要求自己的弟子"能谈辩者谈辩,能说书者说书,能从事者从事",③这大概是墨学三派分离的最早依据和动因。南方之墨重于谈辩;墨子生前在宋鲁齐诸地活动频繁,东方之墨应多援徒讲学之人;而西方之墨自然是多"从事"徒了。对于这一点,梁任公也有论析,他认为,相里勤五侯子之徒得于勤俭力行者多;苦获、己齿、邓陵子得于论理(逻辑)学者多;而宋钘、尹文一派得力于非攻、宽恕者多。④ 大体上与上述所论相符合。当然,墨学三派不是同时同世形成、发展的,他们之间有师承关系,各派的主张所重也是既有交叉、又有融合的。

墨学三派的陌路显然也受所处各地的人文地理环境影响,西方之墨勤俭力行的作风即与秦地文化有着直接的关联。所以,秦国成为战国后期墨学中心,是有深层次原因的。秦国厚朴、尚武的社会风俗是墨学勃兴的社会土壤。而墨学思想体系中尚同、尚贤、节用和非儒等思想也符合秦人重实利、重实惠的功利主义价值观,这成为墨学流行秦国的思想基础。另外,秦国屡受北方民族的侵扰,墨者擅长城防技术,他们的军事才能和牺牲精神自然会得到秦统治阶层的垂青。墨学的盛行,促进了秦国学术文化的发展,《吕氏春秋》中《节葬篇》、《安死篇》完全是墨家的作品;而更重要的是,墨学深入渗透进秦文化的价值层次,给社会以新的整合,形成了新的社会风貌。秦昭王时,荀子游秦,"入境,观其风俗,其百姓朴,其声乐不流污,其服不挑,甚畏有司而顺,古之民也。及都邑官府,其百吏肃然莫不恭俭、敦敬、

---

① 《墨子·备梯》。
② 《史记·儒林列传》。
③ 《墨子·耕柱》。
④ 梁启超:《子墨子学说》,载《饮冰室合集》第八册,北京:中华书局1983年版,第48页。

忠信而不楛,古之吏也。入其国,观其士大夫,出于其门,入于公门,出于公门,归于其家,无有私事也;不比周,不朋党,倜然莫不明通而公也,古之士大夫也。观其朝廷,其闲听决百事不留,恬然如无治者,古之朝也"。① 秦国朴俭不华的民风,循上敬业的吏道,尚公杜私的士大夫情操,勤勉力政的行政作风,莫不是墨家追求的理想社会模式,恰恰符合了"墨子学儒者之业,受孔子之术,以为其礼烦而不悦,厚葬靡财而贫民,久服伤生而害事,故背周道而用夏政"②的初衷。秦国对墨家社会理想的践行,实际上是将其摆在了社会终极发展目标的位置,法家政策只是达到其目的的手段和方式。因此,秦国也并非独重法家,墨学也占相当重要的地位。何炳棣先生更是认为,正是墨者协助秦国完成了统一大业。③

墨学在战国后期尤其是在秦国的发展,对当世留下了深刻的影响,但墨学与其他诸子的独异之处在于墨学代表社会底层人民群众的愿望和要求,它与底层社会有着不可割舍的联系。所以,在墨学发展过程中,作为学术思想体系的墨学虽只倡行一时,但墨学精神却长期潜行于社会底层,突出表现为墨侠运动的发展。这条线索不绝若线,成为底层思想的主体意识,是中国传统文化中有决定意义的潮流。

(二)秦汉之际的墨学传承

秦统一后,起初试图实现秦文化与诸子百家学术文化的兼容,这是对吕不韦肇创《吕氏春秋》精神的继承,主要体现在博士制度的设立上,他们从各国被吸收来,承载着儒、阴阳、名等各家学术文化。以墨家地位,秦七十博士中当有墨家代表存位,然而文献不足征,难以明辨。这种尝试后来被"焚书"事件打断,秦始皇的文化专制主义使各家学术受到严重摧残。

然而,"秦虽钳语,烧诗书,然自内外荐绅之士与褐衣游公卿者,皆抵禁无所惧"。④ 秦代的文化高压政策并没有能够阻止诸子百家思想流布及其

---

① 《荀子·强国》。

② 《淮南子·要略》。

③ 何炳棣:《国史上的"大事因缘"解谜:从重建秦墨史实入手》,《光明日报》2010 年 6 月 3 日。

④ 章太炎:《秦献记》,载《章太炎全集》第四册,上海:上海人民出版社 1985 年版,第 69 页。

理论的发展。秦短祚而亡,而汉如再坚持秦的文化政策,无疑将是不明智的,所以汉初实行文化开放政策,"除挟书令",①又"大收篇籍,广开献书之路",②并且诸子专书都有博士设置。刘歆在移让太常博士书中说,至汉文帝,"天下众书往往颇出,皆诸子传说,犹广立于学官,为置博士"。③ 贾谊就是因为"颇通诸家之书"被特召为博士的。④ 于是,诸子思想又纷纷复活。当时分封制的实行及王国势力的强大也在客观上促进了子学的活跃。

墨学当然不甘寂寞,但同其他学派相比,汉初墨家却无代表人物流传下来,但这并不能作为墨学业已中绝的证据。汉初诸子的复兴及其思想流变继续了战国后期以来各家合流的趋势,此时各家对于诸子余绪"与其说继承,毋宁说是改变它们的思想材料,把其中一家扩大变质,作为理论斗争的武器,而遂自己的学术目的"。⑤ 在这种学术文化背景下,墨学在汉初学术流变中实际上是在其他学派体系中进行了思想移植,与其他学说共同构造了汉初主流思想,其实质是墨学的变相发展。这种倾向主要表现在儒墨、道墨的互补上。战国以后,诸子百家各持一端、辩于天下的状况越来越显示出其局限性,已不能适应统一局面的新形势。为了发扬光大本学派的学术传统,各家不得不调整思维方式,自觉纳入学术合流的轨道。

儒墨有着共同的文化背景,据《吕氏春秋·当染篇》载:"鲁惠公使宰让请郊庙之礼于天子。桓王使史角往,惠公止之,其后在鲁,墨子学焉。"证实了《汉书·艺文志》关于墨学"出于清庙(明堂)之守"的论述;而且《淮南子·主术训》中"孔丘、墨翟修先圣之术,通六艺之论",又为儒墨同源提供一证,更何况墨子也确曾"学儒者之教,受孔子之术"。在《墨子》书中,《修身》、《亲士》、《所染》三篇讲的都是儒家言论;同时,其书引述诗书语句甚多,"其三表之法,上本之古圣王,实与儒家之则古昔称先王相近"。⑥ 所以尽管战国以来儒墨相非,但两学派有着共同的思想渊源和基础,它们的相互

---

① 《汉书·惠帝纪》。

② 《汉书·艺文志》。

③ 《汉书·刘歆传》。

④ 《汉书·贾谊传》。

⑤ 侯外庐等:《中国思想通史》第一卷,北京:人民出版社1957年版,第59页。

⑥ 吕思勉:《先秦学术概论》,北京:中国大百科全书出版社1985年版,第120页。

接近应该是自然而然的。于是,汉初墨家许多思想和观念被儒家不留痕迹的吸收和容纳了。蒙文通先生指出:"凡儒家之平等思想,皆出于墨……儒家之义,莫重于明堂。班固言'墨家者流,盖出于清庙之守',清庙者即明堂也。知明堂之说,创于墨家而儒者因之。凡儒者言禅让,言议政,言选举学校,莫不归本于明堂,其为本墨家以为说,不可诬也。墨家非乐,而六艺佚《乐经》;墨以孝视天下,而儒者于汉独尊《孝经》,是皆秦汉之儒,取于墨家之迹,斯今文说者实兼墨家之义。"①这说明墨学试图通过儒学形式影响统治思想,但儒学于汉初并未受到统治阶层的青睐,因此儒墨互补的重要内容除"孝视天下"外,大都因不能符合现实政治需要而没有在政治中发挥实际作用。②

汉初,黄老道家思想是统治思想的主流。黄老道家是以道家的学术体系为主体架构,适应时代趋势与其他学派杂糅发展而创立,它"因阴阳之大顺,采儒墨之善,撮名法之要,与时迁移,应物变化,立俗施事,无所不宜,指约而易操,事少而功多",③吸取了阴阳、儒、墨、名、法各家的思想精华,从而形成了自己的理论优势。《淮南子》就是在这种理论指导下的尝试,"理万物,应变化,通殊类,非循一迹之路,守一隅之指",④试图从宏观上对诸子百家进行重新整合,构设一个兼容百家的新的学术范式。它表面上排儒黜墨,实际上却对二家兼有采获,对其中利于自己学术思想体系构建的部分并不拒斥。在这种情况下,黄老道家对墨学的态度,"由批判儒墨变成了'兼儒墨,合名法'"。⑤

在汉初新的形势下,墨学也并非只与其他学派融合而没有独立发展。由于墨学的许多主张与秦国的文化价值观相契合,又与极端注重实利的秦

---

① 蒙文通:《儒家政治思潮之发展》,载《秦汉新道家略论稿》,上海:上海人民出版社1984年版,(萧萐父序)第13页。

② 班固《汉书·艺文志》评论墨家,"以孝视天下,是以尚同"。而汉代也确奉行"孝治天下"的统治方针,二者之关联可见一斑。

③ 司马谈:《论六家之要指》,见《史记·太史公自序》。

④ 《淮南子·要略》。

⑤ 熊铁基:《从〈吕氏春秋〉到〈淮南子〉:兼论秦汉之际的新道家》,载《秦汉新道家略论稿》,上海:上海人民出版社1984年版,第6页。

国意识形态法家思想有着共同的价值基础,它已经与法家一起同秦文化相粘接,融入秦朝的制度文化中。汉承秦制,不仅仅表现在政治制度上,也表现在思想文化上,汉文化承继了秦文化中的墨学传统。汉兴,"山东儒墨咸聚于江淮之间,讲义集论,著书数十篇",①可见,民间墨学思想传承经秦火之后仍在继续。司马谈论六家之要指,认为"墨者俭而难遵,是以其事不可遍循,然其强本节用,不可废也"。② 司马谈的论说不是对先秦学术的总结,而是对秦汉之际发展的新思潮的评述。这也是墨学为汉初六大学术思想之一的明证。

在秦文化专制下,具备诸子百家形式的墨家思想体系或许受到了冲击,然而,墨学体现着下层平民的思想实际,更多地带有民间文化的色彩,它的思想根源在底层社会,它的徒裔也多为平民。因此,即使墨学作为一种学术可以被打击,而它赖以生存的社会基础却不能被铲除。墨学归本于民间,它的发展更顺畅,墨家徒裔秉着墨学精神,高者"不爱其躯,以赴士之厄困",下者则"盗跖居民间者",③身体力行,行侠仗义,对区域文化和风俗有重大影响。墨家的思想观念、行为活动以至组织形态,长期左右着底层社会。秦汉之际的农民起义更能证明墨学是民间的支配力量。刘邦的生地沛,处于宋鲁齐楚文化的结合部,正是墨学思想的萌生地和东方之墨者的活动频繁区域,此地底层社会文化必然受到墨学流风遗泽的影响。从墨学非儒的角度看,刘邦早期对儒者的非礼行为就不难理解。而刘邦入关中,约法三章:"杀人者死,伤人及盗者抵罪。"这与《吕氏春秋·去私篇》所载的墨者之法:"杀人者死,伤人者刑"何其相似! 如果考虑到沛军中的墨学思想氛围,也就易于看出二者之间的渊源关系了。另外,陈涉倡言"王侯将相,宁有种乎",同样与墨子所讲"官无常贵而民无终贱"④在思想特征上是相通的。而陈涉是楚人,南方之墨楚人居多,他举事的大泽乡又近于东方之墨者的中心:宋国,其墨学思想色彩不辩自明。不过,墨学流入民间,丧失了作为一派

---

① 《盐铁论·晁错》。
② 司马谈:《论六家之要指》。
③ 《史记·游侠列传》。
④ 《墨子·尚贤上》。

学说的思想体系形式,不免影响到墨学整体思想的发展。

综上所述,墨学在秦灭六国之后并未中绝,秦汉之际,它通过学术融合和独立发展两种途径进行思想传承,在汉初诸子复兴的背景下,墨学显示了蓬勃的生机,直至汉武帝罢黜百家,带有百家形式的墨家学术才逐渐式微,而墨学精神的传承一直没有断绝。

(三)墨学传统与汉初社会

墨学余绪的流布,使汉初社会蒙上了一层墨学思想的色彩。它渗透到了上自制度文化下及底层社会的整个社会生活的各个侧面,使汉初的政治行为和社会行为带有明显的墨学特征。

强调物质生产和劳动以及尚俭节用是墨学思想的主要内容,这与汉初的社会政策是相一致的,经前论证,有理由相信它与墨学影响有关,而且从文献上也并非没有佐证。汉景帝二年四月诏曰:"雕文刻镂,伤农事者也;锦绣纂组,害女红者也。农事伤则饥之本也,女红害则寒之原也。"三年正月又下诏曰:"黄金珠玉,饥不可食,寒不可衣,以为币用,不识其终始。"①两诏内容不仅与墨学思想相通,而且措词造句也与《墨子》之《辞过篇》、《节用上》和《非乐上》相同,可以推定,此诏在撰写过程中援引了《墨子》的内容。由此,可以说,汉初休养生息、鼓励生产的措施,是墨学在特定时代环境下的实践。司马谈总结汉初统治思想,认为墨学"强本节用,不可废也","强本节用,则人给家足之道也。此墨子之所长,虽百家弗能废也",②给墨学在汉初统治思想中的地位和作用以客观评价,更明确地指明了发展农业生产和崇尚俭朴的思想是源自墨学。这一点不容忽视。而墨学其他观念同样也可在汉初统治思想中找到痕迹。

"非攻"也是墨学的基本论题。但"攻"不是特指战争而言,它"包含的内容极广,凡是不合墨子所谓的义或利的任何行动,皆称之为'攻'。因此,'攻'中包括经济、政治、道德伦理等方面的事"。③ 这样看来,"非攻"就同于道家的"无为",所以汉初墨学与新道家是有着非常的亲和力,道墨互补

---

① 《汉书·景帝纪》。

② 司马谈:《论六家之要指》。

③ 刘泽华:《中国古代政治思想史》,天津:南开大学出版社1992年版,第219页。

也有共同的思想基础，它们为汉初的学术自由、思想活跃提供了理论基础。此外，汉代尊贤的社会实际也难言不受墨学"尚贤"精神的熏陶。

墨学植根于底层社会，墨侠是墨学在底层社会的承载者。墨家徒裔"摩顶放踵利天下"的情操和救危济困、轻命重气、勇于牺牲的品格，更易于在社会平民中激生膜拜和共鸣。在墨学精神的浸染下，汉初社会形成了尚武任侠、讲信重义和注重实干的社会风尚以及积极进取的精神风貌，为汉代人的社会价值观念和精神生活添加了健康的因子。正因如此，西汉才成为中国历史上的英雄时代，构建了其在中国文化史上不可替代的地位。

三、西汉前期儒学的更化与阶段性发展

(一)汉初儒家的更化与发展:陆贾与贾谊

汉初，陆贾和贾谊对儒学发展功莫大焉。但由于他们思想的综合性，却常被目为道家或法家。实际上，陆贾与贾谊，不过是汉初儒学演进过程中两个不同发展路径的代表。

陆贾守本于儒家，自古即有定评。《史记·郦生陆贾列传》载:"陆生时时前说称《诗》《书》。"这一点，今本陆贾著《新语》可证，《新语》凡引文处，除一处出自《老子》外，其他皆出自儒家经典如《诗》、《论语》、《易》、《孝经》等，[1]而称述先圣孔子及孔门弟子言论更是比比皆是。可见《史记》所记不诬。班固《汉书·艺文志》列《陆贾》二十三篇，而本传不载，其中当有《新语》各篇。《隋书·经籍志》亦列《新语》入子部儒家类。四库馆臣相沿不改，认为"据其书论之，则大旨皆崇王道，黜霸术，归本于修身用人。其称《老子》者，惟《思务篇》引'上德不德'一语，余皆以孔氏为宗。所援多《春秋》、《论语》之文。汉儒自董仲舒外，未有如是之醇正也"。[2]

由上可知，就其思想内容而言，历代均归陆贾为儒家，这从其学术传承上也可得到佐证。王利器先生认为，陆贾之学，盖出于荀子。《盐铁论·毁学篇》说:"李斯与包邱子俱事荀卿。"《汉书·楚元王传》也说，楚元王刘交

---

[1] 另有引《穀梁传》两处，按:《穀梁传》成于汉武帝时，当为后人窜人。
[2] 《四库全书总目》卷91"子部儒家类"，北京:中华书局1965年版，第770页。

"与申公受诗浮邱伯。伯者,孙卿门人也"。浮邱伯即包邱子,亦即鲍丘,文献所载不同,实为一人。荀子晚年适楚,终老于楚之兰陵。而陆贾为楚人,从浮邱伯游学,也是意料中事。《新语·资质》说:"鲍丘之德行,非不高于李斯、赵高也,然伏隐于蒿庐之下,而不录于世,利口之臣害之也。"盖陆贾与鲍丘游,因得以闻荀子说于鲍丘。① 由此可推知,陆贾学宗荀子,而陆贾及《新语》宗法儒学可以明辨。

陆贾以儒为宗,但不斥黄老道家,尽管其书中仅一处引老子"上德不德"之言,但对老子精神的阐述却可遍见于全书,如此陆贾也有尊崇黄老道家的倾向。其述老子清静无为,曰天地万物"为宁其心而安其性,盖天地相承,气感相应而成也";②而"道莫大于无为,行莫大于谨敬"。不过,"无为者乃有为也",目的是达致"块然若无事,寂然若无声,官府若无吏,亭落若无民,闾里不讼于巷,老幼不愁于庭,近者无所议,远者无所听。邮无夜行之卒,乡无夜召之征……"③的为治理想。

其述道家之精神专一,曰"专心一致","同一治而明一统","天一以大成数,人一以□成伦";又曰"正心一坚","执一统物",④然后"壹其道而定其操",⑤与太史公司马谈《论六家之要指》说"道家使人精神专一,动合无形,赡足万物"之意甚合。⑥

另外,老子思想的朴质精神也多见于陆贾书中,如曰"不违天时,不夺物性,不藏其情,不匿其诈",⑦又说"朴质者近忠,便巧者近亡","谗言似贤,美言似信",⑧皆近老子本义。

而柔刚转化更是老子真义,《新语·辅政》曰:"怀刚者久而缺,持柔者久而长,躁疾者为厥逆,退重者为常存,尚勇者为悔近,温厚者行宽舒,怀急

---

① 王利器先生考陆贾书可以印证《荀子》处甚详,参见王利器:《新语校注》,北京:中华书局1986年版,第8页。

② 《新语·道基》(王利器《新语校注》本),北京:中华书局1986年版。下只注篇名。

③ 《新语·无为》。

④ 《新语·怀虑》。

⑤ 《新语·思务》。

⑥ 《史记·太史公自序》。

⑦ 《新语·道基》。

⑧ 《新语·辅政》。

促者必有所亏,柔懦者制刚强。"

然而,一个人或一个集体的思想到底归于何种流派,应看其主流倾向。尽管陆贾多称引道家,但已如前引先贤诸言,陆贾思想主流还是儒家的。何为儒家?"儒家者流……游文于六艺之中,留意于仁义之际,祖述尧舜,宪章文武,宗师仲尼,以重其言,于道最为高。"①"儒者……其大抵本于仁义及五常之道,黄帝、尧、舜、禹、汤、文、武,咸由此则。"②陆贾的思想正与此合。他说:"仁者道之纪,义者圣之学;学之者明,失之者昏,背之者亡。""先圣乃仰观天文,俯察地理,图画乾坤,以定人道,民始开悟,知有父子之亲,君臣之义,夫妇之别,长幼之序。于是百官立,王道乃生。"③又讲"圣人居高处上,则以仁义为巢,乘危履倾,则以圣贤为杖"。"治以道德为上,行以仁义为本",④是以陆贾提倡"仁义"之意明矣。

陆贾还继承了儒家的"德化"思想。《新语·无为》云:"夫法令所以诛暴也,故曾、闵之孝,夷、齐之廉,此宁畏法教而为之也?"意谓人之德行来自教化,而非法令。而圣贤正身以行,以德化民,"夫王者之都,南面之君,乃百姓之所取法则也,举措动作,不可以失法度"。⑤ 此与孔子所言"君子之德风,小人之德草,风行草上,必偃"同理。⑥ 此外,他还说,"夫欲富国强威,开地服远者,必得之于民";又说,"天地之性,万物之类,怀德者众归之"。可见,陆贾亦得儒家爱民来众之义。⑦

反观以上所述,综览《新语》全书,陆贾仍是以儒为主,而不斥黄老道家。

陆贾虽宗儒尚道,却也多表现为力辩之士,《史记·郦生陆贾列传》云:陆贾"名为有口辩士,居左右,常使诸侯",游走于诸侯群臣之间,以知辩行

---

① 《汉书·艺文志》。
② 魏征等:《隋书·经籍志》(中华书局标点本),北京:中华书局1973年版。
③ 《新语·道基》。
④ 《新语·辅政》。
⑤ 《新语·无为》。
⑥ 《论语·颜渊》。
⑦ 《新语·至德》。

纵横之事。他虽说项羽归刘太公吕后未果,①但两赴南越,数服赵佗,不战而屈人之兵,可见其谈辩的能力。② 扬雄《法言·渊骞篇》评价说:"言辞:娄敬、陆贾。"司马迁也说:"余读陆生《新语》十二篇,固当世之辩士。"③及陆贾纵横群臣间,促周勃、陈平联手剪灭诸吕,拥立文帝,苏秦、张仪亦不过如此。亡吕而继刘氏,功可以周、陈两人比侔,其纵横之术可谓精矣。

以是观之,陆贾的思想乃是宗儒近于黄老而好纵横。

而贾谊的思想倾向与陆贾有大同,但亦有大异。

贾谊"年十八,以能诵诗属书闻于郡中","颇通诸子百家之学",然观其学,仍宗于儒学。河南守吴公"闻其(贾谊)秀才,召置门下,甚幸爱",而吴公"故与李斯同邑而常学事焉",④李斯也尝学事于荀子,那么,贾谊一如孟子,对于儒学,乃"私淑诸人"而已。

而侯外庐诸先生认为,贾谊《治安策》不仅在形式上有《荀子》之《富国》、《议兵》诸篇的结构,而且在思想上也深得荀学修养。《治安策》关于置三公三少以教训太子,主张从孩提之时,以道习之,他的立论点就是基于荀子的"人之性恶,其善者伪也"的理论。同时,贾谊又有荀子"谨注错,慎习俗"思想的复述。荀子谓"积礼义而为君子",贾谊则说,"安者非一日而安也,危者非一日而危也,皆以积渐,然不可不察也。人主之所积,在其取舍。以礼义治之者积礼义,以刑罚治之者积刑罚。"这正与荀子"习俗移志,安久移质"之说相合。⑤

不仅如此,详析贾谊思想,其核心仍不出儒学范围。同陆贾一样,贾谊也极力推崇仁义。他论秦之过,认为秦败之关键即"仁义不施而攻守之势异也",⑥而且他也曾指责商鞅"遗礼义,弃仁恩,并心进取,行之二岁,秦俗日败"。⑦ 贾谊认为,汉初立,"固当改正朔,易服色,法制度官名,兴礼乐",

---

① 《史记·项羽本纪》载:"汉遣陆贾说项王请太公,项王弗听。"

② 《史记·南越列传》。

③ 《史记·郦生陆贾列传》。

④ 《史记·屈原贾生列传》。

⑤ 侯外庐等:《中国思想通史》第二卷,北京:人民出版社1957年版,第66—67页。

⑥ 贾谊:《过秦论》,引自《史记·秦始皇本纪》。

⑦ 《汉书·贾谊传》。

于是"乃悉草具事仪法,色尚黄,数用五,为官名,悉更秦之法",①如此制度变更更是儒者所为。

在对儒学的继承中,贾谊尤重于"礼"。"凡人之智,能见已然,不能见将然。夫礼者禁于将然之前,而法者禁于已然之后,是故法之所用易见,而礼之所为生难知也。"②"礼"是优于"法"的,以礼治国,则可治之安之,此也正是贾谊上《治安策》的目的。他在《治安策》中讲,"以礼义治之者,积礼义","积礼义而民和亲","今或言礼谊之不如法令,教化之不如刑罚,人主胡不引殷、周、秦事观之也"?③"礼"优于"法",贾谊的思想倾向于儒学则无可辩驳了。在荀学的传统中,所谓礼法结合,即礼与法的实质是相同的,殊途而同归。礼之用,即"立君臣,等上下,使父子有礼,六亲有纪","等级分明,而天子加焉,故其尊者不可及也"。④ 如此即达到了与实行法治同样的目的。

故可见,贾谊本儒,但近于法家。而贾谊尚法家于史也可证见。吴公学事李斯,以治平天下第一为汉廷尉,可见非为醇儒,儒法兼学且法重于儒可想而知。贾谊学事吴公,亲爱非常,又通诸子百家之学,其尚法亦可知。《史记·屈原贾生列传》载:"诸律令所更定,及列侯悉就国,其说皆自贾生发之。"然而,贾谊并未学法家为政的具体措施,而是深得其精义,他只是反对立法于一尊,强调的是礼法结合。

"夫仁义恩厚,人主之芒刃也;权势法制,人主之斤斧也。"因势变通,依权设立,本是法家行事之本,贾谊深然之。所以他认为汉初独长沙王不反,"非独性异也,亦形势然也",表现出对时势的良好把握。法家务实而精于事势,不尚空谈。贾谊亦观于当世之要务,"可为痛哭者一,可为流涕者二,可为长太息者六,若其它背理而伤道者,难遍于疏举"。⑤ 其分裂诸侯,损抑匈奴,重农尚礼,习教太子诸策,可抗于商君《垦令》、《农战》、《开塞》、《靳

① 《汉书·贾谊传》。
② 《汉书·贾谊传》。
③ 《汉书·贾谊传》。
④ 《汉书·贾谊传》。
⑤ 《汉书·贾谊传》。

令》诸篇,虽管仲、李悝、李斯之计不能过,确为法家之风。至于"每诏令议下,诸老先生不能言,贾生尽为之对,人人各如其意所欲出",①亦非腐儒所能比。

然而,贾谊郁郁不得志,渐生遁世之想,太史公曰:"读《鵩鸟赋》,同死生,轻去就,又爽然自失矣!"②贾谊又入老庄境界。其《鵩鸟赋》多引庄子《齐物论》、《养生主》之文,"从自然天道观的相对无穷,到知识的相对无真,以至人生观的死生齐一,结论为庄子的知命委命",③较之《吊屈原赋》以屈子自喻,又深了一层消极。贾谊无途于公卿之道,转而向慕自然,亦属自况之举,使心有所寄聊而已。

贾谊宗儒重法而乐老庄,与陆贾殊为不同。

(二)从陆贾到董仲舒:汉代新儒学思想体系的形成

陆贾、贾谊思想俱宗儒而各倾向有异,除与各自经历、性格相关外,也实与学术自身的传承衍化有莫大关系。更重要的是,他们的学术路径与战国后期以来的学术总结综合的思路是一脉相承的。这种学术思路的维系,有赖于儒家的师生授受传统。

汉初,矫暴秦之偏,行黄老之术,儒术不过缘饰时事而已。而邹鲁之地儒士学术薪火相传,做了大量的历史文献整理、研究和理论准备。今检《史记》之《仲尼弟子列传》、《儒林列传》以《汉书·儒林传》,其载儒学薪火授受颇详,尤其是述《五经》的师承,多溯及孔子及其亲炙弟子。儒家学术自成谱系,其他各家与儒学相较,无出其右者。学术日盛,对社会与政治的影响亦日大。儒学在发展的过程中,根据社会的变化,不断吸纳各家的思想资源,以充实自身的理论体系,向着"一"的学术境界回归。司马谈《论六家之要指》,言百家"殊途而同归,百虑而一致",即是此理。而汉初,正是学术"同归"、"一致"的关键时期。百家继周秦之末,同归于"儒",而造新汉代"新儒学"。陆贾、贾谊的思想俱本于儒而各倾向不同,则各自代表了各家学术向汉代儒学衍化的不同路径。即,陆贾儒学与贾谊儒学有着一致的目

---

① 《史记·屈原贾生列传》。
② 《史记·屈原贾生列传》。
③ 侯外庐等:《中国思想通史》第二卷,北京:人民出版社1957年版,第66页。

标,虽然他们的学术取向有所不同,但最终目标仍是创建一统的儒学体系。百家由独立成学而"同归"、"一致"为以儒为宗的几家,亦是学术整合的第一步。至汉武时代,董仲舒、公孙弘倡导独尊儒术,也正是这一学术整合即已完成以后才能得以实现的。

陆贾、贾谊之学,以儒为本,学综道法,然其思想形式尚未臻至完善精巧,各家之间学术杂糅捏和的痕迹斑斑可见。董仲舒经过周密的思考与组织,以儒学为本,综合各家,最终形成一种以公羊学为骨干,以天人感应为基础,整合阴阳、黄老、法诸家的思想体系,从而完成了汉代新儒学的体系建构。"从陆贾到董仲舒,儒家思想的演变,一方面可以看作一种持续不继前后相继的发展,一种有着共同目标和倾向的思想运动;另一方面又可以看作一种从量变到部分质变到质变(新体系的建立)的'飞跃'。董仲舒思想的出现是飞跃和平共处质变的完成。由于它以新的基础和面貌出现,从而使儒家进入了一个新阶段。"①也就是说,陆贾与贾谊的思想,前承荀学,后启韩婴,是汉代新儒学形成过程中的一个阶段,是儒学发展过程中承前启后的一环。

第二节 "大一统"政治价值观的理论建构: 以"炎黄认同"为中心的考察

一、战国秦汉时期炎帝身份的转换

炎帝和黄帝是中华民族的"人文初祖",是中国民族团结、国家统一的象征和文化认同的源泉。早期中国对炎帝和黄帝的文化认同,体现了时人在政治和文化上对"大一统"理念的认知和实践。那么炎帝和黄帝形象和身份的转变,就代表了"大一统"政治价值观的认识深化。本节即以炎帝在战国秦汉时期身份角色的变化入手,探寻"大一统"的思想建构和政治

① 金春峰:《汉代思想史》,北京:中国社会科学出版社 1987 年版,第 113 页。

实践。

"炎帝"始见于文献,约是《逸周书·尝麦解》,其中云:"昔天之初诞作二后,乃设建典。命赤帝分正二卿,命蚩尤宇于少昊,以临西方,司□□上天未成之庆。蚩尤乃逐帝,争于涿鹿之阿,九隅无遗。赤帝大慑,乃说于黄帝,执蚩尤,杀之于中冀。"①这里的"赤帝",即是指"炎帝"。另外,较早关于"炎帝"的记载,还见于《国语》和《左传》。

《国语·晋语》载:

> 司空季子曰:"昔少典取于有蟜氏,生黄帝、炎帝。黄帝以姬水成,炎帝以姜水成。成而异德,故黄帝为姬,炎帝为姜。二帝用师以相济也,异德之故也。"

《左传·昭公十七年》载:

> 秋,郯子来朝。公与之。昭子问焉曰:"少暤氏鸟名官,何故也?"郯子曰:"吾祖也,我知之。昔者黄帝氏以云纪,故为云师而云名。炎帝氏以火纪,故为火师而火名。共工氏以水纪,故为水师而水名。太暤氏以龙纪,故为龙师而龙名。我高祖少挚之立也,凤鸟适至,故纪于鸟,为鸟师而鸟名。"

另,《左传·哀公九年》载:

> (宋公伐郑)晋赵鞅卜救郑,遇水适火,占诸史赵、史墨、史龟。史龟曰:"是谓沈阳,可以兴兵,利以伐姜,不利子商。伐齐则可,敌宋不吉。"墨曰:"盈,水名也;子,水位也。名位敌,不可干也。炎帝为火师,姜姓其后也。水胜火,伐姜则可。"

----

① 黄怀信:《逸周书校补注译》,西安:西北大学出版社1996年版。

此四条记载反映了当时人对炎帝最早的认识,应该具有相当的可靠性。陈立柱认为,春秋以至战国早期,氏族组织依然存在,氏族祖先的起源传说、事迹和谱系不仅在族人中通过长老的代代传诵,而且也掌握在巫、史、卜、祝的口头与记述中,巫、史、卜、祝世官其职,代代相传,家法谨严,几十代的谱系常常背诵不爽。① 因此,《国语》和《左传》这样成书较早的典籍所载事迹往往相对准确。司马迁在写作《史记·五帝本纪》的时候,已经感受到了由于年代久远带来的撰述上的困难,感叹"其言不雅训",但他仍以良史的品格完成了对上古史事的记录,关于炎帝和黄帝,《史记·五帝本纪》载:

> 轩辕之时,神农氏世衰,诸侯相侵伐,暴虐百姓,而神农氏弗能征。于是轩辕乃习用干戈,以征不享,诸侯咸来宾从。而蚩尤最为暴,莫能伐。炎帝欲侵陵诸侯,诸侯咸归轩辕。轩辕乃修德振兵,治五气,艺五种,抚万民,度四方,教熊罴貔貅貙虎,以与炎帝战于阪泉之野,三战,然后得其志。蚩尤作乱,不用帝命。于是黄帝乃征师诸侯,与蚩尤战于涿鹿之野,遂禽杀蚩尤。而诸侯咸尊轩辕为天子,代神农氏,是为黄帝。

由以上资料,可以得到的基本事实是:神农氏在黄帝和炎帝之前;黄帝和炎帝同时,且为兄弟;黄帝和炎帝曾发生阪泉之战;炎帝为蚩尤所败,黄帝与之联兵杀蚩尤;炎帝与火的关系。但是也必须注意到《国语》所记"成而异德"一语,并且认为"二帝用师以相济也,异德之故也"。"异德"至少指出黄帝和炎帝在文化上的异质性,并导致了战争,当然,最终双方还是走上共同发展的道路。

但自从战国中期以后,文献所载炎帝形象和身份发生了变化。主要表现在炎帝与黄帝的关系和炎帝与神农氏合二为一两个问题上。

早期文献提到黄帝和炎帝,均是"黄炎"。如《国语》云"生黄帝、炎帝",黄帝在前;另,《国语·周语下》曰:"夫亡者岂繄无宠,皆黄炎之后也。"至《吕氏春秋·荡兵》亦曰:"兵所自来者久矣,黄、炎固用水火也。"仍是"黄

---

① 陈立柱:《两种视野下的炎帝研究与其给出的启示》,《安徽史学》2006 年第 6 期。

炎","黄炎"的称谓是符合早期历史记载的。但到秦汉之际,"黄炎"即为"炎黄"所取代,《汉书·魏豹田儋韩王信传》赞曰:"炎、黄、唐、虞之苗裔尚犹颇有存者。""炎黄"称谓的出现,是上古帝王次序更改的产物。

上古帝王次序的更改,最直接的原因是为了符合"五德终始说"的需要,确立了黄帝为先的禅位次序,如《大戴礼记》中之《五帝德》和《帝系》。但同时,这样就出现了炎帝(火德)不好安置的难题,为了解决五行相生相克的秩序,只好把炎帝与神农氏合二为一。神农氏是战国时期人们心目较重要的古圣王,且在黄帝之前,这样,"炎黄"次序的更改就顺理成章了。

在先秦文献,炎帝与神农氏本无直接关系。如《管子·封禅》载:

> 齐桓公既霸,会诸侯于葵丘,而欲封禅。管仲曰:古者封泰山禅梁父者七十二家,而夷吾所记者十有二焉。昔无怀氏封泰山,禅云云;虑羲封泰山,禅云云;神农封泰山,禅云云;炎帝封泰山,禅云云;黄帝封泰山,禅亭亭;颛顼封泰山,禅云云;帝喾封泰山,禅云云;尧封泰山,禅云云;舜封泰山,禅云云;禹封泰山,禅会稽;汤封泰山,禅云云;周成王封泰山,禅社首。皆受命然后得封禅。①

开始之时,神农与炎帝皆不相混,比如《山海经》喜言炎帝,但绝口不谈神农,《庄子》侈谈神农,然闭口不言炎帝,周及徐认为炎帝与神农合二为一,始自刘歆《世经》,刘歆采缀《左传·昭公十七年》和《易·系辞下》,为配合五德终始说的需要,改易五帝次序,以遂政治变革。刘歆的五帝次序是:太昊(伏羲)、共工、炎帝(神农)、黄帝、少昊。② 据《左传·昭公十七年》唐孔颖达疏曰:"《帝系》、《世本》皆为炎帝即神农氏。炎帝,身号;神农,代号也。"唐刘知几《史通》卷十二《古今正史》亦云:"楚汉之际,有好事者,录自古帝王、公侯、卿大夫之世,终乎秦末,号曰《世本》。"如此,则至晚在秦汉之际,炎帝与神农氏即合称了。

---

① 赵守正:《管子注译》,南宁:广西人民出版社1987年版。
② 周及徐:《"炎帝神农氏"辨伪》,《四川师范大学学报》2006年第6期。

王树民认为,战国之时,古帝王之名号多被并合。"春秋以来,各国贵族不仅有姓有氏,且有名有字。战国时人受此影响,于本为单名的古帝王,多以二名结合为一人。如黄帝与轩辕氏相结合,炎帝与神农氏相结合。"①这可能的确是战国时人的思路。然而,炎帝名号的并合有好几种,根据汉人的记载,炎帝曾被称为厉山氏或烈山氏,如《礼记·祭法》郑玄注:"厉山氏,炎帝也,起于厉山,或曰烈山氏。"又曾称大庭氏,如《礼记·月令》郑注:"炎帝大庭氏也。"而在早先,班固《汉书·古今人表》在谈到炎帝神农氏时,先列烈山氏,后又列归藏氏。《太平御览》卷七十八引西晋皇甫谧《帝王世纪》则说炎帝"号魁隗氏,又曰连山氏,又曰烈山氏"。那么炎帝为何与神农氏的结合得到了广泛的认同? 首先是因为在传统的帝王次序中,神农氏在黄帝前,而且事功大,《周易·系辞传下》载:

> 包牺氏没,神农氏作,斫木为耜,揉木为耒,耒耜之利,以教天下,盖取诸《益》。日中为市,致天下之民,聚天下之货,交易而退,各得其所,盖取诸《噬嗑》。神农氏没,黄帝、尧、舜氏作,通其变,使民不倦,神而化之,使民宜之。

神农氏在传统的知识体系中,是农业、医药、商业的发明者,其功劳可与黄帝相比。而且关键是,炎帝属火德,早期农业刀耕火种,因此炎帝之火与发明农业之神农因此建立了直接的联系,使双方合二为一成为可能。②

西汉以后,炎帝号神农氏,基本成为共识。《说文》云:"姜,神农居姜水,因以为姓。"《吕氏春秋·慎势》高诱注曰:"神农,炎帝也。农植嘉谷,化养兆民,天下号之曰神农。"《国语·晋语四》韦昭注引贾逵曰:"炎帝,神农也。"《左传·昭公十七年》杜预注曰:"炎帝神农氏,姜姓之祖也。"是为其证。另,《太平御览》卷七十引西晋皇甫谧《帝王世纪》:"神农氏,姜姓也。

---

① 王树民:《黄帝和炎帝的历史地位》,《文史知识》1999 年第 10 期。
② 至于炎帝与神农氏的关系,当另文着重论析,关于"火"作为二者的纽带,高光晶的《神农、炎帝和黄帝考辨:兼谈"炎、黄成为中国人祖先"的原因》(载《湖南师范大学学报》1995 年第 2 期)一文中在谈及神农、炎帝的古义时曾从字义上有所考证,惜其不详。

母曰任姒,有蟜氏之女,名女登,为少典妃。游于华阳,有神农首感女登于常羊,生炎帝。人身牛首,长于姜水。有圣德,以火承木,位在南方,主夏,故谓之炎帝。都于陈,作五弦之琴。凡八世:帝承、帝临、帝明、帝直、帝来、帝衰、帝榆罔。"以后诸史皆称炎帝神农氏。炎帝与神农氏名号的结合,提高了炎帝的地位,炎帝与黄帝由弟兄关系,转换成了继承关系。所以,《越绝书·记倪内经》载:"臣闻炎帝有天下,以传黄帝。黄帝于是上事天,下治地";云云。

这样看来,炎帝身份角色的变换,是因为战国秦汉时人以黄帝为先变易五帝次序,因此,五帝均成为黄帝之后,《礼记·祭统》:"有虞氏禘黄帝而郊喾,祖颛顼而宗禹;殷人禘喾而郊冥,祖契而宗汤;周人禘喾而效稷,祖文王而宗武王。"夏商周都奉黄帝为祖先神。然而,黄帝与炎帝明明是"异德",是属于不同的文化系统,为了二帝的和谐,一定要给炎帝安排合理的位置。田兆元和明亮看出这一问题,他们提示应该注意到《史记》中的一个问题:"五帝中除黄帝外,称谓都叫帝某某,如帝颛顼、帝喾、帝尧、帝舜,而不是叫颛顼帝、喾帝,但是,《五帝本纪》里却提到了炎帝。这里的含义是:黄帝外,其他四帝均为黄帝之后,五帝是一个血统,一个系列,这在叙述中十分明白。五帝是从黄帝开始的,故称黄帝,而不是帝黄,其他继承者,都是帝某某,既表现为血统的一致性,也表现为文化的一致性。《大戴礼》有《五帝德》篇,五帝之所以为五帝,在于德,这是一种文化认同。而炎帝和黄帝不一样,是'异德',因此,炎帝不能和五帝并列在一起。炎帝是另外一个系列。我们在《帝王世纪》里发现了这样的叙述,炎帝称谓是某帝,但是,炎帝的后裔则是帝某,如所谓的炎帝八代,帝临魁、帝直、帝榆罔等,和《史记》对黄帝系列的称谓一样。显然,黄帝和炎帝是不同的两个系列。"①在新的古史系统里,黄帝居于主要地位,炎帝无法安排,所以炎帝和黄帝均上升为皇。

《史记·秦始皇本纪》所云"三皇"为天皇、地皇和人皇,是战国即有"三皇"之说。汉初,伏生传《尚书大传》,所记三皇则为:燧人氏、伏羲和神农。

---

① 田兆元、明亮:《论炎帝称谓的诸种模式与两汉文化逻辑》,《华东师范大学学报》2007年第3期。

三皇已有炎帝。至东汉,《吕氏春秋·执一》高诱注曰:"神农,炎帝,三皇之一。"《国语·晋语四》韦昭注曰:"神农,三皇也,在黄帝之前。"炎帝为三皇成为主流意识。

战国秦汉时人引入"皇"的概念,不仅是为了解决新古史系统内炎帝和黄帝次序的困难,也是现实政治中权力集中的表现。初,周天子先称王,为天下共主,战国之世,礼崩乐坏,诸侯纷纷称王,王已不足贵。所以一些大国开始称帝,《史记·苏秦列传》载:"齐伐宋急。苏秦乃遗燕昭王书曰:'……秦为西帝,燕为北帝,赵为中帝,立三帝以令天下。韩魏不听,则秦伐之;齐不听,则燕赵伐之,天下孰敢不听!'"可见战国后期,各诸侯均有称帝的打算,而事实上,秦王和齐王两大国都曾互称"东西帝"。帝是高于王的称谓。《说文》:"禘,王天下之号也。"《易·益》"王用享于帝,吉"句注曰:"帝者,生物之主,兴益之宗也。"《礼记·效特牲》"天子牲孕弗食也;祭帝,弗用也"注曰:"因其生育之功,谓之帝。"因此,帝有"生"之意,明显比"王"要高贵。而"皇"则更为突出,《公羊传·成公八年》引孔子曰:"德合天地者称帝,河洛受瑞可放。仁义合者称王。"《太平御览》卷七十六引《帝王世纪》转述孔子之言:"天子之德,感天地、动八方。是以功合神称皇,德合天地称帝,[仁]义合者称王。"所述与《公羊传》略同,惟提出"皇"字,皇与神相关,带有神秘主义的色彩。而《初学记》卷九引《帝王世纪》曰:"功合神者称皇。德合地者称帝。德合人者称王。"结合《史记·秦始皇本纪》中天皇、地皇、泰(人)皇的"三皇",可以看出时人心目中皇、帝、王的权力结构。正因为如此,秦始皇才认为"人皇"不足贵,才"去'泰',著'皇',采上古'帝'位号,号曰'皇帝'"。[①] 这样看来,三皇说的出现,也是现实政治的反映,是中央集权神化的需要。

二、从文化到地域:炎帝身份转换的社会背景

炎帝身份的变化,是由于五行终始说下的五帝次序的更换,炎帝上升为三皇,也是权力集中和地位神化的体现。这一系列的身份角色的变化,有着

---

① 《史记·秦始皇本纪》。

深刻的社会背景，即是战国后期统一意识的增强和"统一"政治的出现，它是"大一统"思想的体现，同时也论证了"大一统"思想的合理性。不同文化间需要有一个共同的文化认同的精神偶像。这种社会和政治需要在秦汉统一、成为多民族国家以后，显得更为重要。因此，"炎黄"认同成为战国秦汉政治思想中"大一统"理论中重要的文化建构。

早在《尚书·大禹谟》中，就提出了"天下"的概念，其云"奄有四海，为天下君"。《诗经·小雅·北山》亦曰："溥天之下，莫非王土。率土之滨，莫非王臣。"这就是"天下"观的具体体现，在战国之世，儒家、法家、道家和墨家都纷纷提出"天下"的命题。如《墨子·尚同中》提出"一同天下"；《庄子·天道》提出"一心定而王天下"。《太平御览》卷390引《申子》："明君治国，三寸之机运而天下定，方寸之谋正而天下治，言正而天下定，一言倚而天下靡。"他们都提出了统一天下的问题，这在孟子那里表述得相当直接，在《孟子·梁惠王上》中，孟子在回答梁襄王"天下恶乎定"时说："定于一。"统一的政治观念已经在战国早中期出现，至战国晚期，《荀子》、《易传》、《韩非子》都十分强调统一"天下"的重要性，以及统一天下的方式和手段。①

"统一"观念的出现和加强，是与各诸侯国、各民族的交往加深以及华夏民族的地域扩展同步的。

成书于战国时期的《尚书·禹贡》提出"九州"的概念，当时"九州"的地理范围，大致是指"阴山山脉以南和辽河中游以西南，青藏高原、横断山脉以东，南岭以北的中国大陆。这一范围正是战国中期以后各诸侯国的基本疆域，只是在局部稍有差异。"②这超出了夏、商、西周的"中国"的概念，并把长期以来的"天下"具体化。秦统一中国，其疆域与此基本一致。此

---

① 《荀子·王霸》提出"人主者，天下之利势也"。《易·系辞上》也曾提出"通天下之志"、"成天下之务"、"定天下之业"。《韩非子》尤其重视统一天下的问题，他的言论中，多次出现诸如"霸天下"、"强天下"、"制天下"、"有天下"、"取天下"、"治天下"、"王天下"、"一匡天下"、"强匡天下"、"进兼天下"、"谓天下王"、"为天下主"、"取尊名于天下"、"令行禁止于天下"等话语。

② 葛剑雄：《论秦汉统一的地理基础》，载《葛剑雄自选集》，桂林：广西师范大学出版社1999年版，第109—191页。

外，《周礼·职方》、《尔雅·释地》和《吕氏春秋·有始览》都提出了自己的九州规划，甚至《尚书·舜典》中又提到尧、舜时"肇十有二州"，上举各州名称与《禹贡》不尽相同，划分的范围也有所差异。另外，邹衍也提出"大九州说"，其范围远超出"中国"的疆界。①

同时，《禹贡》还记载了一种"五服"制，即："五百里甸服，五百里侯服，五百里绥服，五百里要服，五百里荒服"。这在《国语·周语上》中有详细阐述："先王之制，邦内甸服，邦外侯服，侯、卫宾服，蛮、夷要服，戎、狄荒服。甸服者祭，侯服者祀，宾服者享，要服者贡，荒服者王。"这当然是战国时期一些人关于政区划分的政治理想，但到了《周礼·夏官·大司马》中，则出现了侯、甸、男、采、卫、蛮、夷、镇、蕃等九服之说，《逸周书·职方》记载也与此同。"五服"到"九服"的变化，同样反映了当时"天下"（"九州"、"中国"）范围的扩大。

在《禹贡》之后，《山海经》也记载了当时"中国"的地理空间。《山海经》虽语诞不经，但其中《五藏山经》却较为平实可观，谭其骧先生在《论〈五藏山经〉的地理范围》一文中详细考证了其中所述，认为其南山经地域范围应东起今浙江舟山群岛，西抵湖南西部，南抵广东南海，包括今浙闽赣粤湘五省，不包括广西、贵州、云南等省，也不包括广东西南部高、雷一带和海南岛。西山经地域范围东起山陕间黄河，南起陕甘秦岭山脉，北抵宁夏盐池西北、陕西榆林东北一线，西南抵鸟鼠山、青海湖一线，西北可能到达新疆东南角的阿尔金山，但不包括罗布泊以西以北。北山经的地域范围是西起今内蒙、宁夏腾格里沙漠贺兰山，东抵河北太行山东麓《山经》河水下游，南起山西中条山，北至内蒙阴山以北直抵北纬四十三度迤北一线。东山经地域范围北起莱州湾，东抵成山角。可见《山经》的地域比《禹贡》要大，记载也比之详密。谭先生推断，其作者大约是周秦河汉间人。②

地理认知范围的扩大，反映在思想观念上，就是统一观念和大一统思想。五帝次序的更换就与"统一"观念的主流化有密切关切。随着当时中

① 葛剑雄：《统一与分裂：中国历史的启示》，北京：三联书店1994年版，第11—13页。
② 谭其骧：《论〈五藏山经〉的地理范围》，载《长水粹编》，石家庄：河北教育出版社2000年版，第299—345页。

国人地理视域的扩展,他们需要一个更高大的形象来论证"大一统"的合理性。顾颉刚在《战国秦汉间人的造伪与辨伪》中认为,春秋战国时期,由于民族合并而产生一元化观念,就是在这融合的过程中,利用了"同种"来打破各方面的种族观念。这是以黄帝为先创造古帝王世系的背景,秦汉之际,《帝系》和《五帝德》因此而生,并深刻影响了司马迁《史记·五帝本纪》的对五帝世系的认定。前文已经述及,由于神农和炎帝的影响,遂将炎帝与神农氏并合,提到黄帝之前,从而有了"炎黄"的概念。

在中国文化里,"祖先崇拜"的理念一直存在,并成为商周政治制度的一部分,所以宗法血脉也就成为维系政治凝聚力的主要力量。这样,夏、商、周远绍黄帝也就可以理解,并成为中国人的普遍意识。而且这也造成中国文化的"祖述"的致思取向。《淮南子·修务训》曰:"世俗之人,多尊古而贱今,故为道者必托之于神农、黄帝而后能入说。乱世闇主,高远其所从来,因而贵之。"就反映了中国文化中这种人文主义的倾向。顾颉刚考辨古史,认为"中国古史是层累地造成的",此为"古史层累说"或"层累构成说",他的观点是:第一,"时代愈后,传说的古史期愈长"。他举例说,周代人心目中最古的人王是禹,到孔子时始有尧舜,到战国时有黄帝神农,到秦时三皇出来了,汉以后才有所谓"盘古"开天辟地的传说。第二,"时代愈后,传说中的中心人物愈放愈大"。他认为,"我们要辨明古史,看史迹的整理还轻,而看传说的经历却重"。①"对于古史的主要观点,不在它的真相而在它的变化","不立一真,惟穷流变"。②

顾颉刚的理论给我们一个提示,那就是古史上的圣王形象,是建构起来,并不一定体现客观的历史现实。然而,"炎帝"和"黄帝"这样的被建构起来的文化形象,虽未必是历史事实,但在中国走向统一的过程中,起了文化上、精神上的凝聚力的作用,强化了中国"大一统"的文化观念。自《公羊传》正式在提出了"大一统"的概念,它就不仅是战国以来"统一思想"的总结,也是纲领性的宣示,此理念经董仲舒的论证而更加光大,从而成为中国

①　《古史辨》第一册,上海:上海古籍出版社 1982 年版,第 59—60 页。
②　《古史辨》第一册,上海:上海古籍出版社 1982 年版,第 273 页。

文化的主流。中国文化因此也就表现出一种"大一统"的天下观、一种奄有四海的气魄和"天下一家"的理念。"这一点,在《淮南子》中表现得很明显。《淮南子·地形训》罗列了天下辽阔无垠的疆域,篇中对当时中国国土依据想象中的'大九州'范围加以考察。它以九州为中心,然后扩展到八殥、八纮、八极,记载了我国境内的九山、九塞、九薮,以及四十多条水道。同时讨论了不同地理环境对人种、民族的影响。"①尤其重要的是,它还依据传说、记载了分布于海外的三十六国:

> 地形之所载,六合之间;四极之内,照之以日月,经之以星辰;纪之以四时,要之以太岁,天地之间,九州八极,土有九塞,泽有九薮。风有八等,水有六品……
>
> 九州之大,纯方千里;九州之外,乃有八殥,亦方千里……②

《淮南子》可以说是继承了邹衍的"大九州"理论,它扩大了中国人的地理认知,"大一统"的观念就是用文化和精神的力量统一一个广大的地域范围,建立"王天下"的政治局面,形成一个由血缘认同到精神认同的文化格局。

三、从血缘认同到文化认同

在中国早期国家形成过程中,社会组织的血缘关系解体极不充分,因此,宗法制成为中国古代重要的政治制度,深刻影响了中国的历史进程。"家国同构"的政治模式,同样也加重了政治文化中的血缘认同。

春秋战国以降,由于"中国"地域的扩大,不同的民族集团进入"华夏"的视野,各民族通过各种方式不断互相浸透、融合,之间的界限大多消亡殆尽,大都泯灭无存,归化为同一民族("华夏")的人们,需要有一个共同的始祖,于是"五帝同源说"就应运而生,共同把"炎、黄"作为自己的血缘上的祖

---

① 袁济喜:《两汉精神世界》,北京:中国人民大学出版社 1994 年版,第 203 页。

② 《淮南子·地形训》。

先。他们建立的政权为了论证其权力的正统性和合法性，均号称远绍炎黄二帝。战国时代建构的古史体系，把夏、商、周都塑造成是黄帝的后代。秦汉以降，除了汉朝自称为"赤帝"之子之外，所有王朝，包括少数民族建立的政权，无不自奉"黄帝"为祖先，自号为"炎黄子孙"。戎、狄、苗、越，以至后来的匈奴、鲜卑甚至安息、党项都均都自认为或被认为黄帝之苗裔，正如《辽史·世表》所说，"炎帝氏、黄帝氏子孙众多，王畿之封建有限，王政之布濩无穷，故君四方者，多二帝子孙，而自服土中者本同出也。"这不得不归功于战国秦汉间儒家学者制造的《五帝德》和《世本》诸书，他们基于战国以来大一统的趋势和秦汉以来大一统的政治现实，对古史作出系统的综合整理，树立起统一国家人民的血缘始祖，增强了人们的血缘认同。不仅于此，在此基础上，儒家学者还在政治思想层面进行理论建构，塑造统一民族和国家的文化认同。这个文化认同，重要内容之一就是以"炎黄"为人文初祖的文化大一统，据于右任先生《黄帝功德记》辑录，汉初论及黄帝以及假托黄帝或黄帝时人所撰的著作多达百余种，其内容涉及诸子百家。① 秦汉时人就是从对"炎黄"的血缘认同来营造精神认同的文化环境的。而这一个举措也取得了实效，中国统一的民族出现了，顾颉刚先生在《九州之戎与戎禹》说："夫戎华本出一家，以其握有中原之政权与否乃析为二；秦汉以来，此界限早泯矣，凡前此所谓戎族俱混合于华族矣。"②"胡汉一家"、"天下一家"的观念蔚为主流。

事实上，西汉前中期，当时的民族观念曾经经历过由民族对等到民族归服的转变，并从而引发中央政府民族政策的变迁。③ 在这一方面，除了国力的强盛，主要也是当时儒家思想的主导作用使然。儒家的民族观逐渐被思想界和主政者接纳和提倡，"尊王"的理念在民族关系中受到极大的重视。

汉征闽越，淮南王刘安认为不宜武装平乱，而是主张封闽越为王，以其

---

① 转引自邓乐群：《当代炎黄文化热的兴起及其文化意义》，《当代思潮》1994 年第 6 期。

② 《古史辨》第七册下，上海：上海古籍出版社 1982 年版，第 138 页。

③ 夏增民：《西汉前中期的夷狄观与民族政策之演变》，《内蒙古民族大学学报》2005 年第 6 期。

为属国。他说:"若陛下无所用之,则继其绝世,存其亡国,建其王侯,以为畜越,此必委质为藩臣,世共贡职。陛下以方寸之印,丈二之组,填抚方外,不劳一卒,不顿一戟,而威德并行。"为什么要这样做呢? 刘安提出,是因为:"陛下以四海为境,九州为家,八薮为囿,江汉为池,生民之属皆为臣妾。人徒之众足以奉千官之共,租税之收足以给乘舆之御。玩心神明,秉执圣道,负黼依,冯玉几,南面而听断,号令天下,四海之内莫不向应。陛下垂德惠以覆露之,使元元之民安生乐业,则泽被万世,传之子孙,施之无穷。天下之安犹泰山而四维之也,夷狄之地何足以为一日之闲,而烦汗马之劳乎!《诗》云:'王犹允塞,徐方既来',言王道甚大,而远方怀之也。"①

刘安反复申明他的理由,其要旨就是要建立一种中央与四裔的"朝贡关系",这比只强调"华夷之辨"要先进许多。事实上也如此,西汉中后期这一观念开始逐步在对边疆民族的政策中施行,并取得了良好的政治效果。

《盐铁论·备胡篇》也表露了同样的思想,其中大夫说:"天子者,天下之父母也。四方之众,其义莫不愿为臣妾;然犹修城郭,设关梁,历武士,备卫于宫室,所以远折难而备万方者也。今匈奴未臣,虽无事,欲释备,如之何?"这同样反映了在大一统的天下观下建立以中原王朝中央政府为核心的朝贡秩序的主张。"天下一家",是以中原王朝为主体的,并不是各民族间的绝对的对等,而是认同中央政府的权威。

由此,经过战国秦汉儒士在思想和文化上的理论建构,"大一统"成为知识界的共识,并进入政治思想的价值层面,成为主流的政治价值观之一,开始指导早期中国的政治实践。

文化大一统观念的提出,继承和发展了先秦儒家文化优于血统的民族理论,推进了中国统一理论由血缘认同向文化认同转变的进程,对中国统一国家的维护和再造,有着重大的理论价值和实践意义。

如上文所言,汉代的政治实践,奠定了"大一统"政治价值观的基础,并确定了政治大一统和文化大一统的原则。"大一统"一词,最早见于《春秋公羊传》。《春秋》载:隐公元年,王正月,公即位。《公羊传》云:"何言乎王

---

① 《汉书·严助传》。

正月?大一统也。"在汉代,董仲舒作《春秋繁露》,何休作《春秋公羊经传解诂》,从而使从理论上使"大一统"具体有完整的理论体系。

董仲舒曰:"《春秋》大一统者,天地之常经,古今之通谊也。""今陛下并有天下,海内莫不率服,广览兼听,极群下之知,尽天下之美,至德昭然,施于方外。夜郎、康居,殊方万里,说德归谊,此太平之致也。"①首先申明了"大一统"的时代普适性。而"大一统"内涵为何?《春秋公羊传》徐彦疏:"王者受命,制正月以统天下,令万物无不一一皆奉之以为始,故言大一统也。"颜师古注《汉书·董仲舒传》,其云:"一统者,万物之统皆归于一也……此言诸侯皆系统天子,不得自专也。"而《汉书·王吉传》则载王吉之言:"《春秋》所以大一统者,六合同风,九州共贯也。"由以上解释,我们可以看出,所谓"大一统",正是强调的政治的统一、文化的一致和地理的完整。尽管它有着强烈的君主集权意味,但是,这种思想观念同时也在维护民族统一、社会稳定方面有着重大的历史贡献。②

也正是从汉代起,"大一统"成为中国传统政治价值观中的共识及鲜明特征,进而成为中国政治的合法性基础。在历史上,无论是汉族的政权,还是其他民族政权在进入中原地区以后,无一不强调自己的"正统"地位,强调自己政权的"大一统"。"大一统"由此成为团结、富强、繁荣的社会象征,直到近代乃至当下,领土完整、国家统一和民族团结仍然都是中华民族所追求的政治目标。

---

① 《汉书·董仲舒传》。

② 关于此,详见刘家和:《论汉代春秋公羊学的大一统思想》(《史学理论研究》1995 年第 2 期);葛荃:《论〈春秋·公羊传〉的"大一统"政治思想》(《政治学研究》1987 年第 3 期);汪高鑫:《论汉代公羊学的大一统思想》(《安徽大学学报》2006 年第 5 期);周桂钿《董仲舒政治哲学的核心:大一统论》(《中国哲学史》2007 年第 4 期);黄开国:《〈公羊传〉的大一统思想》(《齐鲁学刊》2011 年第 3 期)等。但也有不同的意见,认为把"大一统"理解为"统一"是一种误解。详见李景明、宫云维《〈公羊传〉"大一统"新探》(《浙江学刊》2011 年第 1 期)。

参考文献

"新编诸子集成"及"续编"丛书,中华书局,1982—2013 年。

"十三经译注"丛书,上海古籍出版社,2004 年。

杨伯峻:《论语译注》,中华书局,1980 年。

杨伯峻:《孟子译注》,中华书局,1961 年。

梁启雄:《荀子简释》,中华书局,1983 年。

王天海:《荀子校释》上、下,上海古籍出版社,2005 年。

王国轩:《大学·中庸》,中华书局,2006 年。

陈鼓应:《老子今注今译》,商务印书馆,2003 年。

陈鼓应:《庄子今注今译》,商务印书馆,2007 年。

高亨:《商君书注译》,清华大学出版社,2011 年。

陈奇猷:《韩非子新校注》,上海古籍出版社,2000 年。

谭家健、孙中原:《墨子今注今译》,商务印书馆,2009 年。

杨伯峻:《春秋左传注》,中华书局,1990 年。

顾颉刚、刘起釪:《尚书校释译论》(全四册),中华书局,2005 年。

屈万里:《尚书集释》,中西书局,2014 年。

李零:《〈孙子〉十三篇综合研究》,中华书局,2006 年。

徐元诰:《国语集解》,中华书局,2002 年。

邬国义等:《国语译注》,上海古籍出版社,1997 年。

黄怀信等:《逸周书汇校集注》,上海古籍出版社,2007 年。

何建章:《战国策注释》,中华书局,1990 年。

范祥雍:《战国策笺证》,上海古籍出版社,2006 年。

陈奇猷:《吕氏春秋校释》,学林出版社,1984 年。

司马迁:《史记》,中华书局,2013 年。

班固:《汉书》,中华书局,1962 年。

范晔:《后汉书》,中华书局,1965 年。

陈寿:《三国志》,中华书局,1959 年。

侯外庐:《中国思想通史》(全五卷),人民出版社,2011 年。

梁启超:《先秦政治思想史》,东方出版社,2012 年。

郭沫若:《十批判书》,东方出版社,1996 年。

钱穆:《先秦诸子系年》,商务印书馆,2001 年。

钱穆:《中国学术思想史论丛》,三联书店,2009 年。

蔡尚思:《孔子思想体系》,上海人民出版社,2012 年。

蔡尚思:《孔子思想体系·孔子哲学之真面目》,上海古籍出版社,2013 年。

王叔岷:《先秦道法思想讲稿》,中华书局,2007 年。

顾颉刚:《秦汉的方士与儒生》,上海古籍出版社,2005 年。

童书业:《先秦七子思想研究》,中华书局,2006 年。

张岂之:《中国思想学说史》,广西师范大学出版社,2007 年。

李泽厚:《中国古代思想史论》,人民出版社,1986 年。

葛兆光:《中国思想史》(全三册),复旦大学出版社,2001 年。

葛兆光:《思想史研究课堂讲录:视野、角度与方法》,三联书店,2005 年。

祝瑞开:《两汉思想史》,上海古籍出版社,1989 年。

徐复观:《中国人性论史(先秦)》,上海三联书店,2002 年。

徐复观:《徐复观论经学史二种》,上海书店,2006 年。

徐复观:《两汉思想史》(全三册),华东师范大学出版社,2001 年。

周桂钿:《秦汉思想史》,河北人民出版社,2000 年。

金春峰:《汉代思想史》,中国社会科学出版社,2006 年。

吕思勉:《先秦学术概论》,东方出版中心,1985 年。

吕思勉:《中国政治思想史》,中华书局,2012 年。

萧公权:《中国政治思想史》,新星出版社,2010 年。

陶希圣:《中国政治思想史》,中国大百科全书出版社,2009 年。

萨孟武:《中国政治思想史》,东方出版社,2008 年。

刘泽华:《中国政治思想史》,浙江人民出版社,1996 年。

刘泽华:《中国政治思想史集》(全三册),人民出版社,2008 年。

刘泽华、张分田:《思想的门径:中国政治思想史研究方法论》,天津古籍出版社,2006 年。

王曰美:《儒家政治思想研究》,中华书局,2003 年。

李明辉:《儒家视野下的政治思想》,北京大学出版社,2005 年。

皮伟兵:《和为贵的政治伦理追求:和视域中的先秦儒家政治伦理思想研究》,上海三联书店,2007 年。

李宪堂:《先秦儒家的专制主义精神:对话新儒家》,中国人民大学出版社,2003 年。

王杰:《先秦儒家政治思想论稿》,人民出版社,2011年。

黄俊杰:《中国孟学诠释史论》,社会科学文献出版社,2004年。

杨国荣:《孟子的哲学思想》,华东师范大学出版社,2009年。

王军:《荀子思想研究:礼乐重构的视角》,中国社会科学出版社,2010年。

詹剑峰:《墨子及墨家研究》,华中师范大学出版社,2007年。

孙中原:《墨学通论》,辽宁教育出版社,1993年。

徐希燕:《墨学研究:墨子学说的现代诠释》,商务印书馆,2001年。

郑杰文:《中国墨学通史》上、下,人民出版社,2006年。

薛柏成:《墨家思想新探》,黑龙江人民出版社,2006年。

梅珍生:《道家政治哲学研究》,中国社会科学出版社,2010年。

吕锡琛:《道家道教与中国古代政治》,湖南人民出版社,2002年。

朱晓鹏:《老子哲学研究》,商务印书馆,2009年。

崔大华:《庄学研究》,人民出版社,1992年。

郑良树:《商鞅评传》,南京大学出版社,1998年。

蒋重跃:《韩非子的政治思想》,北京师范大学出版社,2000年。

宋洪兵:《韩非子政治思想再研究》,中国人民大学出版社,2010年。

阎步克:《乐师与史官:传统政治文化与政治制度论集》,三联书店,2001年。

王子今:《秦汉社会意识研究》,商务印书馆,2012年。

陈苏镇:《汉代政治与〈春秋〉学》,中国广播电视出版社,2001年。

陈苏镇:《〈春秋〉与"汉道":两汉政治与政治文化研究》,中华书局,2011年。

那薇:《汉代道家的政治思想和直觉体悟》,齐鲁书社,1992年。

陈烈:《法家政治哲学》,上海三联书店,2014年。

时显群:《法家"以法治国"思想研究》,人民出版社,2010年。

雷戈:《秦汉之际的政治思想与皇权主义》,上海古籍出版社,2006年。

关健英:《先秦秦汉德治法治关系思想研究》,人民出版社,2011年。

赵明:《先秦儒家政治哲学引论》,北京大学出版社,2004年。

林存光:《先秦诸子政治哲学研究》,辽海出版社,2006年。

郝长墀:《政治与人:先秦政治哲学的三个维度》,中国政法大学出版社,2012年。

杨阳:《文化秩序与政治秩序:儒教中国的政治文化解读》,中国政法大学出版社,2007年。

梅珍生:《道家政治哲学研究》,中国社会科学出版社,2010年。

王惠岩:《政治学原理》,高等教育出版社,1999年。

张铭:《政治价值体系建构:理论、历史与方法》,社会科学文献出版社,2012年。

李锐:《战国秦汉时期的学派问题研究》,北京师范大学出版社,2011年。

高木智见:《先秦社会与思想:试论中国文化的核心》,上海古籍出版社,2011年。

五来欣造:《儒教政治哲学》,商务印书馆,1934年。

渡边义浩:《两汉の儒教と政治权力》,汲古书院,2005年。

戴维·米勒:《布莱克维尔政治学百科全书》,中国政法大学出版社,1992年。

萨拜因:《政治学说史》,商务印书馆,1986年。

列奥·施特劳斯:《政治哲学史》,河北人民出版社,1993年。

Norman Barry, *An Introduction to Modern Political Theory*, New York：St. Martin's Press, 2000.

Andrew Heywood, *Key concepts in Politics*, New York：St. Martin's Press, 2000.

后　记

这是一本了愿的书,但同时也是一个急就章。

在大学教书的人,大都是需要有一个研究方向的。而我却略兴趣广泛,心多旁骛,仔细想来,如果说在学术方面关注较多的,还得算是思想史,尤其是政治思想史;然而政治思想史这一领域,在历史学业内是一块熟地,前辈学者已经做了大量的研究,后学者很难有置喙的余地。虽然如此,对于这个领域中的一些问题,就我本人而言,内心里还是存有疑惑的,比如,中国古代的先贤为什么会提出这样命题? 难道只是出身,抑或经济基础使然吗? 约十年前,在复旦大学的一次政治理论课上,桑玉成教授谈到了政治价值观的问题。乍一听到这个名词,竟有醍醐灌顶的感觉,豁然开朗了。一个人或一个流派,其政治思想和政治行为其实都是基于不同或相同、相近的政治价值观。因此,政治价值观就不仅是研究政治思想史的视角,同时也是政治思想史研究的重要内容。自这以后,我就开始思考一些中国传统政治价值观的问题,也试着写一些相关的小文章。只是当时博士学位论文选择了以历史学术地理为题,只好暂时放下,然而脑海中不时地回想这一论题。

这也算是一个心愿吧。

回到华中科技大学以后,又承担了公共管理学院政治思想史课程的教学,也算是回归本业了,于是在课堂上开始梳理先秦秦汉时期各位思想家的政治价值观问题,并计划编写一本小册子作为教学参考。这一想法得到华中科技大学自主创新项目的支持和资助。然而,由于种种原因,进展一直不畅,时断时续的。

延宕至 2013 年,我作为湖北省第二批"博士服务团"的成员到湖北红安干部学院挂职。繁杂的日常工作之余,也只是在晚上的闲余时间开始一点点从先秦诸子入手,慢慢辨析每一个思想流派政治价值观念的形态及演化。有了这个基础,在 2014 年,大约集中花了 4 月的时间就写出了初稿。不过,现在看来就连自己也还是不太满意的,言不及意,总感觉还差那么一口气,真的算是一个急就章了。但好在总算也称得上叙述完备,聊慰于心。

至今仍会怀念在红安四马山下的那些个日日夜夜,每每夜深人静,可以自由无碍地想些问题,仿佛远离了纷扰的尘世,过上了一种类似于面壁的生活。也就想起先前在复旦待过的那些日子来,感觉那似乎是一生中最美好的一段时光,生活简单,却又充实。身处不足十平米的斗室,冬天,地板冰凉,就铺上从超市找来的硬纸板,以御足寒;夏天,室内闷热,一台小小的电扇不舍得自己用,只对着手提电脑吹,给它降温。即便如此,感觉到的仍是快乐,是满足。可能是安于一种“阿卡德米”式的生活方式吧。曾经两个春节在复旦度过,除夕的晚上,还兴致盎然地跑到燕园去敲钟。至今想起,内心里仍是满满的暖意。古希腊先贤认为,经过沉思的生活,才是善的生活。而中国的儒家也是极为主张省思的生活方式的。这样想来,此种境况对政治思想的审视倒是十分贴切的了。

书稿粗定,还是要做一些说明。近些年来,一大批简帛文献出土,比如马王堆帛书、郭店简、上博简、清华简等,极大地扩展了人们对早期中国思想和历史的理解。不过,本书对这些材料鲜有提及,所论主要还是依据传世文献,这里固然有时间紧迫而无暇顾及的原因,更主要的,本书意在考辨先秦秦汉时期政治价值观对中国历史的影响,出土文献长眠地下,对后世很难说产生了直接作用,因此先姑且存而不述。若单做学理或哲学的研究,这批材料自然是绕不过去的。与此相类似的是,先秦秦汉时期的政治思想研究,其成果可谓汗牛充栋,单单梳理这些成果,料也必须花费几年的时间,完全可以做先秦秦汉政治思想的研究史专题了。所以,本书仅从经书、子书的传世文本入手,分析其思想体系内在的逻辑联系,再进行归纳总结。也正因如此,在写作的过程中,同样也没有涉及对当时社会状况的分析——这或许也可以作为另外一个单独的论题。学界诸君请勿以不合规范为怪。

在本书的研究和出版过程中,得到了所在院、所领导及同事的支持,于此谨致谢忱;尤其感谢何锡章教授和黄岭峻教授对本书申请出版资助时的推荐。本研究还得到湖北省社科基金、华中科技大学文科学术著作出版基金和华中科技大学人文学院青年教师出版高水平学术著作基金的资助;人民出版社洪琼老师为出版本书极付辛劳;高士捷、陶正桐、刘莹和徐文杰对初稿进行了校正,在此一并致意。此外,很多师友平日里耳提面命,恕不一一答谢。点滴之惠,皆感念在心。

　　是为记。

责任编辑:洪　琼

图书在版编目(CIP)数据

先秦秦汉政治价值观研究/夏增民 著. —北京:人民出版社,2019.4
ISBN 978－7－01－019287－1

Ⅰ.①先…　Ⅱ.①夏…　Ⅲ.①政治思想史-研究-中国-先秦时代
②政治思想史-研究-中国-秦汉时代　Ⅳ.①D092.2

中国版本图书馆 CIP 数据核字(2018)第 079670 号

先秦秦汉政治价值观研究

XIANQIN QINHAN ZHENGZHI JIAZHIGUAN YANJIU

夏增民　著

人民出版社 出版发行
(100706　北京市东城区隆福寺街 99 号)

天津文林印务有限公司　　　新华书店经销

2019 年 4 月第 1 版　2019 年 4 月北京第 1 次印刷
开本:710 毫米×1000 毫米 1/16　印张:15.5
字数:240 千字

ISBN 978－7－01－019287－1　定价:54.00 元

邮购地址 100706　北京市东城区隆福寺街 99 号
人民东方图书销售中心　电话 (010)65250042　65289539